SAINT ÉLOI

In-8° 1re Série

APPROBATION

Hugues-Robert-Jean-Charles de la Tour-d'Auvergne-Lauraguais, par la miséricorde de Dieu et la grâce du Saint-Siège apostolique, cardinal prêtre de la sainte Église romaine, du titre de Sainte-Agnès *extra mœnia*, grand'croix de l'ordre de la Légion d'honneur, décoré du *pallium*.

L'examen auquel nous avons soumis le manuscrit de la *Vie de saint Éloi*, traduite et enrichie de notes intéressantes par M. Parenty, chanoine de notre cathédrale, n'y a rien fait trouver qui puisse être repris. Nous croyons même devoir féliciter l'auteur d'avoir choisi pour objet de ses travaux et de ses recherches savantes cette vie, recommandable par le grand saint dont elle nous rappelle les vertus ainsi que les nombreux et éclatants miracles qui l'ont rendu et le rendent encore populaire dans nos contrées, — recommandable par son auteur, grand saint lui-même, contemporain, ami, admirateur de celui dont il écrit l'histoire, et témoin oculaire de la plupart des faits qu'il rapporte, — recommandable enfin par l'estime et la considération dont elle a joui dans les siècles qu'elle a traversés.

Nous croyons en conséquence que cette vie sera reçue avec faveur, qu'elle donnera la raison de la dévotion de nos pères à saint Éloi, ranimera même cette dévotion dans leurs enfants, tout en les portant à l'imitation de ses vertus.

Donné à Arras, le 30 avril 1851.

† Ch., Card. de la Tour-d'Auvergne-Lauraguais, Évêque d'Arras.

Par mandement,

Terninck, ch. sec. gén.

SAINT ÉLOI

VIE DE
SAINT ÉLOI

ÉVÊQUE DE NOYON ET DE TOURNAI

PAR SAINT OUEN, ÉVÊQUE DE ROUEN.

Traduite et annotée par M. l'abbé **PARENTY**
Vicaire général d'Arras,
Chevalier de la Légion d'honneur, membre de plusieurs sociétés savantes.

PRÉCÉDÉE D'UNE INTRODUCTION
ET SUIVIE D'UNE MONOGRAPHIE DE L'ABBAYE DU MONT-SAINT-ÉLOI

DEUXIÈME ÉDITION
ornée de deux belles gravures sur acier.

LIBRAIRIE DE J. LEFORT
IMPRIMEUR ÉDITEUR

LILLE   **PARIS**
rue Charles de Muyssart, 24   rue des Saints-Pères, 30

Propriété et droit de traduction réservés.

Arras, 17 avril 1870.

A SA GRANDEUR MONSEIGNEUR J.-B. J. LEQUETTE,

ÉVÊQUE D'ARRAS, BOULOGNE ET SAINT-OMER

Monseigneur,

Une seconde édition de la *Vie de saint Eloi* va paraître. Votre Grandeur sait quel but je me suis proposé, en publiant cet ouvrage en 1851, et l'une de mes plus douces consolations, pendant ma longue carrière ecclésiastique, a été de pouvoir contribuer à retracer et à faire même connaître les vertus d'un saint si populaire dans nos contrées.

Votre vénéré prédécesseur, Mgr le Cardinal de la Tour-d'Auvergne-Lauraguais, peu de temps avant sa mort, a daigné approuver et bénir mon travail, et sa paternelle bénédiction a contribué beaucoup, je n'en doute pas, à faire porter des fruits de salut à mon ouvrage.

Héritier des vertus et successeur du bien-aimé Cardinal, qui fut notre père commun dans le sacerdoce, daignez aussi, Monseigneur, bénir cette seconde édition de la *Vie de saint Eloi*, et, comme faible gage de mon très-affectueux respect, veuillez en accepter la dédicace.

J'ai l'honneur d'être, Monseigneur,

de Votre Grandeur,

le très-humble
et très-obéissant serviteur en N. S.
PARENTY, vic. gén.

ÉVÊCHÉ D'ARRAS

Arras, le mardi de Pâques, 19 avril 1870.

Cher et vénéré Vicaire général,

J'accepte de tout cœur la dédicace, que vous m'offrez de la seconde édition de votre *Vie de saint Eloi*. C'est un nouveau lien qui me rattache à l'illustre Cardinal de la Tour-d'Auvergne, avec lequel nous avons eu, l'un et l'autre, des rapports dont le souvenir ne saurait s'effacer.

Je suis heureux des bénédictions que Notre-Seigneur a répandues sur cet ouvrage, sorti, au milieu de tant d'autres, de votre plume savante.

J'aime à croire que cette édition ne sera pas moins favorisée que la précédente. Ce sera la récompense bien méritée des études consciencieuses qui ont rempli votre honorable vie, et dans laquelle vous avez toujours eu en vue la gloire de Dieu et l'édification des âmes.

Agréez, cher et vénéré Vicaire général, l'assurance de mes sentiments affectueux et bien dévoués en N. S.

† **JEAN-BAPTISTE JOSEPH**
Évêque d'Arras, Boulogne et Saint-Omer.

INTRODUCTION

La *Vie de saint Eloi*, écrite par saint Ouen, peu d'années après la mort de cet illustre évêque de Noyon et de Tournai, est l'un des monuments historiques les plus authentiques qui nous soient restés du septième siècle. Voici, en effet, le jugement qu'en a porté dom Rivet dans l'*Histoire littéraire de la France*[1]. « Il est, dit-il, peu de grands hommes dans l'antiquité dont l'histoire soit plus certaine que celle de ce prélat, puisqu'elle a pour auteur saint Ouen, évêque de Rouen, son ami particulier, qui avait passé plusieurs années de sa vie avec lui. »

Cette œuvre resta manuscrite dans un assez grand nombre d'églises et de monastères jusqu'à ce que Surius l'eût publiée, en majeure partie, dans son recueil, mais avec de regrettables mutilations. Duchesne, en son premier volume des *Historiens de France*, a puisé dans l'édition de Surius ce qu'on y trouve sur saint Eloi.

En 1626, Louis de Montigny, chanoine et archidiacre de Noyon, fit paraître en français, avec des notes, cette *Vie*, qu'il traduisit d'après celle qu'a publiée Surius.

[1] Tome III, page 595.

Dom Luc d'Achéri, ayant découvert deux manuscrits, l'un provenant de la bibliothèque de l'abbaye de Corbie, l'autre de celle de Conches en Normandie, compara avec soin ces deux copies, et donna, en 1661, l'œuvre entière de saint Ouen dans le tome cinquième de son Spicilége [1].

Un auteur qui a caché son nom par modestie, mais que l'on sait avoir été un prêtre attaché à la chapelle des orfèvres à Paris, et qui se nommait Lévesque, publia, en 1693, une traduction du même ouvrage d'après l'édition de d'Achéri, mais sans s'astreindre à suivre exactement la lettre de l'original.

Dans ses *Acta sanctorum Belgii* [2], Ghesquière édita, en 1785, la vie du saint telle qu'on la trouve dans d'Achéri, mais après l'avoir collationnée avec le plus grand soin, au moyen de divers manuscrits qui faisaient partie de la riche collection des Bollandistes à Anvers. Il a annoté les variantes que ses investigations lui ont fait découvrir; celles, du moins, qui présentaient des différences de quelque importance. En outre, il a déterminé le sens des paroles de saint Ouen chaque fois qu'elles lui ont paru présenter quelque difficulté. Le lecteur sera mis à même de remarquer combien ce savant interprète nous est venu en aide dans la rédaction des notes que nous avons insérées pour expliquer ou compléter l'œuvre dont nous donnons la traduction.

---

[1] Voyez p. 147 à 302. Le *Spicilegium Acherii* fut réimprimé à Paris en 1723, en trois vol. in-f°.

[2] Tome III, page 294 à 331.

Notre travail était fort avancé, lorsque les *Annales archéologiques*, publiées par M. Didoron, nous révélèrent, en 1847, l'impression récente d'une œuvre presque identique composée par M. Charles Barthélemy, de Paris [1]. Nous sommes heureux d'exprimer à l'auteur la vive sympathie que son livre nous a inspirée. Nous y avons puisé des notes qui ajoutent à l'intérêt de celles que nous avions recueillies dans les auteurs belges qui étaient à notre disposition.

La publication de M. Barthélemy est conçue sur un plan plus large que le nôtre : elle a pour objet d'aider, avec d'autres qu'il a en vue, à la réhabilitation du septième siècle, injustement flétri par des écrivains modernes qui l'ont jugé sans l'avoir suffisamment étudié. Cette traduction, suivie de nombreuses notes non moins curieuses que savantes, a dû trouver la place qu'elle mérite d'occuper dans les bibliothèques des hommes instruits.

Nous avons pensé que la Vie de saint Eloi serait lue avec intérêt dans nos villes du Pas-de-Calais, et plus particulièrement encore dans les campagnes, où il est vénéré comme patron des cultivateurs. Il existe, en outre, à Béthune et dans l'arrondissement de ce nom, des confréries dites *de Charitables*, dont la mission est de se vouer à l'inhumation des morts, même en temps de peste. Celle de Béthune, qui date de 1188, poursuit encore aujourd'hui son œuvre avec le plus beau zèle, sous la protection du saint.

---

[1] Chez Poussielgue-Rusand, rue du Petit-Bourbon-Saint-Sulpice, 3. Chez M. Victor Didron, place Saint-André-des-Arts, 30.

Éloi n'a donc cessé d'être au milieu de nous très-populaire, comme il le fut à Paris, dans le Vermandois et en Flandre, pendant toute sa carrière mortelle.

Cet homme vraiment suscité de Dieu ne brilla pas seulement comme artiste, mais il devint, malgré sa modestie, et peut-être à cause de sa profonde humilité, homme d'Etat, diplomate et conseiller de trois princes qui se succédèrent sur le trône des Francs. Quelles sont ses plus chères délices dans le rang élevé qu'il occupe ? Le soin continuel des pauvres, le rachat des captifs, qu'il rend par milliers à la liberté. Éloi fit au septième siècle ce que Vincent de Paul renouvela dans nos temps modernes.

Les éminentes vertus qu'il pratique, unies à la haute portée de ses connaissances, fixent l'attention de l'Eglise et lui valent son élévation à l'épiscopat. C'est alors qu'on le voit dans nos contrées du nord des Gaules affronter tous les périls pour annoncer la parole du salut à des peuplades encore infidèles et barbares.

On lui doit la fondation de plusieurs monastères, qui, à cette époque surtout, étaient devenus les moyens les plus efficaces de protéger les lettres et les arts, de conserver le dépôt des saintes Ecritures et les traditions de l'Eglise.

Il se formait, en outre, dans ces pieux asiles, de zélés missionnaires qui travaillaient avec succès à la destruction de l'idolâtrie. L'abbaye de Solignac, établie par saint Éloi, produisit saint Tillon, qui vint l'aider à convertir les Flamands, les Suèves et les Frisons. Saint Rémacle, qui devint évêque de Maëstricht, avait été abbé du même monastère. Saint Omer, qui, à la même époque, anéantissait pour toujours le paganisme chez les Morins, en établissant d'une manière définitive l'évêché de Térouanne, avait été formé aux sciences et à l'apostolat dans la célèbre retraite de Luxeul. Le monastère de Sithiu, depuis Saint-Bertin, se fonde sous ses auspices, pour consolider l'œuvre de la conversion des Morins. Partout on voit les évêques favoriser l'élan religieux qui se manifeste alors dans nos contrées. L'abbaye de Saint-Vaast d'Arras s'élève au milieu des retranchements du *Castrum Nobiliacum;* celle de Saint-Jean domine, de la cime élevée où elle est placée, l'ancienne capitale des Morins; les forêts qui avoisinent Boulogne reçoivent saint Wulmer avec ses cénobites, tandis que sainte Berthe et sainte Austreberthe forment des cellules pour des vierges à Blangy et à Marconne.

De son côté, saint Eloi érigeait de semblables établissements à Noyon et à Tournai. Presque en même temps, saint Amand réunissait une colonie de frères sur le Mont-Blandin, depuis Saint-Pierre de Gand, et à Elnon, qui prit dans la suite le nom de son fondateur. Sur la demande de cet évêque missionnaire, sainte Rictrude dotait le couvent de Marchiennes pour s'y renfermer avec sa famille, et saint Mauront, son fils, fondait la maison de Broile, où l'on vit dans la suite s'ériger Merville.

C'était ainsi que la religion s'affermissait, que l'œuvre des hommes apostoliques se consolidait dans nos contrées du Nord, à l'époque où saint Eloi vint y prêcher l'Evangile. Il en fut de même des autres provinces, et dom Rivet convient [1] que le septième siècle a produit un grand nombre de missionnaires qui travaillèrent avec succès à détruire l'idolâtrie, et à lui substituer l'empire de Jésus-Christ, dans les parties des Gaules où il n'était encore ni connu ni adoré.

Nous dirons quelques mots sur saint Ouen, dont l'histoire se lie essentiellement à celle de saint Eloi.

Audoën, vulgairement nommé Ouen, était fils d'Authaire et d'Aige. Il naquit, vers l'an 609, à Sanci, situé à trois lieues de Soissons. Ses parents, qui étaient distingués par leur noblesse, lui firent trouver place à la cour du roi Clotaire II, après qu'il eut fait ses premières études dans le monastère de Saint-Médard de Soissons. Devenu référendaire ou chancelier sous Dagobert Ier, il fit alors la connaissance de saint Eloi, et se lia avec lui d'une amitié si étroite, qu'ils n'eurent plus qu'un cœur et qu'une âme. Saint Ouen portait aussi le nom de Dadon.

Il fonda, en 634, par le conseil de saint Eloi, l'abbaye de Rebais, après avoir obtenu du roi un emplacement dans la forêt de Brie.

Quoiqu'il fût encore laïc à cette époque, ainsi que son ami, « leur piété et leur science, dit Butler, les faisaient consulter par les évêques mêmes, qui s'en rapportaient à leurs décisions. Aussi employaient-ils l'autorité dont ils étaient revêtus à procurer la gloire de Dieu et à étendre la connaissance de son nom par tout le royaume. »

---

[1] *Hist. litt. de la France*, tome précité, p. 447.

Le siége épiscopal de Rouen étant devenu vacant par la mort de saint Romain, la Providence permit que Dadon fût élu pour le remplacer. C'était en 639, et saint Eloi fut en même temps choisi pour occuper le double siége de Noyon et de Tournai. Cette élection, qui se fit du consentement unanime du clergé et du peuple, fut applaudie par le roi et les seigneurs. L'année suivante, saint Ouen se rendit à Rouen avec saint Eloi, et ils y furent sacrés évêques la troisième année du règne de Clovis II, le vingt-unième jour de mai, qui était le dimanche avant les Rogations.

Le diocèse de Rouen, où se trouvaient encore des cantons barbares et féroces, changea de face sous l'administration de cet homme apostolique. Il déploya le plus beau zèle à instruire son peuple, à embellir et orner les églises. Il établit, en outre, plusieurs monastères; ce qui fit prendre à cette contrée une situation toute nouvelle.

Il assista, en 644, au concile de Châlons-sur-Saône. Et, le pape saint Martin ayant demandé au roi Clovis, en 651, quelques-uns des plus savants évêques de ses Etats, pour les envoyer à Constantinople avec la qualité de légats dans l'affaire du monothélisme, saint Ouen et saint Eloi furent désignés à cet effet. Mais des obstacles que l'histoire n'a point révélés les empêchèrent de faire ce voyage.

Gislemare, maire du palais, avait brouillé les Neustriens avec les Austrasiens. Saint Ouen se rendit à Cologne, dans le but de rétablir la paix entre ces deux peuples. A son retour, il vint à Clichy, près de Paris, pour rendre compte au roi de sa négociation, et y mourut le 24 août 683. Son corps fut transporté à Rouen, et on l'inhuma dans l'église de Saint-Pierre-hors-des-Murs, qui devint depuis celle de la célèbre abbaye de Saint-Ouen.

Selon la plus commune opinion, la *Vie de saint Eloi* fut composée douze ans après sa mort. L'œuvre est divisée en deux livres. Le premier retrace les actes du saint depuis sa naissance jusqu'à son avènement à l'épiscopat. Le second continue la suite de son histoire jusqu'à la première translation de son corps, qui se fit en 660.

Considérée sous le point de vue historique, la vie de saint Eloi présente un intérêt incontestable. Son biographe, qui avait passé à la cour de nos rois mérovingiens une notable partie de sa longue carrière, a pu, mieux qu'aucun des rares écrivains de l'époque, peindre au naturel les princes et les grands du royaume, avec lesquels il avait eu des rapports intimes. La légende qu'il a composée est donc l'une des plus importantes de celles qui nous sont restées de ce septième siècle, où il faut principalement chercher dans les documents de ce genre, non-seulement les faits qui ont rapport à l'histoire générale, mais la tradition de l'Eglise sur ses dogmes, sa morale et sa discipline. Ajoutons qu'il se rencontre dans l'œuvre de saint Ouen divers traits qui représentent les coutumes et les anciennes mœurs de la nation française encore au berceau.

Son style est clair et d'une grande simplicité. Inutile d'y chercher la perfection qu'ont affectée les écrivains de l'antiquité païenne. Le chancelier de Clovis II les avait lus, comme on le voit dans la préface de son livre; mais il ne cherchait pas à les imiter. On a longtemps dédaigné cette langue romane, qui pourtant est la mère de notre idiome français, et dont saint Ouen s'est servi pour exprimer les hautes vertus de son héros.

Il fallait un langage nouveau pour rendre dans toute leur pureté les vertus des saints, qui étaient inconnues au monde idolâtre. Nos légendaires ont donc écrit de manière à être compris de ceux qui devaient nourrir leur piété par la lecture de leurs ouvrages. Ils n'étaient pas aussi ignorants qu'on l'a supposé en les condamnant sans prendre la peine de les étudier à fond. Il est aisé de remarquer que saint Ouen en particulier connaissait parfaitement l'Ecriture sainte et qu'il avait étudié les Pères de l'Eglise. La langue romane a été aussi celle de nos conciles nationaux, de nos assemblées synodales, de nos anciennes chroniques, de nos chartes et des ordonnances de nos rois. Il suffit d'ouvrir le Glossaire de l'immortel du Cange pour se convaincre de l'immense intérêt qu'elle présente.

« C'est dans cette langue, dit M. Barthélemy [1], que saint Ouen a écrit la *Vie de saint Eloi*. Aussi, quelle originalité, quelle couleur locale, quelle vérité dans ses peintures, toujours jeunes, toujours vraies, du temps où il a vécu et des événements sous l'impression desquels il écrivait! Et qui a pu produire cet intérêt dans son livre? Deux vertus inconnues à l'antiquité, l'humilité et la charité. Ces deux vertus seules, en boule-

---

[1] Œuvre précitée. Introduction, page 25.

versant toutes les vertus païennes reçues jusqu'alors, ont suffi pour jeter sur la langue du christianisme un éclat tout particulier. »

Quelques lecteurs pourront paraître étonnés du récit que fait saint Ouen de tant de miracles que son saint ami a opérés pendant sa vie, et qui se manifestèrent plus fréquemment encore à son tombeau. Nous sommes heureux de pouvoir déclarer qu'aucun des nombreux auteurs que nous avons consultés n'a exprimé le moindre doute sur leur authenticité. L'éminente sainteté de l'historien de l'évêque de Noyon est d'une notoriété si respectable, que la critique des hagiographes s'est tue en présence de ces faits extraordinaires. Ils ont compris que la puissance divine les a permis pour la glorification de l'homme vraiment apostolique qui a pratiqué la vertu jusqu'au plus haut degré d'héroïsme. Ajoutons qu'il s'agissait, à cette époque, d'affermir dans la foi des populations récemment converties au christianisme, et que, dans ces circonstances, Dieu n'a jamais manqué de susciter des hommes qui, à l'appui de la doctrine qu'ils enseignaient, confirmaient leur mission par des prodiges.

PROLOGUE

Puisque les poëtes païens s'appliquent à décrire leurs fables en style prolixe et pompeux, qu'ils perpétuent par ce moyen la plus abominable contagion, publiant des mensonges et racontant, pour satisfaire leur vanité, ce qu'ils ont puisé dans leurs antiques et fausses traditions, pourquoi nous, chrétiens, tairions-nous les miracles du Christ, qui nous a sauvés, quand nous pouvons, par un récit, simple il est vrai, offrir au peuple une histoire édifiante, surtout lorsque la tradition ecclésiastique et l'autorité apostolique nous invitent à conserver le souvenir des actes et des vertus des saints? Il est écrit, en effet, « que la mémoire des saints mérite des louanges [1]. » Et l'on voit ailleurs, « que nous devons louer les hommes glorieux qui ont vaincu les royaumes du monde, afin que leur mémoire soit en bénédiction et que leur nom demeure éternellement [2]. » Chaque fois donc que nous célébrons, à leur anniversaire, la solennité des saints, nous devons raconter, à la louange du Christ, quelques traits de

---

[1] Prov. x, 7. — [2] Eccli. xliv, 1. — Heb. ii, 33. — Eccli., xlvi, 15.

leur vie, pour l'édification du peuple chrétien. En effet, tout ce qui est digne d'éloges dans les saints est un bienfait de Jésus-Christ.

Presque tous les miracles des confesseurs et les nombreuses victoires remportées par les martyrs sont déjà consignés dans des monuments littéraires. Beaucoup d'auteurs ont laissé une multitude de volumes remplis de leurs nobles actions. Nous avons essayé, en marchant sur leurs traces, de composer ce livre, selon la faible portée de notre esprit, et, avec l'aide de la grâce divine, de traiter de la naissance, de la vie et de la glorieuse mort du saint et bienheureux confesseur et évêque Éloi : toutes choses qui nous sont parfaitement connues. Nous n'ignorons pas qu'avant nous des hommes très-érudits ont exécuté ce travail; mais parce que, comme ils le disent eux-mêmes, ils étaient embarrassés dans les affaires du siècle, ils ont terminé leur œuvre avec trop de précipitation, nous avons jugé qu'il était d'une grande inconvenance qu'une aussi large bonté et qu'une sainteté aussi éminente que celle d'Éloi fussent traitées d'une manière sèche et avec parcimonie. Quoique nous nous reconnaissions peu d'aptitude à composer un tel récit, bien que nous ne soyons qu'un auteur indigne et trop faible pour une histoire aussi remarquable, toutefois, puisque depuis longtemps nous en avons formé le vœu, et que souvent la charité de nos frères nous en a prié, si la faveur de Dieu vient à notre aide, nous raconterons ce qui est à notre connaissance et ce que le Seigneur daignera rappeler à notre mémoire; mais notre style sera dépourvu d'ornements, et nous ne rechercherons pas les grâces du discours. Encouragé par ses prières, j'essaierai de raconter avec simplicité la vie si simple du saint, je m'efforcerai de donner au public tout le cours de sa carrière mortelle. Si mon récit est privé des richesses du style, mon cœur du moins y représentera toute l'étendue de mes affections : afin que celui dont la mémoire vit avec le Christ soit célébré en ce monde avec gloire, et que l'éternel souvenir qu'on gardera de lui soit une compensation de la brièveté de sa vie, et que celui qui vit heureux dans les cieux vive ici-bas sur les lèvres des hommes par une douce commémoration.

Si l'on voulait, à la vérité, raconter toutes ses actions, il est certain qu'elles sont tellement nombreuses qu'il faudrait avoir le temps de composer un fort volume. Mais moi, qui, comme déjà je l'ai exprimé, suis peu habile à écrire; convaincu, d'ailleurs, qu'il vaut mieux admirer un homme aussi saint que d'en parler, et sachant que tout ce que pourraient dire de lui les hommes les plus savants serait toujours sans aucun doute beaucoup au dessous de ses mérites; dans l'ardeur de l'affection que je lui porte, je me suis appliqué à considérer plutôt ce que je voulais que ce que mes faibles facultés me permettaient de réaliser. Etant son débiteur pour dix mille talents, je me suis efforcé de lui payer du moins la dette modique de ma rusticité. J'ai craint de devenir coupable en gardant le silence, et d'être considéré comme un serviteur paresseux en laissant perdre dans l'oubli des miracles authentiques. J'ai pareillement redouté que si je cherchais à enfouir cau-

teleusement dans la terre le modique talent qui m'a été
confié, je serais répréhensible de l'avoir ainsi caché.
J'ai donc cru faire une très-bonne chose en négociant
avec cet argent que j'ai reçu du Dieu tout-puissant, et
en le faisant fructifier pour sa gloire. De cette manière,
je lui rendrai en toute soumission ce qu'il m'a confié,
quoique j'en fusse indigne. Je supplie le lecteur de
ne pas trop mépriser la bassesse de mon style; car,
quelque éloquente que puisse être une composition, il
convient que sa diction soit corrigée de telle sorte
qu'elle ne rebute point ceux qui lisent avec simplicité,
s'astreignant aux règles grammaticales, et qu'elle ne
blesse pas non plus les scolastiques par des expressions trop vulgaires. Quoique les beautés de l'éloquence
puissent se rencontrer dans des écrits qui traitent des
dogmes de l'Eglise, il convient pourtant de les dissimuler et de les fuir, pour ne point paraître vouloir
seulement occuper l'oisiveté des philosophes et de leurs
sectateurs, mais parler dans l'intérêt des hommes en
général. Il n'est pas nécessaire, en effet, que les compositions qui traitent de la divine doctrine affectent les
formes qu'emploient les rhéteurs et les sophistes; car
la sainte Ecriture a dit « que celui qui parle en sophiste
mérite la haine, et que la grâce ne lui a pas été donnée
par le Seigneur [1]. » Quel profit tirons-nous, en effet,
des divers arguments des grammairiens, qui paraissent
plutôt détruire qu'édifier? A quoi nous sert la philo-
sophie de Pythagore, de Socrate, de Platon et d'Aris-
tote? que font à leurs lecteurs les criminelles poésies

[1] Eccli xxxvii. 23.

d'Homère, de Virgile, de Ménandre? La famille chrétienne peut-elle, dis-je, retirer quelque avantage de l'étude de ceux qui ont composé l'histoire des nations païennes, tels que Salluste, Hérodote et Tite-Live? Lysias, Gracchus, Démosthène et Tullius peuvent-ils, malgré leur art oratoire, être comparés aux pures et brillantes doctrines du Christ? De quelle utilité encore pourraient être pour nous les subtilités d'Horace, de Solin, de Varron, de Démocrite, de Plaute, de Cicéron et de plusieurs autres que je crois inutile et superflu d'énumérer [1]?

Laissant donc ces auteurs avec leurs vaines compositions, nous raconterons avec simplicité les faits qui doivent entrer dans cette histoire. Il est près de nous ce Dieu qui sait rendre diserte la langue des enfants. Nous le supplions de nous aider de ses grâces, afin qu'il veuille bien nous permettre de raconter successivement les victoires de son confesseur. Nous prions les lecteurs et nous les conjurons, par l'avènement glorieux du Christ, que si quelqu'un, après avoir lu cette œuvre, en désire un exemplaire, il ait soin de la copier intégralement et sans en omettre une syllabe. Nous l'exhortons à confronter ce travail avec les originaux pour le corriger, afin que ce qui a été écrit avec soin et sollicitude soit transcrit avec la même attention et le même zèle. Nous faisons cette observation parce que nous avons souvent remarqué que certains ouvrages,

---

[1] Il est présumable que saint Ouen avait ici pour but de détourner les Francs de la lecture des auteurs païens, à cause de leur conversion encore récente au christianisme.

principalement les actes des saints, ont été tellement
défigurés par les copistes, que les hommes d'étude
répugnent non-seulement à les lire, mais même à les
compulser, tant ils provoquent d'ennui. Si l'on a égard
à cette prière que nous faisons, cette recommandation
sera observée dans toute l'Eglise catholique, et nous
espérons que ce travail recevra sa récompense au dernier jour. Mais, de peur qu'une longue préface n'inspire quelque dégoût avant même que le lecteur jette
un premier coup d'œil sur l'ouvrage, j'obéis à mes
frères, bien que ce soit avec une sorte de honte, et
j'implore le pardon de l'injure que je fais à celui
dont je ne saurais parler dignement. J'ai la confiance
que je ne puis l'offenser, du moins en ce qui concerne
mon dévouement pour lui. Je vais donc raconter en
premier lieu les principaux traits de sa vie.

SAINT ÉLOI

PREMIÈRE PARTIE

CHAPITRE I

Naissance de saint Eloi. — Son éducation. — Son habileté dans l'orfévrerie.
— Il se rend à Paris et s'y fait connaître du roi. — Ses œuvres de pénitence.
— Il fait une confession générale de ses fautes.

Eloi naquit dans le territoire de Limoges, qui fait partie des Gaules, et se trouve à deux cents milles environ de l'Océan britannique. Il vit le jour dans une villa nommée Chatelac[1], située à six milles environ de Limoges, vers le nord. Or cette ville, qui est d'Armorique, se trouve dans la Gaule ultérieure et appartient à l'Aquitaine du côté de l'occident. Le pays de Limoges est borné à l'orient par la

[1] On trouve dans Longueval *Cadaillac*; d'autres ont écrit Catalac. L'époque de la naissance du saint est généralement fixée en 588.

province de Lyon et la Gaule-Belgique ; à l'est et au midi par la province narbonnaise ; au nord-ouest par l'Océan, et au couchant par les Espagnes. Eloi prit donc naissance dans cette contrée. Ses parents, qui étaient d'une condition libre, comptaient parmi leurs ancêtres une longue génération de chrétiens. Son père se nommait Eucher, et sa mère, Terrigie. Mais lui, par l'effet d'une grâce et d'une prescience toutes divines, reçut le nom d'Eloi [1], qui lui convient parfaitement et qui est comme le miroir de son âme.

Puisque je me suis proposé d'écrire sa vie, ou plutôt de raconter tels qu'ils se sont passés les faits que le Seigneur a daigné opérer par lui, je ne dois point omettre ce qui eut lieu avant sa naissance, et qui fut considéré comme un présage de sa sainteté. J'ai recueilli à cet égard les témoignages de personnes graves.

Lorsque ce bienheureux homme était encore dans le sein de sa mère, Terrigie eut la vision suivante : Elle vit comme un aigle [2] très-beau qui voltigeait au-dessus de sa couche, et qui, l'appelant par ses cris à trois reprises différentes, lui fit je ne sais quelles promesses. S'étant éveillée au bruit réitéré de cette voix, elle éprouva un grand saisissement, qui bientôt se changea en admiration sur ce que pouvait signifier cette vision. Le moment de l'accouchement ne tarda point à arriver, et cette mère se crut en grand danger, à cause des douleurs excessives qu'elle éprouvait. On appela

---

[1] Eloi, *Eligius* en latin, a pour racine le verbe *eligere*, choisir. Ce saint fut véritablement élu de Dieu pour étendre le domaine de l'Eglise pendant sa vie, et procurer sa gloire par les nombreux miracles qui s'opérèrent à son tombeau.

[2] « Théorigie, dit Levasseur dans ses remarques sur la vie de saint Eloi, songe de voir un aigle, non sans cause, car l'aigle est un symbole du bon prélat et de l'homme parfait, tel que devoit estre et a esté nostre incomparable. » Voir les notes de M. Charles Barthélemy sur son excellente traduction de la *Vie de saint Eloi*, page 317.

alors un prêtre, qui était un homme pieux et d'un bon témoignage, afin qu'il priât pour elle. Lorsqu'il se fut approché de la malade, il lui dit, animé d'un esprit prophétique : « Ne craignez rien, car le Seigneur daignera bénir l'enfant dont vous allez devenir la mère. Il deviendra un homme saint, sera l'élu de sa nation, et on le nommera un prêtre illustre dans l'Eglise du Christ. »

Eloi fut élevé selon les règles d'une foi pure, et imbu des principes de la religion catholique par des parents chrétiens. Lorsqu'il eut traversé les années de l'enfance, il donna, pendant son adolescence, des preuves d'une rare industrie. On le voyait exécuter avec une admirable promptitude les divers genres de travaux qui convenaient à cet âge. Le père, ayant remarqué combien son fils était adroit et habile, le mit en apprentissage chez un homme honorable nommé Abbon, très-expérimenté dans l'art de l'orfévrerie, qui dirigeait alors l'atelier monétaire de Limoges. En fort peu de temps, Eloi apprit tout ce qui concerne cet état. Bientôt il se fit, selon Dieu, beaucoup d'honneur auprès de ses parents et de tous ceux avec qui il entrait en relation. Il avait la simplicité de la colombe, ne dressant d'embûches à personne, et la prudence du serpent, pour ne point tomber dans les pièges des autres. Doué d'un grand génie pour toutes choses, il parlait avec facilité et pureté. Il assistait fréquemment aux offices de l'église, où il écoutait avec une grande avidité tout ce qu'on disait des divines Ecritures; et il le gravait si bien dans la mémoire de son cœur, que même hors du lieu saint il méditait profondément sur ce qu'il avait appris.

Cependant, peu d'années après, des circonstances que Dieu, dans sa providence, avait sans doute amenées, le déterminèrent à quitter sa patrie et sa famille pour se rendre seul en France. Lorsqu'il y eut passé quelques jours, il lia connaissance avec un trésorier du roi nommé Bobbon, homme d'un caractère doux et d'une honnêteté parfaite. Il se mit sous son patronage et s'abandonna à sa direction. Il montra une grande aptitude à toute sorte d'ouvrage, et conquit l'amitié de tous ceux qu'il avait occasion de voir et d'entretenir.

Quelque temps après, il se fit connaître de Clotaire, roi des Francs (deuxième du nom), et voici de quelle manière. Ce prince, voulant qu'on lui fît un siége en or [1] et enrichi de pierres précieuses, ne trouva personne autour de lui qui fût capable d'entreprendre cet ouvrage et de l'exécuter selon l'idée qu'il avait conçue. Bobbon, son trésorier, qui déjà avait apprécié le talent d'Eloi, l'interrogea pour savoir s'il se chargerait de cette œuvre difficile et s'il pourrait faire ce que le roi demandait. Devenu certain qu'il s'en acquitterait facilement, le trésorier alla trouver le prince et lui dit qu'il venait de découvrir un habile ouvrier qui se montrait disposé à entreprendre tout de suite ce qu'il désirait. Clotaire, plein de joie, lui confia une grande quantité de matière d'or, qu'il mit aussitôt à la disposition d'Eloi. Celui-ci se hâta de commencer l'ouvrage, y travailla avec ardeur et le termina en peu de temps. Mais il arriva que l'or qu'on lui avait confié pour un seul ouvrage servit à en faire deux, dont le poids fut tel, qu'il parut incroyable qu'on les eût pu faire avec la même quantité d'or. Le saint avait exécuté son travail sans se permettre aucune fraude, comme faisaient les autres ouvriers. Il ne prit point, comme eux, le prétexte des morsures de la lime ou celui de la trop grande ardeur du feu. Il exécuta son chef-d'œuvre avec une grande fidélité et mérita d'être

---

[1] Voyez sur ce siége (*sella* dans le latin de saint Ouen), qui ne peut être autre chose qu'un trône royal, une savante dissertation insérée en note, page 323 et suivantes de l'œuvre précitée de M. Ch. Barthélemy.

doublement récompensé. Il transporta donc aussitôt son ouvrage au palais, et présenta au roi l'un des sièges, réservant l'autre qu'il avait fait gratuitement. Le prince se mit à admirer l'ouvrage, à faire l'éloge de sa perfection, et ordonna qu'aussitôt on remît à l'artiste une rétribution qui fût digne de son rare talent. Eloi alors présenta le second siège. « Ne voulant rien perdre, dit-il, de la matière qui me restait, j'ai exécuté en outre celui-ci. » Clotaire, étonné, fit paraître une grande admiration, et demanda au jeune orfèvre comment il avait pu accomplir ces deux ouvrages avec la matière destinée pour un seul. Et, comme Eloi laissait percer beaucoup d'esprit dans ses réponses, le prince lui dit que désormais on pourrait avoir confiance en lui pour de plus grandes choses. Tel fut le commencement de l'honneur que le roi fit à Eloi en rendant témoignage de lui. Depuis ce moment, il accomplit de nouveaux travaux plus remarquables encore, et devint un orfèvre d'une grande habileté, exécutant toute sorte d'objets d'art. Il se rendit agréable au roi et aux principaux seigneurs de sa cour. Encouragé par le prince et aidé de la grâce de Dieu, il se fortifiait dans la foi et avançait dans la perfection.

Lorsque, tout jeune encore, je demeurais chez le roi, il arriva qu'en ma présence, sans que je susse pour quelle cause, à moins, comme je le suppose, que ce ne fût pour exiger de lui un serment de fidélité, le prince donc, étant à Ruel [1], voulut qu'Eloi jurât devant lui sur de saintes reliques en posant les mains sur ces gages sacrés [2]. Mais lui, redoutant la présence de Dieu, fit tout ce qu'il put

---

[1] *Rotoilo in agro :* Ruel, d'après la manière la plus commune de traduire ce mot.

[2] C'est une coutume très-ancienne de jurer sur les reliques des saints. Quelquefois aussi on prêtait serment sur la sainte hostie.

pour se soustraire aux instances qui lui étaient faites, montrant sa douceur et son humilité jusque dans son refus. Le prince, cependant, redoubla ses instances et augmenta ainsi l'embarras du saint. Il répandit d'abondantes larmes, dans la crainte d'avoir offensé le roi d'une part, et, de l'autre, redoutant sept fois plus de porter la main sur les saintes reliques. Le monarque, témoin de sa crainte, et admirant en même temps sa grande piété, cessa d'insister davantage. Il l'apaisa, au contraire, en lui parlant avec douceur et lui montrant un visage où se peignait la satisfaction. Il le congédia et lui promit qu'à l'avenir il aurait plus de confiance en lui que s'il eût, dans cette circonstance, prêté une multitude de serments.

Peu de temps après, lorsque déjà Eloi était parvenu à la maturité de l'âge, pressé du désir de se sanctifier de plus en plus aux yeux de Dieu, et craignant de s'être fait illusion sur quelques-unes des fautes de sa vie antérieure, il fit à un prêtre une confession générale de tous les péchés qu'il avait commis depuis sa première jeunesse [1]. Eloi se soumit ensuite à une austère pénitence, résista courageusement aux tentations de la chair, comme s'exprime l'Apôtre, par ses travaux, ses jeûnes, ses veilles, sa chasteté, avec une grande patience et une charité exempte de dissimulation. Il avait coutume d'opposer aux ardeurs présentes de la chair le feu du supplice futur; et, en rappelant à son esprit les tourments de l'enfer, il écartait de lui la luxure. Il priait sans cesse pour obtenir les dons du Ciel. Nuit et jour il suppliait le Seigneur, répétant souvent ces paroles de Job : « Je supplierai le Seigneur et je lui adresserai la parole, à lui qui a fait d'innombrables, d'incompréhensibles, d'admirables choses; lui qui élève les humbles sur

---

[1] Ces paroles de saint Ouen prouvent que les confessions générales étaien déjà en usage à cette époque reculée.

un trône, et donne le calme et le repos aux affligés ¹. »
Il se refusait le nécessaire pour se mettre à même de mériter le pain céleste. Ses joues pâlissaient par ses jeûnes, son corps s'amoindrissait par les macérations ; mais son âme en concevait un amour plus ardent pour l'éternelle patrie. Les sujets les plus graves étant continuellement l'objet de ses méditations, il réputait pour rien les choses de ce monde. Préoccupé du terme de la vie présente, il craignait la future sentence de Dieu et ses redoutables jugements, sachant qu'il est écrit : « Heureux l'homme qui est toujours dans la crainte [2]. » Il songeait aussi à ces paroles de l'Apôtre : « Opérez votre salut avec crainte et tremblement [3] ; » et à ce texte de Job : « J'ai toujours craint le Seigneur comme le nautonnier redoute les flots qui tombent sur lui [4]. « Prosterné durant les nuits aux pieds de son Seigneur, se frappant la poitrine, baignant son visage de larmes, levant avec un léger soupir les yeux au ciel, sans cesse il regardait celui qu'il craignait d'avoir peut-être offensé par quelqu'une de ces fautes qui sont comme inhérentes à la fragilité humaine ; et il répétait en pleurant : « J'ai péché contre vous seul ; ayez pitié de moi selon votre grande miséricorde [5] ; » et ces paroles de Job : « Rappelez-vous que ma vie n'est qu'un souffle ; » et cet autre texte aussi de Job : « Pardonnez-moi, car mes jours ne sont rien [6]. » Puis, sortant en quelque sorte de lui-même, il se représentait le ciel, conformément à ces paroles de saint Paul : « L'œil n'a point vu, l'oreille n'a point entendu, et le cœur de l'homme n'a pu s'élever jusqu'à ce que Dieu a préparé à ceux qui l'aiment [7]. » Plus il profitait en méditant sur ces matières, plus aussi il s'humiliait ; et plus il s'abaissait, plus aussi faisait-il de progrès dans la

---

[1] Job. v. 8 et suiv. — [2] Prov. xxviii. 14. — [3] II. Cor. vii. 15. — [4] Job. xxxi. 23. — [5] Ps. v. 5. — [6] Job. vii. 7 et 16. — [7] Cor. ii. 9.

perfection. Dieu lui pardonna d'autant mieux, que sa douleur fut plus vive et plus sincère, et il se plut à l'élever en raison même de son extrême humilité. O profondeur de la bonté du Seigneur! chez elle le pardon est plus prompt que l'offense. O heureuse pénitence qui avez excité avec tant de promptitude la miséricorde du Christ! Ce sont les pleurs d'Eloi qui ont éteint en lui les ardeurs de la concupiscence; ce sont ses jeûnes qui ont anéanti la violence du péché; et il obtint du Seigneur le pardon qu'il réclamait. C'est à un semblable repentir que Dieu fait allusion lorsqu'il dit, par l'organe du prophète Malachie : « Je lui ai donné ma crainte, et il m'a craint, et il tremblait devant mon nom [1]. » Il est encore écrit : « Celui qui craint le Seigneur ne redoutera rien, et il ne craindra pas, parce que Dieu lui-même est son espérance [2]. »

Enfin, un jour qu'il priait de tout son cœur, il demanda à Dieu, dans un grand esprit de foi, de lui faire connaître d'une manière quelconque s'il avait daigné agréer sa pénitence. Or il se trouvait dans la chambre où d'ordinaire il reposait, un certain nombre de reliques, et il avait coutume de prier pendant la nuit devant ces objets vénérés, la tête appuyée sur un cilice. Un soir qu'il priait comme d'ordinaire, il sentit le sommeil s'appesantir sur lui; accablé comme il l'était par la fatigue, il s'endormit. A peine eut-il pris quelques instants de repos, qu'il vit venir quelqu'un qui se présenta à lui en proférant ces paroles : « Voici, Eloi, que vos prières sont exaucées : le témoignage que vous avez demandé à Dieu vous est en ce moment accordé. » Le saint, s'étant aussitôt éveillé, respira une odeur très-agréable, et sentit que, d'un reliquaire qui était suspendu au-dessus de lui, découlaient sur sa tête des gouttes qui tombaient doucement et qui étaient d'une suavité extraor-

[1] Malach. II. 8. — [2] Eccli. I. 27.

dinaire. S'étant aussitôt levé, il regarda avec surprise, et vit une sorte de baume qui découlait de la châsse et du voile dont elle était recouverte. Le parfum dont la chambre se remplit fut tel, qu'à peine put-il en supporter l'odeur. Il se souvint alors de sa demande, et, tout pénétré d'admiration pour la bonté infinie de Dieu, il se mit à bénir avec de profonds soupirs le Sauveur du monde, qui, fidèle rémunérateur, n'abandonne jamais ceux qui espèrent en lui. Tel fut le commencement de ses vertus extraordinaires, ou plutôt des miracles du Dieu tout-puissant par qui toutes choses deviennent possibles. Le saint homme fit part de cet événement à son ami Ouen, surnommé Dadon, qu'il chérissait comme son âme; mais il voulut qu'il en gardât le secret et n'en parlât à qui que ce fût, aussi longtemps qu'il vivrait. Cet ami conçut à la suite de ce récit une grande componction d'esprit et de cœur. Il se sentit tout embrasé d'amour. Depuis ce moment, il méprisa les vains amusements du siècle, conçut le désir d'imiter le bien que faisait Eloi et de devenir son émule en vertus. Adon, son frère, fut admis dans cette commune société. Tous deux étaient fils d'Authaire et occupaient un rang distingué parmi les grands de la cour. D'un commun accord, ils se mirent donc à imiter ce que faisait Eloi, et, dans leurs entretiens familiers, ils n'avaient qu'un cœur et qu'une âme dans le Seigneur [1].

[1] Saint Ouen omet ici de parler de saint Didier, alors trésorier du roi Clotaire et depuis évêque de Cahors, qui lia pareillement connaissance avec saint Eloi. Il se forma entre eux et saint Ouen une union intime qui dura toute leur vie.

CHAPITRE II

Saint Eloi à la cour de Clotaire II et de Dagobert Ier. — Son zèle, ses vertus, ses habitudes et ses formes extérieures.

Eloi trouva donc grâce devant Dieu et se rendit agréable aux rois francs. Sa probité était tellement connue, qu'il recevait du prince une grande quantité d'argent et d'or sans qu'on prît la précaution de rien peser. L'estime et la faveur dont il jouissait allait chaque jour croissant. Les témoignages qu'on rendait de lui étaient unanimes, et il est vrai de dire qu'en vivant à la cour sa piété y prenait chaque jour de nouveaux accroissements. Cependant, Clotaire étant mort, en 628, Dagobert, son fils, lui succéda. Eloi entra si avant dans sa confiance, qu'il devint pour plusieurs un sujet de haine. Ces méchants le poursuivaient, parce que lui-même détestait l'orgueil, aimait la vérité ; et, comme il était doué d'une grande force de caractère, il luttait constamment contre leur ambition. Quant à ceux qui aimaient et pratiquaient la vertu, ils admiraient son zèle, sachant qu'il n'avait rien tant à cœur que de faire fleurir la religion et de gagner le ciel par les œuvres qu'il était toujours prêt à remplir. La charité, la douceur et la longanimité se faisaient remarquer dans toutes ses actions. Il aimait Dieu de tout son cœur, de toute son âme et de toutes ses forces. Doué d'un caractère naturellement placide, son abord était serein, son visage ouvert, et tout son extérieur se faisait remarquer par une beauté peu commune. Tout annonçait en lui la tranquillité de l'âme, la joie du cœur, l'humilité jointe à cette passion pour le bien qui se montrait beaucoup plus par les faits que par les paroles. Il châtiait son corps par le jeûne, préférant l'abstinence au luxe des festins. Il aimait à consoler les affligés, priait beaucoup, plaçait toute son espérance en Dieu et ne préférait rien à l'amour qu'il portait à Jésus-Christ. Il enseignait ce qu'il croyait, et pratiquait ce qu'il enseignait; car il avait toujours devant les yeux sa fin dernière, et continuellement il méditait sur les préceptes divins. Il priait souvent, parce qu'il avait appris qu'il faut sans cesse prier le Seigneur; il attachait le plus grand prix à n'être point surpassé en bonnes œuvres, car il était extrêmement humain et bon envers les serviteurs de Dieu. La charité était surtout sa vertu de prédilection, et il exhortait les autres à la pratiquer. Il déployait dans tous les événements une grande fermeté et supportait avec patience l'adversité. Il redoutait pour lui les dangers que couraient ses frères, et pensait que les pièges dans lesquels ils s'étaient laissé prendre pouvaient aussi le concerner. Aussi songeait-il souvent à la mort, craignant qu'elle ne vînt comme un voleur le surprendre sans qu'il s'y attendît. Il vaquait avec soin à la lecture, persuadé qu'elle ouvre l'intelligence et forme le jugement, qu'en outre elle enseigne ce qu'il faut éviter. Il était modeste à l'égard des autres, car il y avait en lui un grand fonds d'humilité. En effet, il ne se préférait à personne et ne s'estimait supérieur à qui que ce fût. Il savait que si quelqu'un pratique sincèrement l'humilité il lui en reviendra de la gloire, et que plus il se sera abaissé, plus aussi sa réputation croîtra aux yeux des hommes.

Il montrait dans le bonheur une grande modération et supportait avec patience l'adversité, ayant soin de tenir son âme dans un tel milieu, qu'elle ne se séparait de l'amour de Jésus-Christ ni dans la joie ni dans la peine. Il calmait par la patience les emportements de la colère, et tempérait par la douceur les excès des hommes les plus irrités. Pénétré de ces sentiments, il déplorait la misère d'autrui comme si elle l'eût concerné personnellement. Eloi, du reste, était d'une grande simplicité dans ses manières : son geste et ses mouvements n'avaient rien qui ne fût grave et réglé ; son extérieur annonçait l'homme vraiment honnête, et il était toujours gai, malgré l'austérité de son genre de vie. Son âme, enfin, se peignait au dehors par des actes pleins de modestie. Il était modéré dans ses paroles et attachait par sa conversation empreinte de douceur. Il possédait le talent de consoler par ses aimables entretiens ceux qui étaient tristes et affligés. Ce qui sortait de ses lèvres édifiait ceux qui l'écoutaient, et tout ce qu'il disait tournait au profit de l'Eglise de Dieu ; car il n'attribuait point ce qu'il faisait à son mérite personnel, ne présumait rien de ses propres forces, mais rapportait toutes ses actions à Dieu, ne manquant jamais d'implorer son secours pour les bien faire. Il enseignait le bien qui venait à sa connaissance, et commençait par le pratiquer tout d'abord, sachant que celui-là n'est pas digne d'éloges qui ne joint pas l'œuvre à l'enseignement, mais que s'il fait ce qu'il enseigne il croîtra alors en gloire et en mérites, selon ces paroles de l'Apôtre : « Je crains qu'après avoir prêché aux autres, je ne devienne moi-même un réprouvé [1]. » Il s'efforçait, en outre, par ses prières et ses méditations, de repousser continuellement l'ennemi invisible, combattant avec la bouche et non avec l'épée ; avec l'oraison, non avec le javelot ; avec les prières, non avec le fer. Chaque jour et à toute heure, il réclamait le secours de Dieu, afin qu'après cette vie il pût parvenir aux récompenses éternelles. Il abandonnait aux pauvres ce qu'il

---

[1] I. Cor. ix. 27.

possédait, pour se procurer par ce moyen les délices du paradis. Il fuyait surtout l'orgueil, embrassait l'humilité, implorant le secours de Dieu et demandait continuellement de faire une fin heureuse. Qui put, sans en être pénétré de componction, observer dans ce temps-là son humilité? ou bien, quel est l'homme aimant l'or et la fortune qui, remarquant son humanité envers les autres et sa parcimonie en ce qui le concernait personnellement, sa dévotion et son zèle, ne fût de suite saisi d'admiration? En effet, le bien qu'il entreprit d'abord, il le continua jusqu'à la fin. Malgré la multitude de ses affaires, il exécuta intégralement ses premières résolutions, et ne modifia sur aucun point la règle qu'il s'était tracée. Sous l'habit séculier, il milita sans interruption pour le Sauveur, et tout ce qu'il pouvait posséder en ce monde, il l'abandonnait entièrement à Jésus-Christ.

Il s'adonnait de plus en plus aux veilles, aux jeûnes et aux exercices de la charité. Il confectionnait, pour l'usage du roi, divers meubles précieux en or et enrichis de pierres précieuses. Il travaillait sans relâche, ayant près de lui Tillon [1], son serviteur, Saxon d'origine, qui suivait les traces de son maître et s'éleva plus tard à une haute perfection. Tandis donc qu'Eloi s'occupait d'orfévrerie, il avait constamment devant lui un livre ouvert, afin de méditer sur la parole divine, quel que fût son genre d'occupation. Il accomplissait ainsi un double devoir, abandonnant ses mains au service de l'homme, et son esprit à celui de Dieu. Sa réputation se répandit à un tel point, que si quelqu'un venait de Rome, d'Italie, du pays des Goths, ou de quelque autre province, soit pour une légation ou pour quelque

---

[1] Il sera parlé plus au long de saint Tillon à l'occasion de son apostolat en Flandre. Saint Ouen dit qu'il était Saxon, c'est-à-dire né dans la Grande-Bretagne, aujourd'hui l'Angleterre.

autre cause, et qu'il eût besoin de se présenter à la cour du roi des Francs, il n'abordait pas le prince sans avoir vu Eloi, pour réclamer de lui des secours en argent ou des conseils. On voyait en outre accourir vers lui des hommes religieux, des étrangers, des moines ; et tout ce qu'il avait pu gagner il le leur distribuait en aumônes, ou bien il l'employait à racheter des captifs ; car il avait un grand zèle pour cette œuvre. Apprenait-il qu'on devait vendre un esclave, il se hâtait de se rendre sur les lieux, et, tout pénétré de commisération, il le rachetait aussitôt. Il lui arriva d'en délivrer vingt, trente et même jusqu'à cinquante. Quelquefois c'était une troupe entière au nombre de cent, hommes et femmes, qu'on amenait sur des vaisseaux et qui étaient de diverses nations ; car il s'y trouvait des Romains, des Gaulois, des Bretons et des Maures, mais particulièrement des Saxons, qu'à cette époque on chassait de leur pays et qu'on dispersait en diverses contrées, en grand nombre et comme de vils troupeaux. Lorsqu'il manquait d'argent, à cause de la multitude d'esclaves qu'il fallait racheter, il sacrifiait tout ce qu'il avait de précieux sur lui, abandonnant jusqu'à sa ceinture et son manteau, sa chaussure et les choses nécessaires à la vie.

Il s'imposait les mêmes sacrifices à l'égard des pauvres pèlerins de Jésus-Christ. Oh! combien de fois ne contracta-t-il pas lui-même des dettes pour secourir les débiteurs ! Combien de fois n'a-t-il pas ôté son bracelet d'or et sa dague, aussi d'or, enrichie de pierres précieuses, pour venir au secours des pauvres ! Pour tout dire en peu de mots, il délivra tant d'esclaves du joug intolérable de leurs maîtres, et cela en fort peu de temps, il distribua tant d'aumônes aux pauvres de l'un et de l'autre sexe, aux églises et aux monastères, qu'on ne saurait trouver d'orateurs ni assez érudits ni assez éloquents pour le raconter en détail.

Il amenait ces captifs devant le roi ; ceux-ci jetaient devant le prince le denier [1], et il leur délivrait des lettres d'affranchissement. Éloi leur laissait le choix entre trois partis qu'ils avaient à prendre : c'est-à-dire que, s'ils le voulaient, ils pouvaient retourner dans leur patrie en pleine liberté, et il leur offrait pour cela des secours. Il les autorisait pareillement à demeurer près de lui, et alors il les considérait, non plus comme des esclaves, mais plutôt comme des frères. Ou bien encore, s'il pouvait persuader à quelques-uns de se retirer dans un couvent pour y embrasser la vie monastique, il leur procurait les vêtements et tout ce qui était nécessaire, et les honorait dès ce moment comme ses maîtres et ses seigneurs. Satisfait de leur voir prendre ce parti, il les envoyait dans les monastères, où il continuait de leur donner des marques du plus vif intérêt, s'occupant d'eux avec une sollicitude toute paternelle. Il avait en outre près de lui, et sous sa direction, plusieurs affranchis qui lui obéissaient en toutes choses. Parmi eux se trouvaient Bauderic, qui était de son pays : c'était un homme d'une grande fidélité et qui prenait de son maître les plus grands soins. Il faut citer aussi Tituën, Suève de nation, qui le servait dans l'état laïc en qualité de valet. Plus tard, il obtint la plus sublime des récompenses en recevant la mort. Nommons encore Buchin, né dans le paganisme et converti à la foi chrétienne, qui devint un homme vénérable et abbé du monastère de Ferrières ; ainsi qu'André, Martin et Jean, qui, sous sa protection, méritèrent d'entrer dans la cléricature. Il en est beaucoup d'autres qu'il serait trop long de citer, lesquels, animés du plus beau zèle, chan-

[1] Telle était la forme de l'affranchissement à cette époque. Le maître du serf, ou tout autre protecteur, procurait le denier qui devait être produit comme prix de libération. Cette pièce de monnaie était secouée des mains de l'esclave, et le monarque ratifiait par lettres sa mise en liberté ; on nommait, par suite, l'affranchi *denariatus* ou *denurialis*.

taient avec lui nuit et jour dans ses appartements l'office canonial.

Une multitude de pauvres venaient à lui chaque jour comme les abeilles arrivent à leur ruche. C'était au point que si quelque inconnu ou étranger interrogeait quelqu'un pour connaître où était la maison d'Eloi, il en recevait cette réponse : « Allez vers le lieu qui est devant vous, et à l'endroit où vous rencontrerez un grand nombre de pauvres, vous l'y trouverez certainement. » Car, de même qu'il est dit des abeilles « qu'elles entourent le miel, » de même aussi Eloi était-il constamment environné d'une foule de pauvres. Il leur procurait, ou par lui-même, ou par son serviteur, la nourriture et l'aumône; chaque jour il les soignait avec un intérêt tout paternel. Il portait constamment sur lui des bourses où se trouvait l'or qu'il destinait aux malheureux, afin qu'il pût, en les rencontrant, soulager aussitôt leur misère. Autant il découvrait de pauvres, autant de fois il puisait dans ces bourses ; en sorte que son aumônière ou escarcelle, si fréquemment fouillée, se trouvait comme usée par le frottement de ses doigts. Que dirai-je de plus? Tout ce qu'il possédait il le donnait aux indigents et aux monastères, ne réservant pour lui que ce qui était nécessaire au vêtement et à la nourriture, conformément à ce précepte de l'Apôtre : « Contentons-nous de la nourriture et du vêtement. — Ceux qui veulent devenir riches en ce monde tombent dans la tentation et les pièges du démon, et dans une multitude de désirs inutiles et nuisibles, qui plongent l'homme dans la mort et la perdition [1]. » Lorsqu'après deux, quelquefois même après trois jours d'abstinence de toute nourriture, il se disposait à prendre le soir son repas, il ordonnait à ses serviteurs de lui amener les pauvres, les pèlerins, les mendiants et les infirmes qu'ils

[1] I. Tim. vi. 8, 9.

avaient pu rencontrer. Tous les jours il observait cette pieuse pratique, à l'exception de ceux où lui-même ne prenait rien. Il arrivait rarement, ou plutôt jamais il n'arrivait qu'il n'eût point de pauvres à nourrir. Quand on les lui avait amenés, il s'empressait autour d'eux et remplissait à leur égard les plus bas offices. Il les débarrassait du fardeau qu'ils portaient, ôtait leur manteau, versait de l'eau sur leurs mains, leur offrait du vin, et distribuait le pain en les faisant tous asseoir à table, se prêtant ainsi à les servir lui-même. Lorsqu'ils étaient rassasiés, il prenait un peu de la nourriture qui restait, se tenant debout ou se plaçant sur un mauvais siège de pierre. Il arriva, en certains jours, que l'heure étant venue de se mettre à table, il n'y avait plus rien de ce qu'on avait destiné aux étrangers, les provisions ayant été distribuées avant le soir en aumônes, et tout ce qu'on possédait ayant servi au rachat des captifs. Et, comme quelques-uns de ceux qui le servaient riaient à la vue de cette pénurie de toutes choses, que d'autres, au contraire, s'en affligeaient, le saint homme reprenait alors les uns, ranimait le courage des autres, et leur disait : « Hommes de peu de foi, pourquoi vous attristez-vous ? Est-ce que celui qui a nourri Elie et Jean dans le désert ne nous accordera pas la même faveur, à nous qui sommes plus nombreux ? Je crois en Dieu, mon créateur, et je me persuade que, bien que nous ne le méritions pas, il fera cependant en sorte que tant de pauvres ne sortent pas d'ici sans être rassasiés. » A peine avait-il cessé de parler que des hommes, pénétrant dans le vestibule de la maison, apportaient en abondance du pain et d'autres nourritures, que le roi (comme il arrivait souvent), ou bien quelque personne riche et pieuse, envoyait pour lui venir en aide ; car tous savaient ce qui pouvait manquer à Eloï et comment il disposait de ce qu'il possédait. Sa foi ne lui fit jamais défaut. C'est, en effet, en toute vérité que l'Ecriture dit : « Dieu aime celui qui donne avec joie [1]. » Ce que nous rapportons n'arriva pas seulement une fois, mais presque pendant toute sa vie ; et tel fut l'exemple qu'il donna dans la Gaule. Mais, puisque j'ai vu cet homme, pourquoi ne dépeindrais-je pas ses formes extérieures ?

Il était de haute taille, d'un visage coloré ; sa belle chevelure frisait naturellement. Les doigts étaient longs ; les mains, du reste, bien faites. Sa figure exprimait une douceur angélique ; la prudence et la simplicité se peignaient dans son regard. Lorsqu'il était jeune encore, ses vêtements étaient couverts d'or et de pierres précieuses. Il avait des ceintures rehaussées d'or et de diamants, et des bourses également garnies de perles. L'or brillait aussi sur ses robes de lin, et les bords de son manteau étaient couverts de broderies de même matière [2]. Il ne portait rien qui ne fût précieux ; quelques-uns même de ses ajustements étaient tout de soie [3]. Tel était, dans les premiers temps, son extérieur, et il n'agissait ainsi que pour éviter de se singulariser. Il avait coutume, du reste, de porter sous ses riches habits un rude cilice. Mais, dans la suite, s'étant élevé à un plus haut degré de perfection, il vendit tous ces ornements pour en donner le prix aux pauvres. Cet homme, qu'on avait vu pour ainsi dire couvert d'or et de pierres précieuses, se ceignait d'une corde et ne se couvrait que des vêtements les plus modestes. Il arriva que le roi, le voyant ainsi dépouillé par dévotion et pour l'amour de Jésus-Christ,

---

[1] I. Cor. 7.

[2] Il est facile de juger, d'après cela, combien l'or était commun en France au commencement du septième siècle, et quel luxe on déployait dans les vêtements.

[3] La soie, introduite en Europe vers la fin du cinquième siècle, était encore fort rare sous Dagobert. Ce ne fut guère qu'après la première croisade que l'usage en devint général en France. (*Notes de M. Charles Barthélemy*, p. 349.)

lui donna son propre manteau et sa ceinture, en lui disant qu'il ne convenait pas que ceux qui vivaient selon le siècle fussent richement vêtus, tandis que ceux qui sacrifiaient tout pour l'amour du Christ seraient dans l'ignominie.

Lorsqu'il demeurait à la cour, il avait un appartement contigu à celui de Dadon; car il l'aimait comme son âme. Il nous a donné tant de bons exemples, qu'il serait trop long de les rapporter tous. On trouvait dans sa chambre un grand nombre de reliques et plusieurs livres saints rangés circulairement; il les lisait après l'exercice de la prière et de la psalmodie, allant de fleurs en fleurs comme la prudente abeille, et renfermant dans le secret de son cœur les meilleures choses comme dans une ruche. Il avait coutume d'étendre, pendant la nuit, un cilice devant son lit. Il se levait au premier crépuscule ou peu après s'être couché; et, la tête appuyée sur cet instrument de pénitence, il priait. Presque toute la nuit s'écoulait dans cet exercice. Dieu lui avait donné dans une large mesure la grâce des larmes. Autant que la nature humaine pouvait le permettre, il passait le temps des nuits de diverses manières, mais toujours au service de Dieu. Lorsqu'il avait longtemps prié, il chantait des psaumes, comme pour prendre quelque repos, et après le chant il lisait. En parcourant les saintes Ecritures, il eût fallu le voir, levant tout à coup les yeux au ciel à la manière d'un suppliant, unir les soupirs aux sanglots, baigner son visage de larmes abondantes, mêlant ainsi les pleurs à la lecture. Et, comme il arrivait qu'accablé par le sommeil il s'y abandonnait pendant l'exercice de la méditation, il continuait de rouler dans son esprit les mêmes pensées. Ses yeux n'étaient pas plus tôt ouverts qu'il achevait sa lecture, et de nouveau il vaquait, selon sa coutume, à l'oraison. Il s'y tenait dans un profond silence: sa tête était immobile, et ses sens tellement anéantis, qu'on avait peine à entendre même sa respiration. Il arrivait assez souvent qu'on venait l'appeler de la part du roi pour diverses causes, ou pendant la nuit, ou de grand matin. Il ne s'y rendait, quelque pressants que fussent les ordres, qu'après avoir rempli ses devoirs envers Dieu. Il ne sortait de chez lui que fortifié par la prière et le signe de la croix, et, quand il y rentrait, il priait de nouveau avant de rien entreprendre. Telle était sa manière d'agir chaque jour de sa vie, et c'était par ces exercices qu'il aspirait constamment à l'éternelle patrie. Il était à la fois affable envers tous et d'un remarquable talent, pieux de tout cœur et plein de courage pour combattre l'ennemi du salut.

CHAPITRE III

Mission d'Eloi en Bretagne. — Faveurs dont il jouit auprès de Dagobert. — Fondation de l'abbaye de Solignac. — Zèle d'Eloi pour la discipline monastique. — Etablissement à Paris d'un monastère de filles et création des églises de Saint-Paul et de Saint-Martial. — Vertus extraordinaires du saint.

Le roi le pria de se charger d'une ambassade en Bretagne ; il accepta d'autant plus volontiers cette mission, qu'il s'y trouvait porté par la charité qui l'animait envers Jésus-Christ. Il se rendit donc auprès du prince des Bretons [1], lui fit connaître les intentions du roi des Francs, et reçut aussitôt des assurances de paix. Plusieurs avaient pensé que la guerre était inévitable ; mais Eloi fit paraître dans cette circonstance tant de bonté et de mansuétude, qu'il persuada aisément au prince breton de le suivre en France. Lors donc qu'il eut passé quelque temps dans ce pays, il revint emmenant le roi escorté d'une armée nombreuse, et, l'ayant présenté au roi des Francs, dans sa villa de Ruël [2], la paix

[1] Saint Ouen ne nomme pas le prince breton auprès duquel saint Eloi fut accrédité comme ambassadeur par le roi Dagobert, mais on sait par les historiens de l'époque que c'était Judicaïl ou Judicaël. Ce fut, selon Lecointe (*Annales ecclesiastici Francorum*), en 635 qu'Eloi fut envoyé en Bretagne. Les peuples de ce comté, dont le chef prenait le titre de prince, avaient battu dans les plaines du Mans les troupes du roi des Francs. Il eût été facile à Dagobert d'en tirer une éclatante vengeance ; mais il aima mieux recourir aux voies de conciliation. Il chargea donc saint Eloi de négocier cette affaire comme étant celui des hommes de sa cour qui lui parut le plus capable de la mener à bonne fin.

[2] Dans le latin de saint Ouen, *Criolio in Villa*. Citons la note de M. Charles

y fut confirmée. Le monarque breton avait offert au roi de magnifiques présents ; mais il en reçut de lui de plus riches encore. Qui pourrait dire la quantité d'aumônes qu'Eloi répandit dans le cours de ce voyage? Outre l'or et les autres richesses qu'il distribua, il donna aux pauvres et aux nécessiteux sa ceinture, qui était d'une valeur et d'un travail remarquables ; si bien qu'on put lui appliquer ces paroles du Psalmiste : « Il a distribué et donné son bien aux pauvres ; sa justice demeure dans les siècles des siècles [1]. » Partout où il se trouvait, il méditait cette sentence de l'Apôtre : « Contentons-nous de la nourriture et du vêtement, car ceux qui veulent devenir riches tombent dans la tentation et les piéges du démon [2]. » Méditant sans cesse sur ces vérités, il se faisait, avec les trésors de l'iniquité, des amis qui plus tard pussent le recevoir dans les tabernacles éternels. Il avait soin, en pratiquant ces bonnes œuvres, de fuir l'ostentation, de peur que les louanges des hommes ne devinssent sa seule récompense en ce monde. Jamais le rang qu'il occupait ne lui inspira le moindre sentiment d'orgueil. Jamais non plus il ne témoigna ni hauteur ni mépris envers ceux qui le servaient. Aimable pour tous,

Barthélemy. « Adrien de Valois, dit-il, et l'abbé Lebœuf disent que *Crioilum* est la même chose que *Rioilum* ou *Rutoilum*, Ruël et non Clichi, *Clippiacum*, comme l'ont écrit Frédégaire, cap. 78 ; *les Gestes de Dagobert*, cap. 88 ; et Aimoin, lib. IV, cap. 29. Surius a lu *Pricelum*, mais c'est une faute. Nous croyons, avec le savant Adrien de Valois et l'abbé Lebœuf, que nous devons nous en rapporter plutôt à saint Ouen qu'aux autres chroniqueurs, même contemporains, mais trop éloignés des faits qu'ils racontent. Du reste, on sait que nos rois choisissaient toujours pour les grandes occasions les palais les plus anciens et les demeures les plus respectables de leurs ancêtres. Ruël date de nos premiers rois et du règne de Clovis Ier ; Clichi, au contraire, n'était qu'une maison de campagne ou ferme royale, que Dagobert avait fait bâtir dans les premières années de son règne et où il demeurait quelquefois. » L'annotation de Ghesquière, tome III des *Acta Sanctorum Belgii*, p. 217, est conçue dans le même sens.

[1] Ps. III. 8. — [2] I. Tim. VI. 8.

au contraire, il chérissait les gens de la cour comme des frères et les vénérait comme ses seigneurs. Il en était de même à l'égard des ministres du roi et de ses premiers officiers; il se les était tous unis étroitement par les liens de la charité.

Or le roi Dagobert, prince d'un esprit ardent, bien fait de sa personne, et tellement célèbre qu'aucun de ses prédécesseurs ne pouvait lui être comparé[1], aimait tant Eloi, que souvent il lui arrivait de s'isoler des princes, des ducs et des principaux de sa cour, pour jouir de ses entretiens particuliers. Tout ce que le saint lui demandait, il l'obtenait aussitôt; et tout ce qu'il recevait, il l'employait de suite en aumônes, au rachat des captifs et à soigner les malades. En sorte que le prince lui donnait volontiers, sachant que ses présents ne profitaient pas seulement à un seul, mais à plusieurs.

Il lui demanda, entre autres choses, la terre de Solignac, située dans le Limousin : « Que votre sérénité, dit-il au prince, daigne me céder ce domaine, afin que j'y construise une échelle pour elle et pour moi, au moyen de laquelle nous puissions l'un et l'autre monter au ciel. » Comme d'ordinaire, le roi agréa volontiers sa proposition, et aussitôt il lui fit remettre le titre de cette donation. C'était le moment où, dans ce pays, on prélevait le cens public pour le trésor du roi. Tandis qu'on réunissait le cens entier pour le porter au prince, et que le collecteur, qui était en même temps monétaire, s'appliquait à faire passer l'or au creuset, afin que, selon l'usage, il pût présenter au roi un très-pur métal (on ignorait encore que cette terre avait été

---

[1] Voyez, sur le caractère et les éminentes qualités de Dagobert, les notes de M. Ch. Barthélemy, p. 352 et suiv. Il est certain qu'aussi longtemps que ce prince prit conseil d'hommes tels que saint Eloi et saint Ouen, sa conduite fut celle d'un grand roi. On sait qu'il s'abandonna dans la suite à quelques faiblesses.

donnée à Eloi), cet officier du fisc se mit à l'œuvre pendant trois ou quatre jours, et tous ses efforts furent inutiles pour réussir dans cette opération, jusqu'à ce qu'un envoyé d'Eloi la fît cesser en revendiquant en son nom ce domaine. Quand cela fut connu, l'opération commencée s'exécuta; l'héritage fut attribué à Eloi, et les habitants du lieu en témoignèrent une grande joie. Il établit là le premier et le plus important monastère qu'on y eût vu jusqu'alors. Il le peupla de religieux, mit à leur tête un abbé, qui prit en même temps sous sa direction plusieurs de ses serviteurs. Il s'y réunit aussi beaucoup de moines de diverses provinces jusqu'au nombre de plus de cent cinquante. Eloi affecta à leur entretien le revenu de ce sol, qui était pleinement suffisant. Son zèle et sa prédilection pour ce lieu furent tels, que tout ce qu'il pouvait se procurer, tout ce qu'il obtenait du roi, tout ce que lui donnaient des hommes puissants et riches, il le destinait à ce monastère. On y conduisait des chariots chargés de vaisseaux de bronze et de bois, de vêtements, de linge de table et d'un grand nombre de volumes des saintes Ecritures, enfin tout ce qui était nécessaire à cette maison. C'était au point que les méchants en concevaient de l'envie. Il avait l'intention de se consacrer lui-même à la vie religieuse dans ce monastère ; mais Dieu, par un effet particulier de sa providence, le destinait ailleurs (631).

J'ai visité moi-même ce lieu, et j'ai remarqué qu'on y observe si bien les saintes règles, qu'en comparaison des autres monastères de la Gaule, les moines qui habitent celui-ci paraissent mener un genre de vie tout particulier. Cette congrégation, devenue considérable, se trouve ornée comme de diverses fleurs qui sont l'effet de grâces particulières de Dieu. On y trouve des ouvriers qui excellent en divers arts, lesquels, devenus parfaits dans la crainte de Jésus-Christ, sont toujours prêts à obéir. Personne, dans cette maison, ne revendique rien qui lui appartienne en propre ; mais, comme on le lit dans les Actes des apôtres, tout est mis en commun. Telle est la fertilité du sol, tels sont aussi les agréments du site, que, lorsqu'on s'y promène à travers les vergers et dans la riante verdure des jardins, il vous revient à la mémoire ce texte de la sainte Ecriture : « Que votre maison est excellente, ô Jacob ! que vos tentes sont belles, ô Israël [1] ! » Là sont des bois qui procurent un ombrage épais ; plus loin des cèdres plantés le long des eaux, qui forment une sorte de paradis sur les bords du fleuve. Salomon s'exprime ainsi sur de semblables demeures : « Les habitations des justes seront bénies [2]. » Ce monastère est peu éloigné de Limoges ; il n'en est qu'à six milles environ vers le midi. Il est défendu par un retranchement qui consiste, non point en une muraille, mais en un fossé dont le circuit est de dix stades environ. Il se trouve borné d'un côté par une très-belle rivière, au-delà de laquelle s'élève une montagne couverte de bois ; à son sommet on découvre la pointe d'un rocher. L'enclos du monastère est planté d'arbres fruitiers de diverses espèces. L'esprit inoccupé s'y récrée comme s'il jouissait des délices du paradis terrestre [3]. »

Ce monastère se trouvant donc établi sur des bases solides, Eloi songea à élever dans Paris un hôpital pour les pauvres et les pèlerins ; mais, après y avoir mûrement réfléchi, Dieu lui inspira d'entreprendre l'établissement d'une retraite pour des vierges, dans une maison qu'il tenait de la munificence du roi en cette même ville. Après s'être occupé longtemps et avec beaucoup de soin de cette œuvre,

---

[1] Num. xxiv. 5. = [2] Prov. iii. 33.

[3] Voir, sur cette fondation, les notes de M. Charles Barthélemy, œuvre précitée, p. 335 et suiv. On y trouve la traduction de la charte de saint Eloi, qui est un précieux document historique.

il parvint à élever un très-beau monastère destiné à de saintes filles, auxquelles il traça des règles sévères. Il y réunit jusqu'à trois cents vierges de diverses nations, tant libres qu'esclaves, et parmi lesquelles se trouvaient des dames des plus nobles familles franques. Il leur donna pour abbesse une fille chérie de Dieu nommée Aure, qui avait pour père Maurin, et pour mère Quirie. Eloi dota cette maison de riches revenus en terres, et déploya pour l'établir toute l'ardeur de son zèle. Il eût fallu le voir y transporter, comme une très-diligente abeille, tout ce qui était nécessaire, savoir : des vases et des vêtements, des livres de la sainte Ecriture, des ornements en grand nombre et diverses autres choses. Tout ce qu'il jugeait utile aux personnes de ce sexe, semblable à un tendre père, il le procurait avec un grand soin et une sincère sollicitude.

On avait élevé des constructions sur le terrain que possédait Eloi, mais il restait une chose à faire ; c'était d'établir encore un bâtiment, peu considérable, il est vrai, mais d'une indispensable nécessité[1] ; et, comme le terrain manquait, les alentours se trouvant occupés par des habitations, le saint songea à faire usage d'une petite place publique qui était contiguë au monastère. Il la fit donc mesurer pour en connaître l'étendue ; puis il se rendit auprès du roi pour la lui demander, ce qu'il obtint aussitôt. A son retour, il visita cette place, la fit mesurer de nouveau, et comme il se trouva un pied de terre environ en sus de ce qu'il avait déclaré au prince, il en fut fort affligé ; car lui, qui jamais n'eût consenti à mentir à personne, n'avait point dit au roi toute la vérité. Aussitôt donc il abandonna son œuvre, retourna au palais, se prosterna devant le monarque, confessa l'erreur dans laquelle il était tombé, et demanda le pardon

---

[1] Il s'agissait du four du couvent que l'abbesse sainte Aure illustra plus tard par un miracle.

ou la mort. Le roi, ayant appris qu'il s'agissait de si peu de chose, fut très-surpris en voyant une peine aussi vive; il y compatit en consolant Eloi. S'étant tourné ensuite vers la foule qui l'entourait : « Voyez, dit-il, combien est belle et vénérable la foi du Christ ! Mes ducs et mes officiers s'emparent de terres considérables, et ce serviteur du Christ, à cause de la foi qu'il a dans le Seigneur, n'a pu supporter de me cacher une palme de terre. » Il consola donc le serviteur de Dieu par des paroles pleines de clémence, et doubla le don qu'il lui avait fait d'abord. On voit évidemment, d'après ce fait, combien le saint homme avait en horreur le mensonge, lui qui se fit un cas de conscience d'une si petite chose, et ne voulut dissimuler ce qui n'était pas même une faute. C'est cette grande foi qui lui fit conquérir le ciel; c'est cette fidélité qui le rendit si cher à Dieu et si distingué aux yeux des hommes.

Lorsqu'il eut terminé l'œuvre du monastère et qu'il eut achevé tous les bâtiments destinés aux servantes du Seigneur, il édifia, en dernier lieu, une basilique en l'honneur de l'apôtre saint Paul, destinée à la sépulture de ces saintes filles [1]. Le toit de cette église, qui est d'une hauteur remarquable, a été artistement couvert de plomb. Le bienheureux abbé Quintilien y reçut la sépulture [2]. Il bâtit aussi, ou plutôt il reconstruisit l'église de Saint-Martial, évêque de Limoges et confesseur. Lorsque cet édifice fut restauré,

[1] Cette église fut bâtie en 634, d'après Lecointe. Sa situation hors de Paris prouve qu'il était alors défendu d'inhumer dans l'intérieur des villes. Elle se trouva, dans la suite, renfermée dans l'intérieur de cette capitale, et donna son nom au quartier de Saint-Paul. Avant le quatorzième siècle, ce bourg portait le nom de *Culture-Saint-Eloi*. Voir Lecointe à l'an 634, et les annotations de M. Charles Barthélemy, page 371. — L'église de Saint-Paul n'existe plus.

[2] Son corps fut trouvé dans cette ancienne église, en 1490, et cette découverte confirma le témoignage que saint Ouen avait rendu de cet abbé. — Lecointe, loc. cit. — M. Barthélemy, ibid, p. 371 et suiv.

que son toit fut couvert de plomb, il y fit transporter le corps du saint patron, comme en triomphe, au milieu du chant des psaumes et en présence d'un immense concours de peuple. Dieu daigna opérer, à cette occasion, un mémorable prodige. Eloi avait fait prendre à la procession des reliques une direction qui n'était pas celle de la voie la plus courte. Or, il y avait, près de la route dans laquelle on s'était engagé, un cachot qui renfermait sept hommes, soit qu'ils fussent innocents ou coupables, et trois soldats étaient chargés de les garder. Tandis donc qu'Eloi, comme autrefois David, faisait éclater sa joie devant l'arche, tandis qu'il précédait le cortége dont il vient d'être parlé, chantant avec allégresse, il arriva qu'en passant devant la prison, celui qui portait les reliques, accablé tout à coup sous leur poids, demeura en quelque sorte fixé au sol; et comme on le pressait d'avancer, il déclara publiquement que cela lui était impossible. Tandis qu'on était ainsi dans la stupéfaction, les détenus entendirent un bruit semblable à celui du tonnerre. Tout à coup ils sentirent leurs liens se briser, leurs chaînes se rompre; en même temps la prison parut ébranlée jusque dans ses fondements, et les portes s'ouvrirent. Bientôt les saintes reliques devinrent légères, ceux qui les portaient marchèrent librement, et les prisonniers, sortant de leurs cachots, se dirigèrent vers l'église. Tous ceux qui étaient là présents, frappés de stupeur, racontèrent ce miracle en exaltant les mérites de deux saints unis dans cette conjoncture, savoir : la gloire de Martial et la faveur d'Eloi. Ces nombreux témoins éclatèrent en louanges envers Jésus-Christ, qui glorifie ainsi ses serviteurs [1].

---

[1] Ce monastère, qui d'abord prit le nom de Saint-Martial, porta dans la suite celui de Saint-Eloi et de Sainte-Aure, sa première abbesse. Il fut fondé un an après celui de Solignac, c'est-à-dire en 632. On y conservait plusieurs reliques

Quelque temps après, la ville de Paris fut en proie à un grave incendie : les flammes, gagnant de plus en plus, menaçaient de réduire en cendres presque toute la cité. Eloi, voyant que des globes de flamme et des charbons ardents poussés par le vent allaient atteindre son monastère et la basilique de Saint-Martial (car le feu, gagnant toujours, endommageait déjà le plomb qui recouvrait cette église), Eloi, dis-je, éleva la voix et dit en gémissant : « O saint Martial ! pourquoi ne venez-vous pas au secours de votre maison ? Vous devez savoir que, si vous la laissez consumer par les flammes, jamais Eloi ne pourra la rétablir. » Aussitôt la grâce du Seigneur se fit sentir : le vent changea de direction, et l'église fut préservée, ainsi que le monastère.

Après avoir accompli ces œuvres, le saint homme demeura constamment appliqué au service divin. Il était large en aumônes, assidu aux veilles, fervent dans l'oraison, parfait dans la charité, profond en humilité, remarquable par sa doctrine, réservé dans sa conversation, et ne disant jamais que de bonnes choses. Très-saint dans son genre de vie, il était parvenu à se débarrasser entièrement des entraves du monde, s'entourait de ceux qui, comme lui, s'appliquaient au service de Dieu, s'occupait du rachat des captifs et répandait ses aumônes avec prodigalité. Rempli de courage dans les tribulations, d'hilarité dans l'exercice

---

de saint Eloi et de sainte Aure. On trouve dans les notes de M. Charles Barthélemy des fragments de la vie de cette sainte, composée par Chétif au commencement du dix-septième siècle.

Saint Martial, dont saint Eloi restaura l'église, était parent de saint Étienne premier martyr; il a été l'un des soixante-douze disciples, et fut baptisé par saint Pierre. Il se rendit dans les Gaules, où il prêcha la foi aux habitants du Limousin. Il mourut martyr, l'an 74 de Jésus-Christ. L'établissement fondé par saint Eloi comprenait, dans la cité, un assez vaste terrain, puisqu'on y réunit trois cents religieuses. Cet espace prit, plus tard, le nom de *Ceinture-de-Saint-Eloi*.

du bien, de confiance dans la tentation, il continuait de distribuer largement le bienfait de l'hospitalité. Habitué à considérer le ciel dans l'adversité comme dans la prospérité, il était calme au sein même de l'opprobre, et bienfaisant lorsqu'il se trouvait en butte aux poursuites de la haine. Jamais l'ennemi du genre humain ne put rien découvrir en lui qui sentît la fraude ou la dissimulation. On voyait dans la sérénité de ses traits la sincérité de son âme, et l'aménité de son cœur se peignait dans la douceur de ses entretiens. Rien, en effet, n'était plus doux que son esprit, rien n'était plus agréable que sa sévérité, ni plus sévère que sa joie, plus grave que son sourire, plus suave que sa tristesse. S'il voyait un pauvre, il le soulageait; s'il rencontrait un riche, il l'engageait à faire le bien, prenant Dieu à témoin qu'il faisait cela pour honorer son saint nom. Jamais aucun pauvre ne s'éloigna de lui les mains vides. Continuellement il avait présent à l'esprit ce que le Seigneur dit dans son Evangile : « Bienheureux ceux qui sont miséricordieux, parce qu'il leur sera fait miséricorde [1]. » Et ces autres paroles : « De même que l'eau éteint le feu, ainsi l'aumône éteint le péché [2]. » Puis ce texte : « Faites l'aumône, et voici que tout vous est pardonné. » De même qu'on dit du saint homme Job, que ses portes étaient ouvertes à tout venant, de même Eloi pouvait-il répéter après lui : « Ma porte a été ouverte au voyageur [3]. » Il était le pied du boiteux, l'œil de l'aveugle, le père des orphelins et le consolateur des veuves. A quels prisonniers, à quels malades a-t-il jamais refusé des secours autant que ses facultés le permettaient? Ne consultant que son cœur, sans cesse il procurait quelque soulagement aux malheureux. Quel est, en effet, l'aveugle qui ne prit part à ses nombreux bienfaits, et quel homme accablé par les infirmités ne reçut

[1] Matth. v. 7. — [2] Luc. 11. 41. — [3] Job. xxxi. 32.

de ses mains quelque allégement à ses souffrances? Sa porte était continuellement assiégée par les nécessiteux, et ces pauvres lui étaient d'un grand secours pour militer en cette vie, et on le voyait toujours escorté de cette armée; il s'était habitué à voir en eux Jésus-Christ. Dès lors, il s'empressait autour d'eux, les caressait; et, en couvrant leur nudité, il se persuadait qu'il revêtait le Christ lui-même. Il réputait comme perdues les choses qu'il n'employait pas en aumônes, et il se persuadait qu'il plaçait en lieu de sûreté ce que la dure nécessité des pauvres lui enlevait. Dévoué comme il l'était à les servir, il allégeait le poids de sa fortune, pour devenir d'autant plus riche aux yeux de Dieu qu'il serait plus pauvre aux yeux du monde. Considérant que l'homme pèche chaque jour, il s'appliquait à donner aussi chaque jour pour expier ainsi les fautes qu'il commettait. C'est ainsi qu'il partageait ses richesses avec le Seigneur, heureux de s'associer de cette manière à Jésus-Christ, et de le rendre participant de ce qu'il possédait sur la terre, afin qu'il le fît, plus tard, cohéritier du royaume des cieux. Il lui abandonnait ses biens pour qu'il les gardât perpétuellement, sachant qu'un trésor confié à Dieu ne peut être enlevé par l'Etat, ni envahi par le fisc, ni anéanti par les querelles et les procès. Il savait aussi qu'un héritage est bien placé quand Dieu le garde. Les avertissements qu'il donnait aux siens étaient des enseignements divins. Il les exhortait à faire pénétrer dans leur âme les fondements de la foi, à convoiter avec zèle la nourriture du cœur, à chercher avec soin la voie qui mène au salut. Il est donc bien juste que les bons l'imitent et l'aiment, que le peuple l'honore, que les méchants le craignent, celui qu'une vertu toute divine a rendu si illustre, celui qui, même sous l'habit laïc, a reçu du Ciel des dons si remarquables, une doctrine si douce, fondée sur les inspirations de l'Esprit-Saint, une science assaisonnée du sel qui fait désirer Jésus-Christ et excite la soif de la béatitude éternelle. Il était enfin tellement religieux et si pénétré de la crainte de Dieu, qu'oubliant les dignités du siècle, il n'avait de relations en ce monde qu'avec les pauvres et les moines.

Les religieux affluaient chez lui de toutes parts, et cependant il ne pouvait se rassasier de leurs entretiens. Pressé quelquefois du désir de se trouver au milieu d'eux pour mieux goûter leur genre de vie, il allait les voir, principalement ceux de Luxeul[1], dont le monastère jouissait déjà d'une haute réputation. Ces établissements n'étaient pas encore alors très-multipliés; et il s'en trouvait dont la discipline n'était pas régulière, où l'on vivait selon la malice du siècle. Toutefois, sans parler de Luxeul, qui vivait sous de bonnes règles, il faut encore citer la maison de Solignac, qu'on pouvait mettre à la tête de toutes dans l'Occident. Elle devint la mère et l'exemple de plusieurs autres; si bien, qu'avec l'aide de Dieu, la France et la Gaule possèdent actuellement plusieurs monastères de l'un et de l'autre sexe qui vivent sous une exacte discipline. Mais revenons à ce que nous avions commencé de raconter. Qui pourrait dire avec quelle dévotion et quelle humilité Eloi pénétrait au milieu des frères? Il fallait le voir entrant dans le monastère, se prosterner la face contre terre, puis marcher la tête inclinée, les yeux baissés, s'avancer gravement vers les religieux, les honorer tour à tour d'une salutation profonde, et réclamer avec piété de chacun d'eux la bénédiction. Ensuite, il leur faisait largement l'aumône, et ne les

---

[1] La célèbre abbaye de Luxeul, fondée vers 592 par saint Colomban, contribua puissamment à ranimer en France le goût des lettres. L'école de cette maison acquit une telle renommée, qu'on s'y rendait de toutes parts. C'était, au septième siècle surtout, une sorte de séminaire pour l'épiscopat. V. *Histoire littéraire de la France*, t. III. p. 510 et suiv.

quittait qu'après avoir obtenu un morceau de pain, qu'il emportait comme une bénédiction et qu'il considérait comme un riche présent. Aussi longtemps que ce pain se conservait sans se corrompre, il en prenait chaque jour quelque peu, et il le faisait à jeûn, comme s'il se fût agi de la sainte communion [1].

Partout où il se rendait, lorsqu'il croyait pouvoir arriver pour y passer la nuit, à un couvent, en quelque église, ou bien enfin dans la demeure d'un homme pieux, il avait contracté l'habitude de ne prendre aucune nourriture avant d'avoir atteint ce but, fût-il à son second et même à son troisième jour de jeûne, quelque fatigué qu'il pût être. Lorsqu'il savait que l'endroit où il allait arriver était un lieu vénéré, il descendait de cheval et s'avançait à pied l'espace de trois ou quatre milles, jusqu'à ce qu'il parvînt au lieu de son pèlerinage. Dès son arrivée, et avant qu'il s'introduisît dans le sanctuaire qu'il voulait visiter, il envoyait ses fidèles serviteurs parcourir la localité dans tous les sens, pour lui amener les pauvres, les malades et les pèlerins qu'ils pourraient rencontrer. Lui-même allait au-devant de ces malheureux, et guérissait ceux qui étaient malades ou couverts d'ulcères. En sorte qu'il pouvait dire avec Job : « J'ai pleuré sur ceux qui étaient dans l'affliction, et mon âme a compati aux besoins du pauvre [2]. » S'en trouvait-il qui eussent la bouche affligée d'horribles plaies,

---

[1] L'expression *eulogias*, qu'on trouve dans le latin de saint Ouen, indique que ce pain avait été bénit. Dans les premiers siècles de l'Eglise, les fidèles s'adressaient mutuellement des *eulogies* en témoignage d'affection ou de bienveillance. « Le pain que nous vous avons envoyé, dit saint Augustin à saint Paulin (épître 84), deviendra pour nous une bénédiction plus abondante par l'amour avec lequel votre bonté le recevra. » Il est vrai que le mot *eulogie* fut d'abord employé pour désigner la sainte Eucharistie; mais il signifia, dans la suite, le pain bénit qu'on distribuait aux fidèles qui ne pouvaient communier; ce qui se pratique encore dans nos églises. (V. Bergier, au mot PAIN BÉNIT.)

[2] Job. xxx. 52.

il y insérait le doigt, touchait le palais, comme pour en panser les tumeurs, et leur procurait ainsi du soulagement. Lorsqu'il avait rempli ces œuvres avec beaucoup de soin et d'empressement, il appelait tous les pauvres qu'on lui avait amenés, les faisait ranger par ordre, et, avant que lui-même prît quelque nourriture, il les servait de ses propres mains ; puis, rendant grâces à Dieu, il prenait lui aussi avec eux quelque chose, mais en très-petite quantité. Il procurait aux autres des viandes et du vin, mais lui se contentait d'eau en y mêlant un peu de vinaigre. Il passa huit ou dix ans de sa vie sans boire une seule goutte de vin. Tout ce que je puis dire quant aux viandes, c'est que, depuis la résolution qu'il avait prise, non-seulement il n'en usa plus, mais il évitait même de les toucher. Il arriva cependant une fois durant cet intervalle de temps que, pressé par son hôte et craignant de manquer à la charité, il goûta d'un peu de volaille. Enfin, après le repas et lorsque tous étaient rassasiés, il leur lavait la tête et les mains, versait de l'eau sur leurs pieds, les essuyait et les baisait. Il arrangeait lui-même des lits, sur lesquels il plaçait des coussins pour reposer la tête. Il quittait ensuite ses vêtements comme pour prendre du repos ; mais, lorsqu'il savait que tous étaient fortement endormis, il s'associait quelques-uns de ses plus zélés serviteurs, et, soit qu'il se trouvât dans une villa, dans une place forte ou une simple bourgade, il parcourait, au fort de la nuit, les lieux consacrés à la prière, sans être aperçu ; et, avant le jour, il revenait fatigué pour prendre quelque repos. S'il n'y avait point d'église dans l'endroit où il s'arrêtait, le soir, après avoir rempli, comme on vient de le dire, tous ses devoirs, il faisait semblant de se mettre au lit ; mais aussitôt que ceux de sa suite étaient endormis, il se levait pour se prosterner sur le pavé, et, après avoir ainsi passé toute la nuit, au lever de l'aurore il se remettait au lit. Il agissait ainsi pour éviter l'ostentation, désirant n'être connu que de celui qui a dit : « Priez votre Père dans le secret ; et votre Père, qui voit dans le secret, vous récompensera[1]. » C'était ainsi qu'Eloi se comportait en voyage et dans sa propre maison. Cette coutume, il la conserva toute sa vie sans interruption. Ces saintes actions lui valurent tant de grâces de la part de Dieu, qu'il daigna, dans sa bonté infinie, opérer en sa faveur quelques miracles, lorsqu'il portait encore l'habit laïc.

[1] Matth. vi. 6.

CHAPITRE IV

¶ Divers miracles opérés par saint Éloi. — Il décore plusieurs sépultures de saints. — Son zèle pour la défense de la foi. — Sa touchante compassion envers les pauvres et les étrangers. — Sommaire de ses vertus dans l'état laïc.

En un certain temps, tandis qu'on célébrait dans le territoire de Paris l'anniversaire de la passion et du martyre de saint Denis, pendant que le clergé chantait les vigiles dans le chœur, Éloi, étant sorti de la basilique, et se trouvant dans l'âtre ou vestibule, vit un homme tout perclus, gisant sur le pavé, devant le tombeau du saint. Inspiré de Dieu, selon toute apparence, il toucha le côté du malade, et, l'interrogeant avec bonté, lui demanda depuis quel temps il était affligé et quelle pouvait être la cause de sa maladie. Il voulut savoir s'il espérait en Jésus-Christ, s'il avait foi dans la possibilité de sa guérison, enfin s'il croyait à la résurrection future et à l'éternité des peines ou des récompenses selon ses mérites. Celui-ci ayant répondu affirmativement à toutes ces questions : « Si donc, lui dit le saint, vous croyez ces choses comme vous l'affirmez, pourquoi demeurez-vous ici inutilement étendu par terre ? invoquez plutôt ce saint, afin qu'il intercède pour vous auprès du Seigneur et obtienne votre guérison. » L'homme répondit que c'était pour cela qu'il se tenait dans cette posture. Éloi, le fixant avec attention, lui dit : « Et vous croyez que ce saint peut obtenir cela pour vous auprès du Seigneur ? » Le malade répondant toujours de la même manière, le saint lui dit de nouveau : « Si donc vous croyez cela comme vous l'affirmez, promettez à Dieu de le bien servir désormais, ayez soin de n'être point chancelant dans votre foi, et ce saint vous guérira aussitôt. » Celui-ci ayant fait sa profession de foi sur toutes ces choses, Eloi se mit à genoux et pria longtemps; puis il leva les yeux et les mains vers le ciel, et supplia le Seigneur Jésus d'être fidèle à sa promesse lorsqu'il a dit : « Tout ce que vous demanderez avec foi vous sera accordé [1], » et ces autres paroles : « Si vous avez la foi, vous ferez de plus grandes choses que moi [2]. » Il demanda cela de tout son cœur, avec une piété pleine de confiance; et, s'étant tourné vers le malade, il saisit sa main droite en lui disant : « Si, comme vous l'affirmez, vous croyez indubitablement, au nom de Jésus-Christ, levez-vous et tenez-vous sur vos pieds. » En prononçant ces paroles, il l'attira fortement à lui, et aussitôt les nœuds de ses membres se trouvant rompus, le malade se dressa, ses pieds et les autres parties de son corps se consolidèrent, et dès ce moment il fut guéri. Eloi l'avertit d'un ton sévère que, s'il ne voulait à l'avenir retomber dans un semblable état, il ne devait parler à personne de sa guérison, si ce n'est en disant qu'il devait sa santé au Seigneur Jésus par l'intercession de saint Denis.

En un certain temps, de même, tandis qu'Eloi passait et qu'une foule de pauvres, qu'il avait aperçue de loin, s'avançait pour recevoir ses secours, il approcha, et, selon sa coutume, il fit à chacun l'aumône de ses saintes mains. Ayant remarqué que l'un d'eux qui tendait l'une de ses mains avait l'autre contractée et ne pouvait la mouvoir : « Ce n'est point celle-ci, lui dit le saint homme, mais l'autre qu'il faut présenter. » Comme il s'efforçait d'étendre ce membre paralysé, Eloi s'en saisit et se mit à prier Jésus-Christ du plus

---

[1] Marc. xi. 24. — [2] Marc. xxi. 21.

profond de son âme en même temps qu'il palpait le bras jusque vers le coude. A peine eut-il retiré la main, que les nerfs se détendirent, et dès lors les doigts courbés se redressèrent ; on les oignit d'huile, et cette main redevint aussi saine et aussi robuste que l'autre. Les témoins de cette guérison l'attribuaient aux mérites d'Eloi ; mais lui, tout pénétré de la grâce de l'humilité, s'efforça de s'en excuser en disant : « J'avais pensé que cet homme feignait d'être affligé pour recevoir plus facilement l'aumône. »

Une autre fois, et lorsqu'il était en voyage, un grand nombre de pauvres, s'étant réunis à son occasion, vinrent le devancer. Lorsque, selon sa coutume, il leur eut fait l'aumône, il voulut apaiser la soif qu'ils éprouvaient à cause de la longueur du chemin. Il demanda donc à ses serviteurs s'ils s'étaient munis de quelque boisson, et chacun répondit qu'il n'en avait pas. Il s'en trouva un cependant qui dit avoir un peu de vin dans un vase. Eloi le fit apporter aussitôt, le bénit et ordonna qu'on le distribuât aux pauvres. Mais que faire avec si peu de chose, pour une telle multitude ? Celui qui servait le vin n'en versant qu'en très-petite quantité, le saint le reprit en lui ordonnant de verser à pleine coupe. Le serviteur lui ayant fait remarquer que le vase était très-petit, Eloi fit aussitôt dessus le signe de la croix et lui dit : « Courage ! versez plein, car la miséricorde du Seigneur est grande. » Ce qu'il avait prévu arriva : tous purent étancher leur soif, sans que le vase fût épuisé, en sorte que le vin qui avait été bénit augmenta et parut se multiplier dans le flacon.

Un autre jour encore, tandis qu'il parcourait à Paris les lieux de prière, il se présenta à la basilique de Saint-Germain le Confesseur, et vit, conduit dans un petit char, un boiteux qui jetait des cris plaintifs. Le saint s'approcha de lui, et n'écoutant d'abord que sa pitié envers ce malheureux, il allait lui imposer les mains; mais il s'en abstint par humilité, voulant qu'un autre saint pût s'attribuer la gloire de cette guérison. Il ordonna donc à ses serviteurs d'enlever du char le malade, de le porter à l'église et de le placer près de la grille du tombeau de saint Germain. Cela étant fait, Eloi entra dans la basilique, y pria longtemps, recommandant au malade de s'unir à lui par l'expression d'une foi vive, s'il voulait être guéri. Bientôt le boiteux commença à crier et à trembler de tous ses membres; et, comme ce spectacle avait attiré beaucoup de monde, on vit tout à coup cet homme débarrassé des entraves qui gênaient le jeu de ses nerfs, se tenir debout sur le parvis et sortir de l'église parfaitement guéri. Il était infirme depuis neuf ans. Eloi, rendant grâces à Dieu du fond de son cœur, poursuivit sa route plein d'allégresse.

A une autre époque, et lorsqu'il portait encore l'habit laïc, revenant un jour de la maison royale d'Espigny, il parvint avec ses serviteurs jusqu'au village de Gamache, entra dans l'église et trouva gisant à la porte un pauvre boiteux. Cet homme, voyant Eloi, lui demanda l'aumône ou quelque autre consolation. Le saint, qui peut-être avait pressenti que Dieu allait lui accorder quelque nouvelle grâce, s'approcha du malade et lui dit : « Prions ensemble, il pourra arriver que le Seigneur vous guérisse. » Il l'introduisit ensuite dans l'église et lui prescrivit de prier avec beaucoup de ferveur. Lui-même, s'étant prosterné, demeura longtemps en oraison; puis il se leva pour un instant, et voyant que le boiteux était encore étendu par terre, il se remit en prières, et il le fit avec une telle abondance de larmes, qu'il humecta le pavé où il s'était placé. Enfin, fortifié par la foi, il se lève, s'approche du malade avec une grande confiance, le prend par la main et dit en l'attirant à lui : « Au nom de Jésus-Christ Fils du Dieu très-haut, levez-vous et marchez. » Aussitôt la guérison suivit les paroles de l'homme de Dieu. Le perclus, se trouvant mieux, se dressa. Or ceux qui étaient là présents avaient entendu avec grande stupeur les jointures, les nerfs et les os de ce boiteux s'agiter et se consolider. Il fut donc guéri à l'heure même. On le vit sauter en marchant, et il bénissait Dieu avec l'expression d'une grande joie; car il était infirme depuis un grand nombre d'années. Cette circonstance augmentait l'admiration de tous, attendu que la guérison avait été instantanée. Le saint lui fit l'aumône et le renvoya en paix, et celui-ci retourna vers sa demeure en adorant et glorifiant le Seigneur. Eloi supplia instamment et avec menaces ses serviteurs, ainsi que ceux qui l'accompagnaient, de ne révéler à personne ce qui venait de se passer, du moins aussi longtemps qu'il vivrait; car il craignait bien vivement que son âme ne reçût quelque atteinte par suite de la louange des hommes.

Un jour qu'une grande foule de pauvres avait afflué vers lui, il distribua presque tout l'or qu'il possédait; et, comme après ceux-ci il en survint d'autres, il prit sa bourse, la secoua, et, n'y trouvant plus rien, il reçut de l'argent de l'un de ses serviteurs, qu'il leur donna. Ces derniers s'étant éloignés, d'autres survinrent peu de temps après. Eloi, ne se souvenant plus de ce qui venait de se passer, préoccupé sans doute de quelque autre chose, mit la main dans la bourse que naguère il avait trouvée vide; il en retira de l'or tout neuf, qu'il donna aussitôt aux pauvres. Se rappelant alors avec admiration ce qui était arrivé tout récemment, il glorifia avec une extrême joie le nom du Christ, de qui il tenait cette largesse.

Un autre jour qu'étant à Paris il se disposait à se rendre en un lieu où l'appelaient ses affaires, les pauvres, s'étant mis à explorer de quel côté il se dirigerait, allèrent se grouper, selon leur coutume, sur un pont. Eloi, étant venu à passer, remit dans la main de chacun son aumône, comme il avait coutume de le faire. Il découvrit dans cette foule un aveugle qui poussait de lamentables cris. S'étant approché pour lui donner comme aux autres, cet homme retira la main et se mit à crier de toutes ses forces : « Seigneur Eloi, ayez pitié de moi ; faites sur mes yeux le signe de la croix, et obtenez pour moi ce que je désire le plus. » Le saint alors crut devoir dissimuler, et lui dit en souriant : « Eh quoi ! mon ami, vous ne savez donc pas vous signer vous-même ? » Lorsqu'il ne pouvait empêcher que les hommes connussent les grâces extraordinaires que Dieu lui accordait, ce saint homme fuyait du moins l'orgueil autant qu'il le pouvait. Cependant l'aveugle insistait en disant : « C'est vous, seigneur, c'est vous qui devez me signer. » Eloi, admirant la foi de cet homme, imprima sur ses yeux le signe de la croix. O admirable puissance du Christ ! Voici qu'un flot de sang jaillit des yeux de ce malheureux, et il recouvre la lumière après avoir vécu longtemps dans les ténèbres. Il se retira adorant le Christ et louant Eloi pour le double bienfait qu'il venait de recevoir.

En un autre temps, lorsqu'il demeurait à Paris, le gardien de la basilique de Sainte-Colombe[1] accourut vers lui un grand matin, et, s'étant jeté à ses pieds, il lui dit tout tremblant que pendant son sommeil l'église avait été dépouillée de tous ses ornements. Cette nouvelle causa

[1] Sainte Colombe, vierge et martyre à Sens, mourut pour la foi, sous l'empereur Aurélien, en 273. Il y avait à Paris, sous Dagobert Ier, une église ou oratoire qui portait son nom. Son corps était vénéré à Sens. Saint Eloi fit, pour le renfermer, une châsse très-riche, d'après les ordres qu'il avait reçus du roi. En outre, il décora l'église qui porta depuis le nom de Sainte-Colombe. On établit près de cette basilique un monastère qui, dans la suite, devint très-célèbre. Le récit de saint Ouen indique que saint Eloi avait fait bâtir l'église de Sainte-Colombe à Paris. L'abbé Lebeuf dit qu'elle se trouvait à l'endroit où fut depuis la chapelle de Saint-Bond, aujourd'hui détruite. (Extrait des *Notes* de M. Ch. Barthélemy, p. 378.)

à Éloi un profond chagrin. Bientôt cependant il eut recours, selon sa coutume, aux motifs d'espérance qu'inspire la foi, consola le gardien et se dirigea vers l'oratoire de Sainte-Colombe, où, après avoir fait sa prière, il parla ainsi : « Daignez m'écouter, ô sainte Colombe ! Mon Rédempteur sait que si vous ne faites restituer aussitôt les ornements de ce sanctuaire qu'on y a dérobés, je ferai tellement munir d'épines les portes de ce temple, qu'à partir de ce jour on ne vous rendra plus aucun hommage[1]. » Après avoir ainsi parlé, il se retira. Or voici que le lendemain le gardien, s'étant levé de grand matin, trouva placés en ordre, comme ils l'étaient précédemment, tous les ornements, sans qu'il y manquât même les plus petits objets. Il se hâta d'aller trouver Éloi et lui raconta ce fait avec autant de joie qu'il avait eu de peine à l'entretenir la veille. Celui-ci se rendit à l'Église, et, voyant que chaque chose était à sa place comme auparavant, loua la vierge martyre et glorifia par dessus tout, comme il avait coutume de le faire, le nom du Seigneur Jésus-Christ.

Entre autres bonnes œuvres très-multipliées qu'il pratiquait, il avait obtenu du roi la faculté d'ensevelir les corps de ceux qui étaient mis à mort par sentence du prince, par arrêt des juges ou par toute autre cause ; et cela,

---

[1] Ghesquière convient dans ses *Notes sur la Vie de saint Éloi*, tome III des *Acta Sanctorum Belgii*, p. 227, qu'il peut paraître étonnant que le saint se soit servi de telles paroles en implorant le secours de sainte Colombe ; et ce savant commentateur n'est pas éloigné de penser que le texte de saint Ouen a pu subir en cet endroit une interpolation. Quoi qu'il en soit, il est certain que le fait n'est pas sans exemple dans les actes des autres saints, et l'on a vu qu'Éloi s'est exprimé à peu près dans les mêmes termes en invoquant saint Martial au sujet de l'incendie dont son église était menacée. Ajoutons que notre saint fait comprendre, par cette liberté de langage, qu'il était, sinon le fondateur, du moins le bienfaiteur de l'oratoire de Sainte-Colombe. « Je ferai, dit-il, tellement munir d'épines les portes de ce temple, qu'à partir de ce jour on ne vous y rendra plus aucun hommage. » (V. M. Ch. Barthélemy, p. 380.)

soit qu'ils fussent suspendus aux arbres [1], roués ou suppliciés dans les étreintes, dans les villes comme dans les villages. Il choisit donc, parmi ceux qu'il avait toujours près de lui, Gallebod et Vincent, et leur donna des aides, afin qu'ils parcourussent les villes voisines et même les plus éloignées, portant avec eux des instruments, afin d'inhumer aussitôt les morts partout où ils en rencontreraient. Un jour qu'Eloi accompagnait le roi en Austrasie, on arriva jusqu'auprès d'une ville nommée Strasbourg; et, en approchant davantage, les compagnons du saint virent un homme qui avait été pendu ce jour-là même. Ils s'avancèrent, et, après lui avoir ôté la corde du cou, ils se disposèrent à lui donner la sépulture, selon leur coutume. Mais Eloi, se sentant divinement inspiré, s'approche du corps tandis que tout se prépare pour l'inhumation, et le tâte doucement de la tête aux pieds. Il eut bientôt reconnu qu'il n'avait point encore rendu l'esprit; et, afin de cacher l'éclat du miracle : « Quel crime, dit-il, nous allions commettre, si le Seigneur ne nous fût venu en aide ! Nous nous disposions à enterrer ce corps, quand son âme lui est encore unie. » Lorsqu'il eut ainsi parlé, excitant au plus haut degré l'admiration de tous, il ordonna qu'on revêtît cet homme et qu'on le laissât quelque temps en repos. Quand la respiration lui fut rendue, il se leva comme s'il n'eût rien souffert. Ce fait s'étant répandu dans la ville, ceux qui avaient poursuivi le condamné accoururent et firent tous leurs efforts pour l'appréhender de nouveau et le faire mettre à mort. Eloi ne l'arracha de leurs mains qu'avec peine; puis il s'intéressa pour lui auprès du roi, et lui fit délivrer

---

[1] Tacite rapporte que les Germains pendaient leurs malfaiteurs aux arbres. On sait que les Francs en étaient issus. La loi salique (titre 69, art. 2) imposait une amende à quiconque aurait soustrait, sans l'agrément du juge, le corps du supplicié. C'est pourquoi saint Eloi en demanda l'autorisation. (Longueval, tome V, p. 141, en note.)

des lettres de sûreté. Ce fut ainsi qu'il le protégea. Peu de temps après, cet homme se sépara de son libérateur; peut-être fut-ce du consentement d'Éloi, qui craignait que le fait qui venait de s'accomplir ne se répandît trop au milieu du peuple. Il désirait, en outre, qu'il disparût du milieu de ses serviteurs.

Nous avons assez parlé de ses miracles. Dieu seul connaît, et cela suffit, tous ceux qu'il a opérés en secret, tant sous l'habit laïc que depuis qu'il eut pris le vénérable costume apostolique. Je vais maintenant parler aussi brièvement que possible des ouvrages qui sont sortis de ses mains.

Entre autres remarquables travaux qu'exécuta ce saint homme, il élabora plusieurs chasses de saints avec de l'or, de l'argent et des pierreries : telles que celles de Germain, Séverain, Piat, Quentin, Lucien, Geneviève, Colombe, Maximien, Lolien et Julien[1]. Il en fit, en outre, beaucoup d'autres, mais surtout celle de saint Martin en la ville de Tours. Ce fut le roi Dagobert qui pourvut à cette dépense. Le tombeau de ce saint évêque fut orné d'un admirable travail en or et en pierres précieuses. Ajoutons-y la tombe de saint Brice (évêque de Tours) et une autre où le bienheureux Martin avait été longtemps déposé. Il obtint, en outre, du roi une grande faveur pour cette église; car, sur la demande d'Éloi, et par suite du respect qu'il avait voué au saint confesseur, Dagobert fit la remise à cette cathédrale

---

[1] Le P. Looslate fait remarquer à l'an 631, n° 5, que le texte de saint Ouen doit être ici interprété de telle sorte, que ces travaux d'orfèvrerie furent exécutés à diverses époques : les uns sous Dagobert, d'autres après la mort de ce prince. En effet, comme saint Ouen le dit lui-même plus loin, les corps du saint Quentin et de saint Lucien, martyrs, ne furent découverts qu'au commencement de l'épiscopat de saint Éloi. On le verra clairement ci-après. Il s'agit donc ici d'une énumération générale des travaux d'art du saint, sans tenir compte de l'ordre chronologique.

du cens qu'elle payait à l'Etat ; ce qu'il confirma par une charte : de manière que cette église s'attribue tout le droit du cens fiscal ; et que, jusqu'à ce jour, le comte y est institué par lettres de l'évêque. Eloi décora pareillement, dans le territoire de Paris, le tombeau de saint Denis, martyr. Il recouvrit ce mausolée, qui est de marbre, d'un admirable travail en or et en pierreries ; il composa pour l'ornementation du fronton des vases et des figures magnifiques. Il couvrit d'or les coins de l'autel et y fixa des pommes en or ornées de pierres précieuses. L'ambon et les portes du sanctuaire furent recouverts de lames d'argent, ainsi que le dôme qui surmonte le trône de l'autel. Il fit aussi une rampe en avant du tombeau, et construisit un autel à l'extérieur, qu'il établit aux pieds du saint martyr. Aidé de la munificence du roi, il déploya un tel art dans ce travail, y imprima si bien le cachet de son talent, que ce monument est presque unique dans les Gaules, en sorte qu'il n'a cessé d'être unanimement admiré jusqu'à ce jour.

Ces œuvres se trouvant ainsi terminées, après avoir pacifié toutes les nations voisines, sans excepter les féroces Gascons, que sa vaillante épée soumit à sa domination, le grand et excellent roi Dagobert mourut. On l'inhuma dans cette même basilique de Saint-Denis, sous l'arcade, dans le côté droit. Clovis, son fils, lui succéda, étant encore en bas âge [1]. Au commencement de ce règne une déplorable erreur s'introduisit en Orient. Constantin [2] gouvernait alors l'empire romain. Les auteurs de cette hérésie violaient avec impudence les règles de l'Eglise et se mirent à prêcher une

[1] Dagobert mourut en 638, après un règne de seize ans. Il laissa deux fils, Sigebert, âgé de huit ans, et Clovis, qui n'en avait que quatre. Le premier régna en Australie, et le second obtint les royaumes de Neustrie et de Bourgogne.

[2] Héraclius II, nommé *Heraclius Constantinus*, succéda à Héraclius son père, en 641.

doctrine entièrement contraire à la vérité : ils soutenaient que le Seigneur Jésus-Christ, notre Sauveur, n'a pas pris la forme d'un esclave et qu'il n'a pas reçu de Marie une vraie chair[1]. Ces nouveautés avaient jeté le trouble dans l'Eglise, et déjà un grand nombre se trouvaient atteints de la contagion. Le venin de la mauvaise doctrine avait pénétré non-seulement dans les villes qu'habitaient les faux prédicateurs, mais dans celle même qui est la capitale de toutes ; car, de proche en proche, cette perversité s'était étendue jusqu'à Rome. Le chef de l'Eglise était alors le bienheureux pape Martin[2]. Il luttait contre l'hérésie avec une sollicitude continuelle et une grande énergie, et avait essuyé, de la part des hérétiques, l'opprobre et l'adversité. Ayant remarqué que l'empereur et plusieurs autres favorisaient l'erreur, effrayé de cet état de choses, il convoqua un concile dans le but de la réprimer ou plutôt de l'anéantir. Du consentement de tous les évêques orthodoxes qui s'y étaient réunis, il rendit un décret qui exprime très-clairement le dogme catholique. Cet acte fut transmis dans les Gaules avec une lettre au roi des Francs, par laquelle le Souverain Pontife le suppliait d'envoyer à Rome des hommes catholiques et instruits pour lui venir en aide contre cette hérésie. Eloi s'y serait rendu très-volontiers avec son ami, si d'autres affaires ne les en eussent alors empêchés.

Cependant l'ennemi du genre humain, irrité des obstacles que l'Eglise lui opposait, se servait d'hommes pervers pour attaquer avec plus de violence cette forteresse. C'était surtout à Martin, cette très-forte tour, qu'il livrait de continuels assauts : sans cesse il l'affligeait dans le but d'abattre son courage. Mais, quoique l'esprit impur réunît tous ses

---

[1] Les monothélites niaient qu'il y eût en Jésus-Christ deux natures et deux volontés.

[2] Cinq cents évêques s'étaient réunis à Latran pour condamner les monothélites.

efforts, ce Pape, tout pénétré de la grâce et de la vertu du Christ, lui faisait une vive résistance. Semblable à un rocher qui reste immobile au milieu des flots, de même méprisait-il avec courage les propos des hérétiques. Un décret impérial lui ordonna de publier une profession de foi contraire à celle des anciens Pères. Mais lui, qui considérait le dogme catholique comme le dépôt le plus vénérable, protesta qu'il ne pouvait proférer contre Dieu des paroles impies, estimant qu'il valait mieux perdre la vie temporelle et conserver pure de toute souillure la foi qui était selon sa conscience. Je connais un frère venu de l'Orient qui affirme avoir vu ce que je vais raconter. Comme on ne trouvait aucun moyen de faire dévier Martin de la foi catholique, on l'accabla d'injures; longtemps il fut flagellé en présence du peuple. Enfin, après qu'on lui eut lié les mains derrière le dos, comme s'il se fût agi d'un bélier destiné au sacrifice, il fut envoyé en exil, au milieu des lamentations de toute la ville de Rome. On le conduisit à Constantinople, et ce fut là qu'il mérita de guérir un aveugle par l'unique moyen de ses prières; il y termina dans la captivité sa belle et noble vie par une belle et vénérable fin, après avoir enduré beaucoup de tourments. Que les hérétiques dissimulent maintenant ces faits, s'ils le veulent; qu'ils s'humilient et qu'ils rougissent d'avoir fait un martyr, quoiqu'ils disent bien haut qu'il mourut paisiblement. Ils affirment qu'ils n'ont pas mis fin à ses jours et que sa mort a été naturelle, comme s'il n'eût pas été consumé par la douleur, celui que les chagrins ont véritablement accablé. S'ils étaient ici présents, je le leur dirais au nom du martyr lui-même. Quoiqu'il ne soit pas mort, il est vrai, sous le glaive du bourreau, il fut du moins exilé pour avoir confessé la foi catholique; il mérita cette glorieuse mort qu'il a, en quelque sorte, endurée par sa constance et son courage si plein de fermeté. Ce fut ainsi qu'allant vers son Dieu, la cour céleste le reçut comme martyr. En effet, sa vertu et son honneur ne diffèrent point de ceux des martyrs, auxquels il peut être associé. Il supporta avec égalité d'âme l'adversité telle qu'elle se présenta à lui ; et, comme l'affirme positivement la sainte Ecriture, ce n'est pas une moindre gloire, ou plutôt c'en est une plus remarquable d'endurer le martyre pour qu'un schisme n'éclate point dans l'Eglise par suite des ruses des hérétiques, que de refuser de sacrifier aux idoles à l'instigation des païens. En effet, dans la persécution que fait naître l'idolâtrie, chacun n'y est que pour son âme ; mais dans celle suscitée par l'hérésie, chaque fidèle souffre pour l'Eglise universelle. Voilà pourquoi le martyre du pape Martin est, selon moi, préférable à tout autre, parce qu'il est plus insigne et plus grand. Nous avons joint à la vie d'Eloi ce peu de faits concernant la mémoire d'un aussi grand homme, pour qu'il en soit parlé, et que l'on sache dans les siècles à venir combien Martin se rendit illustre en défendant la foi. Qu'il nous suffise de lui avoir payé ce tribut de notre attachement, afin que la mémoire d'un homme si remarquable, qui, dans la ville de Rome a rendu tant d'importants services à mes collègues, bien qu'elle soit très-connue en Orient, ne soit point, jusqu'à présent, exposée à périr en Occident.

Tandis que ces choses se passaient à Rome, l'un de ces hérétiques, chassé d'au-delà des mers, parvint dans la province des Gaules ; et, ayant pénétré dans la ville qui autrefois portait le nom d'*Edua*, actuellement celui d'*Augustidinus* (Autun), il s'y fixa, et se mit à produire avec non moins de finesse que de fourberie son infâme doctrine. Cela étant venu aux oreilles d'Eloi, qui alors résidait dans le palais du roi, il s'entendit aussitôt avec Ouen et d'autres hommes catholiques pour aviser aux moyens de dévoiler cette contagion ; car sa vigilance était extrêmement active en pareille occasion. Il ne se donna donc aucun repos, jusqu'à ce que, d'après les ordres du prince, les évêques et les principaux du royaume fussent réunis en concile dans la ville d'Orléans [1], où l'on amena l'hérétique dont il vient d'être parlé. Les hommes les plus doctes de l'assemblée firent leurs efforts pour le combattre sur divers points, mais ils ne pouvaient rien conclure contre lui ; car il éludait les questions avec tant d'artifice, que c'était principalement lorsqu'on croyait le tenir qu'il échappait par quelque faux fuyant, semblable à un rusé serpent. Comme on ne pouvait le déclarer hérétique, attendu qu'on n'avait découvert aucun moyen de ruiner ses arguments, la divine Providence permit qu'il se rencontrât parmi nous un évêque très-distingué par sa science, nommé Salvius [2], qui le réfuta d'une manière si victorieuse, que ce fut pour toute l'assistance un sujet d'admiration et celui d'une grande joie ; car il mit dans le plus grand jour les fourberies et les artifices que l'hérétique était parvenu jusqu'alors à dissimuler. Tous les évêques prononcèrent contre lui une sentence qui fut publiée dans toutes les villes, et cet homme fut expulsé honteusement du territoire des Gaules.

Éloi, ayant découvert qu'un autre apostat agitait le peuple à Paris et l'entraînait à commettre de mauvaises actions, le chassa de cette ville. Il en trouva un second qui

---

[1] Le sixième concile d'Orléans, convoqué par les soins de saint Éloi, fut tenu en 634. V. Longueval, tome précité, p. 158-159, et le P. Lecointe, à l'an 634.

[2] Lecointe et Fleury ont pensé que Salvius, dont parle ici saint Ouen, était évêque de Valence. Mais ce saint prélat, honoré sous le titre de martyr, vivait un siècle plus tôt. Il ne peut s'agir non plus de saint Sauve, martyrisé près de Valenciennes au commencement du neuvième siècle. Il est difficile de dire, selon Ghesquière, quel siège épiscopal occupait le saint Sauve dont saint Ouen fait mention. V. Longueval, loc. cit. p. 159, en note; et *Acta Sanctorum Belgii*, tome III, p. 225.

parcourait les campagnes et les places publiques en se déclarant évêque ; il l'expulsa du royaume des Francs, après lui avoir fait subir une dure et longue captivité. Il tint la même conduite envers plusieurs autres qui séduisaient les populations par divers artifices et prenaient sur elles une grande autorité ; car il avait conçu une aversion profonde contre les hérétiques, les schismatiques et toutes les fausses doctrines qui s'écartaient des vérités catholiques. Sans cesse il luttait contre ces aberrations de l'esprit humain. Très-éloquent, d'ailleurs, et très-versé dans l'étude des saintes Ecritures, abondamment pourvu d'instruction, partout où il se trouvait il adressait au peuple des exhortations évangéliques pour le porter à persévérer irrévocablement dans la foi de Jésus-Christ, et à fuir avec soin la contagion des hérétiques.

Mais, entre autres choses, Eloi était principalement la consolation des vieillards, des veuves et des orphelins. Comme la veuve de Sarepta, en proie lui-même aux besoins les plus impérieux, il nourrissait de sa propre substance les membres de Jésus-Christ. Apercevait-il un infirme, il le consolait avec douceur. Ceux qui étaient fervents, il les exhortait à persévérer avec zèle dans l'amour de Dieu. S'il rencontrait un malade, il lui prodiguait tant de soins, que celui-ci n'avait plus lieu de regretter ni les délices de sa patrie ni la tendresse de sa mère. Tel était son dévouement envers ceux qui souffraient, que les pauvres bien portants enviaient le sort de ceux qui étaient l'objet de ses soins. Pénétré d'amour pour Jésus-Christ, il s'occupait d'eux assidûment, en sorte qu'ils le considéraient comme leur propre père. Il se rappelait ce que le mauvais riche, autrefois couvert de pourpre, avait négligé de faire, et la condamnation que son âme orgueilleuse avait subie comme récompense. C'est pourquoi, se montrant de plus en plus miséricordieux envers tous, continuellement il secourait les pauvres avec bonté. Y eut-il, en effet, une douleur dont il ne prît compassion? Ne le vit-on point toujours gémir avec ceux qui couraient le danger de se perdre? Est-il un pauvre, clerc ou laïc, qui n'était point couvert de ses vêtements? ou bien un monastère qui ne sentît point l'effet de ses largesses? Que de peines n'a-t-il pas volontairement endurées dans l'espérance de gagner l'éternelle félicité? savoir: la faim, la soif et les macérations du corps. Ce fut en persévérant dans ce genre de vie qu'il devint, pour l'avenir, un vase d'élection utile à Dieu, et disposé à toutes sortes de bonnes œuvres.

Voué entièrement, comme il l'était, au service de Dieu, il accomplissait avec exactitude les ordres des princes lorsqu'ils étaient justes, mais il les méprisait souverainement lorsqu'ils ne l'étaient pas. Quoiqu'il fût humble dans son obéissance, il les reprenait cependant avec une grande liberté. Soumis au roi et dévoué au Christ, la majesté se faisait remarquer dans ses traits; il pratiquait la vertu avec ardeur; son esprit était subtil, sa conduite pure et irréprochable. Il s'exerçait continuellement comme s'il n'eût fait que de commencer, se préparant au passage du temps à l'éternité, comme si chaque jour il eût dû paraître devant Dieu. Voilà pourquoi il mortifiait par le jeûne sa chair rebelle, et, prévenant les tortures cruelles de l'enfer, il se macérait et se punissait lui-même. Si le temps où il vivait y eût prêté, son désir était de mourir martyr pour le nom de Jésus-Christ. Mais, quoiqu'il n'ait point été transpercé par le glaive, chaque jour il se condamnait à un martyre volontaire. La faim lui tenait lieu d'ongles de fer; la soif, des flammes; les tribulations du monde, des bêtes féroces; l'abstinence, de claie. Ce fut ainsi que, sous l'apparence du martyre, il se ceignit comme d'une rude chaîne de fer, s'imposa une discipline sévère, et se renonça lui-même, afin de pouvoir suivre Jésus-Christ. Aimant toujours, désirant sans cesse, recherchant avec avidité Celui qui se fit homme pour l'amour de l'homme, qui, du sein de son Père, descendit sur la terre pour nous conduire au ciel, lui vouant tous ses travaux, lui consacrant tout son amour, Eloi cultivait constamment la bonne terre de son cœur par des exercices spirituels. Semblable à ceux que tourmentent la faim et la soif, désireux qu'il était de posséder Dieu, il répétait souvent d'une voix plaintive ces paroles du Psalmiste : « Qui me donnera des ailes comme à la colombe, et je m'envolerai, et je me reposerai[1] ! » et celles-ci : « Quand viendrai-je et comparaîtrai-je devant la face de Dieu[2] ? » et ce texte de Salomon ; « Nous courrons après vous à l'odeur de vos parfums[3]. » Il suivait en toutes choses la douceur et la foi, ainsi que la charité parfaite, qui est le ciment de l'édifice spirituel. Il s'appliquait à purifier son cœur comme un vase destiné aux choses saintes, afin que Dieu pût trouver en lui une demeure digne de la souveraine Majesté. Sans cesse il s'occupait d'œuvres salutaires, afin qu'aussi souvent que le tentateur s'approcherait de lui, autant de fois que cet ennemi, plein de ruses, chercherait à pénétrer dans son âme, il en trouvât toujours la porte fermée. Il priait souvent, selon le précepte de l'apôtre, pour tous les hommes, pour les rois et ceux qui sont constitués en dignité, pour qu'ils pussent jouir d'une vie paisible et tranquille dans la piété et dans la charité[4], sachant, selon le même apôtre, que cela est bon et reçu agréablement du Sauveur notre Dieu, qui veut que tous les hommes soient sauvés et parviennent à la connaissance de la vérité[5].

Mais pourquoi m'arrêter à en dire davantage? Il brilla toute sa vie comme le soleil au milieu des astres, et il fut

---

[1] Ps. LIV. 7. — [2] Ps. XLI. 8. — [3] Cant. I. 3. — [4] Tim. II. 1. 2. — [5] Ibid.

resplendissant comme un foyer de lumière. Toujours les plus parfaits étaient pour lui des émules, et sans cesse il se proposait pour exemple les vertus des autres. Il ne parlait, selon le conseil de l'apôtre, que tardivement, et il était prompt à écouter. On remarquait de la subtilité dans ses discours, de la sublimité dans son humilité. Cet homme était riche en aumônes, plein de longanimité dans l'exercice de la charité; avait un esprit vif, éloquent et perspicace; un zèle ardent l'animait. C'était enfin un vase utile dans la maison du Christ, courageux dans le service des pauvres, toujours disposé à prier, répandant l'aumône avec profusion, magnifique dans ce qu'il donnait, pratiquant la mansuétude, se réjouissant beaucoup dans la pauvreté, possédant la bonté, embrassant toujours la pureté de cœur. Il s'appliqua tellement à l'étude de la discipline ecclésiastique, que, bien qu'il portât encore l'habit laïc, déjà il avait la grâce d'un évêque, par suite d'une disposition particulière de la Providence. C'était ainsi qu'avant d'avoir reçu la tonsure cléricale, il se formait aux règles de l'Eglise, marquant, comme par avance, ce qu'il serait, et se préparant à devenir un prêtre irréprochable dans l'Eglise de Jésus-Christ. O très-parfait laïc! que les prêtres désiraient pouvoir imiter! O esprit que tous doivent louer, parce qu'il ne vécut que pour craindre avec amour Jésus-Christ et pour l'aimer avec crainte! O heureux ennemi du siècle, à qui le monde fut crucifié, et lui-même au monde! Telles furent sa vigilante sagesse et son inaltérable douceur, qu'il sut allier la prudence du serpent à la simplicité de la colombe. Ce fut surtout sa sagesse qui fit que son cœur devint le centre et comme le domicile de toutes les vertus. Ce temple, où le Seigneur daigna résider, était purifié par le jeûne, orné par la prière, distingué par la pureté, exercé par les veilles, digne du nom d'*Élu* (Eloi), qui lui avait été donné. Ainsi s'exerçait-il chaque jour pour ne rien perdre de ce que Dieu lui avait départi, et pour accomplir ce qu'attendait de lui Jésus-Christ notre Seigneur.

Il serait trop long de raconter chacune de ses vertus et tous les faits remarquables de sa vie. Ce livre, auquel déjà nous avons donné trop d'étendue, demande une fin. Nous devons craindre que notre style, naturellement aride et fatigué d'ailleurs, ne succombe comme le voyageur après une marche longue et pénible. Nous sommes, toutefois, bien loin d'avoir raconté tout ce que fit Eloi ; c'est à peine si nous en avons dit la centième partie. Les œuvres extraordinaires que Dieu lui a permis d'opérer, ressemblent à un rocher posé sur une éminence et qui présente un vaste champ aux dissertations des voyageurs. Nous nous sommes donc borné à transcrire brièvement dans ce livre les actions qu'il a faites lorsqu'il portait encore l'habit séculier, et nous avons cru devoir le terminer, de peur que trop de prolixité ne causât au lecteur quelque ennui. Il nous reste à raconter ce qu'il a fait pendant son épiscopat, comment il est sorti de ce monde, et quels miracles se sont opérés après sa mort. S'il nous est permis de vivre encore quelque temps, si Dieu daigne nous en accorder la faculté, cela fournira matière à un second livre, que nous composerons avec le secours de l'intercession du saint ; car c'est en nous confiant, non dans nos propres mérites, mais dans les siens, que nous espérons conduire à une heureuse fin cette œuvre commencée. Il daignera intercéder pour nous dans le ciel auprès de Jésus-Christ, qui lui fit opérer ici-bas tant de merveilles ; de ce même Jésus-Christ notre Seigneur, qui, étant Dieu, vit et règne au siècle des siècles avec le Père et le Saint-Esprit. Ainsi-soit-il.

PRÉFACE DU LIVRE SECOND

Sous la protection du Seigneur, j'avais entrepris d'écrire la vie du bienheureux confesseur Eloi; mais, fatigué et accablé de lassitude, je m'étais arrêté à mi-chemin, abandonnant ma plume et laissant l'ouvrage imparfait. Maintenant que j'ai recouvré un peu de forces, je vais tenter de continuer ce travail, pour satisfaire au vif désir que j'en ai; et, d'un cœur tout joyeux, je me remets à écrire. Mais j'avoue en toute humilité que les tendres sentiments de mon cœur me guideront dans les lieux où je ne pourrai me rendre à pied. J'irai donc par mes vœux où je ne puis atteindre par mes paroles. Je me reconnais tout à fait indigne, à cause de la faible portée de mon génie, de transmettre à la postérité, par un monument littéraire, la mémoire d'un aussi grand homme; je le ferai, toutefois, dans la pensée que la narration de ces faits sera de nature à procurer une grande édification à ceux qui la liront.

Mais, parce que les œuvres de ce saint sont si multipliées et si hautes qu'elles demandent qu'on les rappelle toutes, et que, d'autre part, leur multitude exige qu'on en omette quelques-unes, mon esprit flotte incertain, ne sachant ce qu'il convient d'insérer ou de retrancher. Car j'avoue que, si je voulais tout écrire, le temps me manquerait, et je dépasserais la portée d'un volume. D'un autre côté, si je ne raconte que peu de choses, je crains la dérision des hypocrites, qui diront de moi : « Cet homme a commencé à bâtir et n'a pu terminer son édifice [1]. » Mais je crains plus qu'autre chose d'offenser ce grand évêque; car, retenu comme je le suis dans l'aridité de mon style, m'épuisant en efforts pour dérouler le tableau de sa vie, mon travail paraîtra plutôt une injure qu'une histoire. Après avoir réfléchi sur l'une et l'autre de ces difficultés, j'apprête ce dont j'ai besoin pour écrire. Ce qui n'a pu entrer dans le premier livre comme surabondant se trouvera classé dans celui-ci; car il suffira que cette première partie contienne ce qu'Eloi fit sous l'habit laïc; je vais maintenant traiter de ce qui se passa pendant son épiscopat.

[1] Luc. xiv. 30.

SECONDE PARTIE

CHAPITRE I

Suppression de la simonie. — Eloi est sacré évêque. — Ses travaux. — Ses dangers. — Ses vertus dans la prédication de l'Evangile. — Il fonde des monastères et découvre plusieurs corps saints.

Eloi avait autrefois, sous l'habit séculier, milité dans le palais pour Jésus-Christ, qui est le prince de tous et le Roi éternel. Il vécut sous Lothaire second[1], roi débonnaire des Francs, durant tout le règne de Dagobert, prince remarquable, et sous Clovis son fils ; et il survécut jusqu'au temps de Lothaire le Jeune. A cette époque, l'hérésie de Simon pullulait dans les villes et sur toutes les frontières du royaume des Francs. Elle eut lieu principalement depuis l'époque de la très-infortunée reine Brunehault[2], et cette contagion mina la foi catholique jusque sous Dagobert.

[1] Lothaire ou Clotaire, que saint Ouen nomme *Médianus* (Lothaire II), commença à régner en 613.

[2] Ghesquière dit, tome précité, p. 235, d'après dom Bouquet, que Sigebert 1er, roi d'Austrasie, épousa Brunehault en 566. Lothaire II la condamna à mourir dans les tourments en 613. On l'attacha à la queue d'un cheval indompté, et ses membres furent déchirés. Saint Ouen se sert, en la qualifiant, du mot

Cependant les saints hommes Éloi et Ouen[1] déployaient à cet égard une grande vigilance ; et, de concert avec d'autres hommes catholiques, ils obtinrent le consentement du prince et des principaux de sa cour pour la réunion d'un concile[2], afin d'extirper ce venin mortel du corps de Jésus-Christ, qui est l'Église universelle. Leur pieuse demande eut son effet, et on leur accorda volontiers ce qu'ils avaient sollicité avec dévotion. Il plut à tous et au Saint-Esprit, qui les inspirait, ainsi qu'au roi, qui donna pour cela des ordres, que nul désormais ne serait admis à prix d'argent à exercer les fonctions sacerdotales ; qu'on ne choisirait plus pour évêques que des hommes d'une vie irréprochable, d'un bon témoignage, et non plus ceux qui, comme des loups ravissants, marchandaient les dons du Saint-Esprit en offrant des présents.

On élut donc, par suite, pour remplir l'office de prêtre, Éloi, déjà connu par sa sainteté et ses bonnes œuvres, déjà abondamment pourvu des lumières de l'Esprit-Saint, afin qu'il gouvernât comme évêque l'église de Noyon ; car Achaire, évêque de cette ville, était mort dans le cours de cette année. On élut en même temps Ouen, son ami, que

---

infelicissima, très-malheureuse. Longueval paraît s'être appuyé sur cette expression en disant : « que sans vouloir entreprendre l'apologie de cette reine, il croit qu'elle aurait paru moins coupable, si elle eût été moins malheureuse. » V. t. V. p. 55-56.

[1] Lecointe a pensé qu'il se trouve ici une interpolation, à cause de la qualité de saint qu'Ouen s'attribue en commun avec Éloi.

[2] Il est difficile de déterminer l'époque du troisième concile de Châlons. Lecointe la fixe à l'an 644, d'autres en 650. Longueval assigne à cette assemblée la date de 649. On voit, du reste, par les actes qui y furent rédigés, que saint Éloi et saint Ouen y siégèrent en qualité d'évêques, l'un de Noyon, l'autre de Rouen. L'ordre chronologique laisserait donc quelque chose à désirer en cet endroit de la légende. Il n'en est pas moins vrai que nos deux saints ont puissamment contribué à la convocation de ce concile, dont le seizième canon porte : « que tout évêque, prêtre, abbé ou diacre, qui recevrait les saints ordres à prix d'argent, subira la peine de la dégradation. »

l'on nommait Dadon, pour qu'il fût mis à la tête de l'église de Rouen. Ce fut ainsi que celui qui d'abord avait exercé la profession d'orfèvre [1] reçut malgré lui la tonsure cléricale, et fut constitué le gardien des villes ou municipes dont les noms suivent, savoir : Vermand [2], qui est une métropole;

[1] Saint Éloi fut en même temps maître de la Monnaie de Paris sous Clotaire II, Dagobert Ier et Clovis II. Nous devons à l'obligeance de M. Dancoisne, notaire à Hénin-Liétard, connu par ses savantes recherches numismatiques, la liste ci-après des monnaies découvertes jusqu'à ce jour et qui furent frappées par lui; elles sont toutes fort rares et d'une grande valeur :

1° PARISIVS FIT (fecit). Profil droit. Revers ELIGIVS MONE (monetarius). Croix ancrée du haut. Tiers de sol d'or.

2° (Sous Dagobert). DAGOBERTVS REX. Croix ancrée du haut avec EL-ICI (Eligius). Revers profil droit CEALIT. Magnifique sol d'or estimé 900 fr.

3° DAGOBERTVS REX. Profil droit diadémé. R/. Croix avec les lettres M-A (Marseille). Sur la légende incomplète on lit ELIGIVS. Autre sol d'or.

4° DAGOBERTVS REX. Buste à droite. R/ ELIGIVS. M (monetarius). Croix avec les lettres M. A. Cette pièce est un tiers de sol, ainsi que toutes les suivantes. La valeur de chacune d'elles est de 200 à 300 fr., d'après M. Combrouse.

5° Même avers. R/ MONETA. ELIGIV. Mêmes croix et lettres.

6° DAGOBERTVS REX. Croix ancrée du bas avec ce mot : EL-ICI. R/ PARISI CIV. (civitas) profil droit.

7° DAGOBERTVS. Croix ancrée du bas. R/ REX FELICC. Croix ancrée du haut avec ELICI;

8° (Sous Clovis II). CHLO. DOYCVS. Profil droit haussé. Dans le champ la lettre N. R/ ELIGIVS MO. Croix haussée A.-R. V.-II.

9° CROTHOVCHVS. Profil droit à diadème perlé. R/ PALATI MONETA. Croix accostée des lettres ELI-CI.

10° CHLOTHOVE. REX. Même profil. R/ MONETA PALAT. Le reste comme au revers précédent.

11° CHLODOVEVS REX. Croix ancrée du haut avec ce mot : ELI-CI. R/ PARISIVS IN CIVIT. Profil droit.

12° Variété du numéro précédent; toutes celles qui précèdent sont en or; celle-ci est d'un autre métal.

13° CHLODOVEVS R. Profil droit. R/ PARISII NN. CIV. Croix chrismée avec EL-ICI.

14° CHLODOVIVS REX. Profil droit avec bandeau de perles. R/ (Paris) IVS IN CIV. Croix ancrée du haut avec EL-ICI.

Saint Tillon, son affranchi, et dont saint Ouen parle plusieurs fois, remplaça, en 646, saint Éloi dans la charge de monétaire. (Voyez la note ci-après, p. 84).

[2] Vermand, aujourd'hui Saint-Quentin, fut ville épiscopale jusqu'au com-

Tournai, autrefois ville royale [1]; Noyon. Dans la Flandre, Gand et Courtrai [2]. On le donna pour pasteur à ces lieux, principalement parce que ceux qui les habitaient étaient encore en partie voués aux erreurs du paganisme et adonnés à de vaines superstitions. Semblables aux sauvages, ils n'avaient pu jusqu'alors recevoir la parole du salut. Le saint homme, ne trouvant aucun moyen de se soustraire à la charge qu'on lui imposait, ne voulut, toutefois, dévier en aucun point des règles de l'Eglise catholique, et ne permit pas qu'on l'ordonnât prêtre sans qu'auparavant il eût passé quelque temps dans la cléricature. Lors donc que les interstices furent accomplis, et qu'Ouen fut revenu d'un voyage sur les bords de la Loire, quand déjà il avait été ordonné prêtre par le seigneur Déodat, évêque de Mâcon, après qu'ils eurent pris conseil, ils méritèrent de recevoir tous deux le même jour la bénédiction apostolique. C'était le temps où, dans les Gaules, les Rogations étaient célébrées par tout le peuple. Ils se rendirent donc ensemble dans la ville de Rouen le quatorzième jour du

---

mencement du sixième siècle, où saint Médard transféra le siège à Noyon par suite des ravages causés par les Vandales et les Huns. Il fut en même temps évêque de Tournai, et ces deux évêchés restèrent unis jusqu'en 1146.

[1] Le roi Childéric avait fait de Tournai sa capitale.

[2] Le savant Henschénius a fait observer, tome Ier de février des *Acta sanctorum*, p. 896, qu'il n'a découvert aucun écrivain qui ait parlé de la Flandre avant saint Ouen. Dans sa description de la Gaule Belgique, Wastelain a pensé, p. 408, que les Flamands étaient alors renfermés dans d'étroites limites. Ghesquière dit, dans ses annotations sur la vie de saint Eloi, que Gand à l'orient et Courtrai au sud réunissaient des populations séparées des Flamands proprement dits. Il se trouvait même, entre Courtrai et Bruges, la nation des Suèves, dont saint Ouen fait aussi mention, comme on le verra bientôt. C'est aussi l'opinion que Cousin a émise dans son *Histoire de Tournai*, p. 62, t. Ier : « La Flandre n'estoit pas pour lors, dit-il, de grande estendue et ne comprenoit que le comté de Bruges, Thurolt, Aldenburg, Rodemburg et Osteburg, qui estoient les principaux villages ou chasteaux. » Ce ne fut qu'au neuvième siècle que la Flandre comprit un plus vaste territoire.

troisième mois, la troisième année du règne de Clovis [1], lorsque ce prince était encore jeune ; et, le dimanche avant les Litanies, au milieu d'un immense concours de peuple, d'un grand nombre de clercs qui chantaient des psaumes, les évêques nous conférèrent gratuitement le sacre épiscopal, à moi pour Rouen, et à Eloi pour Noyon. Après sa consécration, il alla occuper son siége. Qui pourrait dire combien il se montra grand dans l'exercice de cette charge ? Quel homme serait assez éloquent, et qui pourrait dignement expliquer, en usant même d'une faconde extraordinaire, le détail de ses bonnes œuvres ? Robuste dans sa foi, comme il l'avait été jusqu'alors, il persévéra dans l'exercice des vertus qu'il avait constamment pratiquées. On trouvait en lui la même humilité du cœur, la même gravité dans son extérieur, le même soin des pauvres, la même sollicitude pour eux qu'auparavant, la même charité fraternelle, la même fermeté de caractère. La dignité épiscopale, qui, pour d'autres, sert d'aliment au luxe, fut pour lui une occasion de s'humilier davantage. Il était

---

[1] La manière dont s'exprime ici saint Ouen a donné lieu à de nombreuses contestations. Voici comment Longueval résume cette difficulté, tome V, p. 161 : « Les uns, dit-il, ont conclu de ce texte que saint Eloi et saint Ouen furent ordonnés en 646, parce qu'en effet, le dimanche avant les Rogations était cette année le 14 de mai ; et ils font vivre Dagobert jusqu'en 644, afin que l'an 646 ne soit que la troisième année de Clovis II. Ainsi, ils ne comptent les seize années du règne de Dagobert que depuis la mort de Clotaire II, arrivée l'an 628. Les autres, convaincus par des preuves certaines que Dagobert mourut l'an 638, rapportent la troisième année de Clovis II et l'ordination de saint Ouen et de saint Eloi à l'an 640, et ils expliquent le texte de saint Ouen, qui dit bien que lui et Eloi arrivèrent à Rouen le 14 de mai, et non qu'ils furent ordonnés ce jour-là, mais le dimanche avant les Rogations, lequel, cette année, était le 21 de mai. Il est vrai que l'église de Rouen et celle de Noyon placent l'ordination de ces saints évêques au 14 de mai, mais c'est apparemment le texte de saint Ouen mal entendu qui a donné lieu à cette opinion. » On peut consulter Lecointe à l'an 640 et le commentaire de Ghesquière sur la *Vie de saint Eloi*, t. III, des *Acta Sanctorum Belgii*, n°s 5 et 6. V. aussi les notes de M. Barthélemy.

toujours soumis au Christ et fort dans la dévotion, remarquable par sa science, digne d'exercer la charge de Pontife, humble dans le refus qu'il faisait des honneurs, exilé volontaire, plein de foi, soumis aux préceptes divins, croyant aux promesses du Très-Haut, extérieurement riche et libéral, remarquable par son industrie, suivant en tout les vues de Dieu, patient dans son espérance, sage dans ses discours et prudent dans ses conseils. Il déployait beaucoup de fermeté dans les corrections et d'ardeur dans ses affections, de patience dans l'adversité, de courage dans le danger, de douceur dans la discipline, de largesse dans ses aumônes, d'assiduité à l'étude. Il était pénétré d'une crainte salutaire de la mort et des jugements de Dieu; se montrait magnifique dans les choses de la religion, très-pieux dans les devoirs qu'il rendait aux morts, plein de grandeur dans ses œuvres de miséricorde, rempli de zèle pour la discipline, doué d'un génie supérieur, plein d'équité, redoutable même par la sévérité de ses jugements; mais il était prompt à faire grâce et toujours prêt à pardonner. Humble pasteur, il aimait à exercer l'hospitalité, et il était le père et le nourricier très-pieux de son troupeau. Vraie providence pour son église, modérateur insigne, craignant pour ses propres fautes, pleurant sur celles d'autrui comme si elles eussent été les siennes, sans cesse il adressait des avertissements à son peuple, lui enseignait les préceptes du Christ, et remportait ainsi la victoire sur les méchants, non par la force des armes, mais par la patience, soumettant les superbes au joug très-doux du Sauveur. Il travaillait infatigablement à secourir les pauvres et à prendre soin des étrangers; les services qu'il leur rendait étaient tels, que quiconque, dont le cœur n'aurait point été profondément fixé en Jésus-Christ, se serait cru avili en rendant à des égaux les services qu'Éloi procurait continuellement à des malades pâles et livides, et à des hommes de très-basse condition. Enfin, laissant de côté toute la pompe qui circonvient un évêque, renonçant à l'entourage du peuple et du clergé qui étaient à sa suite, s'isolant même de ses serviteurs, il quittait tout pour jouir de la consolation d'entretenir les pauvres et les prisonniers. Il avait dans un endroit écarté une place où, chaque jour, il introduisait les malheureux et les infirmes pour les servir dévotement, selon l'habitude qu'il avait contractée depuis longtemps, lavant lui-même leurs visages, couverts de sueur et de poussière; coupant leurs cheveux en désordre; leur servant ensuite à manger avec un vif empressement, et apaisant leur faim et leur soif avec une rare bonté. Il les congédiait ensuite après les avoir vêtus ou leur avoir fait quelque présent. A peine ceux-ci s'étaient-ils retirés, qu'il en admettait d'autres, s'ils venaient à se présenter, et il leur conférait bénignement les mêmes bienfaits; quoiqu'il y eût affluence quelquefois, il rendait néanmoins à tous les mêmes services. Il avait pris pour règle d'en nourrir douze chaque jour et de s'asseoir avec eux à la même table à une heure convenue. Après avoir versé de l'eau sur leurs mains, il leur distribuait lui-même le pain et le vin. Mais pourquoi m'arrêterais-je plus longtemps à raconter ces choses? J'avoue que jamais je n'ai vu une telle ferveur de zèle; que jamais je n'entendis dire que, dans les Gaules, il se fût accompli de telles œuvres par qui que ce fût. Quelqu'un pourrait, quoique cela soit rare, les entreprendre; mais ce serait pour lui chose très-difficile de persévérer. Quant à lui, ce qu'il eut une fois résolu de faire, il l'observa perpétuellement; ce que d'abord il promit à Dieu, aucune affaire de ce monde ne le détourna de l'accomplir; ce qu'il entreprit dès le principe, il le continua jusqu'à la fin.

Plein de zèle, en outre, et pénétré de sollicitude pour

ses devoirs de pasteur, il parcourait les villes et les municipes confiés à ses soins : les Flamands et ceux d'Anvers[1], les Frisons[2], les Suèves[3] et les peuples barbares qui habitaient sur les bords de la mer, lesquels, situés pour ainsi dire aux extrémités de la terre, n'avaient été cultivés jusqu'alors par aucune prédication évangélique. Ils reçurent d'abord Eloi avec des préventions et des intentions hostiles ; mais lorsque, peu après, il eut fait pénétrer en eux la grâce de Jésus-Christ, en leur annonçant la parole du salut, une grande partie de ces peuples barbares abandonnèrent leurs idoles, se convertirent au vrai Dieu et se soumirent au Christ. Il advint donc qu'Eloi fut pour eux un flambeau descendu du ciel. Semblable à un rayon de soleil qui s'échappe de la nue, il éclaira de la lumière de la foi tous les barbares de cette contrée[4]. Ces hommes

[1] Saint Ouen est le premier auteur qui ait fait mention d'Anvers. V. le commentaire d'Henschénius sur les *Actes de saint Amand*.

[2] Pline, lib. VII. cap. 3, parle des Frisons. Ce peuple avait pour métropole Utrecht, et s'étendait sur la partie de la Flandre actuelle où sont situées les villes de Huist et Axel.

[3] Les Suèves, signalés par Strabon, lib. IV, avaient leur principal siége entre Courtrai et Bruges : les villages de *Suévezèle* et de *Suévegheimen* ont pris leur origine de ce peuple, qui fut détruit par les Normands en 881. Voici ce qu'on lit dans la chronique qui traite de ce qui eut lieu durant l'invasion de ces barbares. « Ils ruinèrent par le fer et le feu la ville de Tournai, ainsi que les monastères situés sur l'Escaut, et firent mourir avec leurs chefs tous les habitants de ce canton. Ensuite ils changèrent de lieu et se dirigèrent vers Courtrai pour y établir leur camp et passer l'hiver. De là ils exterminèrent les Suèves et les Ménapiens, qui leur avaient fait une énergique opposition, et ruinèrent tout ce qui se trouvait le long des fleuves. » Les Suèves, selon Ghesquière, étaient mêlés aux Ménapiens, qui occupaient diverses parties de la Flandre telle qu'elle se comprend actuellement. La capitale des Ménapiens était Tournai ; ils s'étendaient jusqu'auprès de Gand. Henschénius attribue à ces peuples d'autres cantons, et notamment le *Lœticus* ou comté de la Lys, qui comprend Ypres, Dunkerque et leurs territoires, ainsi que le Mont-Cassel, et s'étendait jusqu'auprès d'Aire. V. les annotations de Ghesquière sur la *Vie de saint Eloi*, t. III, p. 237 ; et Lecointe, à l'an 641, n° 3.

[4] Les historiens locaux tels que Meyer, Malbrancq et Cousin, interprètent

qui, comme des bêtes féroces, voulaient d'abord le mettre en pièces, s'appliquèrent à l'imiter quand ils eurent fait l'expérience de sa bonté et de sa douceur. Quel eût été, en effet, l'homme si obstiné qui, voyant sa modestie, n'en fût pas aussitôt saisi d'admiration ? Quel est le présomptueux qui, considérant sa vie sobre, ne se serait point aussitôt converti à la justice ? Car, chaque jour, l'opinion qu'on avait de ses vertus allait croissant. Il semait parmi le peuple des paroles qui produisaient des fruits abondants de foi. Cette prédication, assaisonnée du sel de la sagesse, contenait en outre un arome extrêmement salutaire. Sa réputation ne s'étendit pas seulement dans l'intérieur de la Gaule, mais aussi dans les provinces étrangères : ce que l'on connaissait de ses mérites le devançait partout. Comme un ardent guerrier, il s'élança sans défense au milieu des barbares, n'ayant pour bouclier que la ferveur de sa foi ; mais, fortifié par la charité du Christ, il se défendit vaillamment contre les adversaires de la parole sainte qu'il pré-

les expressions de saint Ouen de telle sorte que saint Eloi aurait prêché la foi depuis Anvers jusqu'à Boulogne, sur tout le littoral compris entre ces deux villes. Sanderus lui attribue la fondation, à Dunkerque, d'une église dédiée à saint Pierre. Ce fait repose sur une tradition constante des habitants de cette cité, dont l'église principale actuelle a saint Eloi pour patron. Le saint évêque avait appelé, pour l'aider dans cette mission, son ancien affranchi Tillon, qui, après avoir exercé près de lui la profession d'orfèvre, s'était voué au service de Dieu dans l'abbaye de Solignac ; en sorte qu'il était devenu l'un des hommes les plus éminents de ce monastère. Ce fut surtout à Isenghen qu'il exerça son zèle apostolique. Les habitants de cet ancien comté, en effet, le considèrent comme leur apôtre et le vénèrent sous le nom de saint Thilmon. Cousin résume les travaux des deux missionnaires en mentionnant les principales églises qui furent fondées ou consacrées par saint Eloi. « Pour retourner, dit-il, aux devoirs d'évesque que saint Eloy a faicts en ses diocèses : les églises qu'il a commencées à Aldenburg, Rodenburg, Ostburg et à Bruges ; le monastère de Blandin, qu'il a amplié à Gand ; l'église de Courtray, qu'il a dédiée à Dieu soubs la mémoire et invocation de saint Martin ; qui sont enregistrées aux chroniques de Flandre, font foy du soing qu'il a eu du service de Dieu et du salut des âmes dans ce pays. » (*Hist. de Tournay*, t. I. chap. XXIII. p. 64.)

chait. Combien de fois se prépara-t-il à mourir pour la défense de la vérité! Ses vœux se seraient accomplis si le temps y eût prêté. Mais quoiqu'il n'ait pu, dans ce siècle, subir le martyre, il ne perdit pas cependant la gloire de ceux qui versèrent leur sang pour la foi; parce que, continuellement, il travaillait dans le but d'acquérir la gloire éternelle. Je puis dire en toute sécurité que, s'il eût pu combattre au temps de Néron ou de Dèce, il se serait de lui-même présenté au chevalet, et on l'aurait vu se précipiter dans le feu pour le Christ, afin de cueillir la palme du martyre; mais, quoiqu'il n'ait pu le faire, il s'est pourtant acquis la même gloire, tandis que, plein de courage, assidu aux veilles et aux jeûnes, constant dans sa foi, accomplissant sa course et attendant chaque jour que Jésus-Christ déposât sur lui la couronne de justice, établi par le Seigneur comme une sentinelle, il annonçait la parole de Dieu avec une pleine autorité. Il insistait, selon l'Apôtre, à temps et à contretemps, disputant, conjurant, avertissant, avec beaucoup de patience et de sagesse, parlant toujours avec suavité des choses de Dieu, soit dans ses allocutions au peuple, soit dans ses entretiens particuliers. Comme il observait constamment dans la doctrine humaine l'autorité apostolique, ce fut par elle qu'il engagea sa lutte avec les gentils, et qu'il parvint à maintenir des sentiments de paix chez une nation très-féroce; qu'il gagna à Jésus-Christ un peuple nombreux, et conserva toujours intacts les dogmes de la foi catholique.

Rencontrait-il quelqu'un atteint des coupables blessures du péché et percé par les flèches du démon, aussitôt il employait le remède de ses instructions et le médicament salutaire de la parole de Dieu. Il indiquait, pour les blessures faites par l'esprit enchanteur, l'appareil efficace de la confession. Les transgressions contre les règles de l'honnêteté et de la discipline, il les entreprenait avec douceur et les supportait patiemment. Il usait, du reste, d'une admirable discrétion dans tous ses actes. C'était un homme chaste dans ses œuvres, catholique dans sa foi, répandant avec diffusion la charité, prudent dans les tentations, très-ferme dans sa croyance, prompt dans l'exercice du bien, d'une grande sincérité dans ses discours, juste dans ses jugements, lumineux dans ses conseils, d'une remarquable bonté et d'une illustre charité. Il servait Dieu avec assiduité, reprenait ceux qui s'égaraient, protégeait ceux qui se corrigeaient, méprisait les obstinés et chérissait ceux qui étaient humbles. Sa foi était d'une inébranlable fermeté, son amour très-pur, sa paix sincère. Son zèle pour la charité, dont il était tout pénétré, le portait à exciter ses enfants au désir de la vie éternelle. Il avait soin de pratiquer ce qui formait matière à ses exhortations, observant le premier ce qu'il enseignait, ne disant rien que ce qui était vraiment dans son cœur. Ce que ses lèvres enseignaient, ses actes le sanctionnaient. Sa vie était conforme à ses paroles, et sa doctrine ressemblait à sa conduite. Il dirigeait avec une grande bonté ceux qui étaient sous sa dépendance, et se condamnait lui-même avec une extrême sévérité. Ce n'était point un homme terrible à l'égard de ses sujets, mais il était, quant à lui, fort austère dans les expiations; il se réservait les censures, se bornant envers les autres à faire exécuter la stricte justice. Exact et rigoureux dans la discussion du point de droit, il se montrait fort miséricordieux lorsqu'il s'agissait de prononcer la sentence; les censures qu'il portait étaient toujours empreintes d'une grande modération; car il savait qu'il est écrit « qu'on jugera celui qui aura jugé les autres, » et que « les grands de la terre souffriront de graves tourments[1]; — que le jugement sera

---

[1] Sap. vi. 7.

très-sévère pour ceux qui gouvernent[1]. » Souvent il méditait sur ces paroles, et toujours il agissait avec discrétion, ne faisait rien intempestivement, mais avec réflexion ; discernant toutes choses avec grand soin, et gardant, dans l'exercice de la discipline, la modestie unie à la modération.

Il fit construire dans la ville de Noyon un monastère pour des servantes de Jésus-Christ. Il s'y forma une nombreuse congrégation, pour laquelle il composa des règles austères. Éloi procura à cet établissement des revenus suffisants en fonds de terre, et pourvut à tout ce qui lui était nécessaire[2]. Plusieurs autres monastères très-connus encore aujourd'hui dans les Gaules lui durent pareillement leur existence[3], ou bien ils furent fondés par ses disciples ;

[1] Sap. vi. 6.

[2] Après avoir assisté au troisième concile de Châlons-sur-Saône, dont saint Ouen a omis de faire mention, et qui fut tenu vers 650, Éloi amena de Paris sainte Godeberte, sa fille spirituelle, et elle fut la première abbesse de sa maison de Noyon.

[3] Saint Éloi fonda, vers la même époque, l'oratoire d'Ourcamp (Ursicampus), dans la forêt de l'Aigue, sur la rivière d'Oise. Ce lieu fut depuis occupé par des religieux de l'ordre de Cîteaux, qui vinrent s'y établirent en 1129. (V. les notes de M. Barthélemy, p. 397-398). Les auteurs belges tels que Meyer, Cousin et Miræus, s'accordent à dire que l'abbaye de Saint-Martin de Tournai dut aussi sa première fondation à saint Éloi, et ils la fixent vers 650, en s'appuyant sur ce que rapporte Hériman, abbé de ce monastère, qui vivait au douzième siècle. Après avoir rappelé avec quel art et quelle richesse il avait décoré le tombeau de saint Martin de Tours, Hériman dit qu'ayant obtenu à cette occasion deux dents du saint évêque, Éloi les garda précieusement, pour les placer plus tard honorablement dans quelque lieu de piété; puis il s'exprime ainsi : « L'une de ces reliques ayant été déposée dans l'église de Notre-Dame de Noyon, Éloi apporta l'autre à Tournai. Il y avait à l'entrée de la ville, au sud, une montagne fort élevée et couverte de bois.... On raconte qu'anciennement saint Martin, lorsqu'il parcourait les Gaules pour annoncer la parole du salut, s'arrêta sur ce mont, et qu'il y ressuscita un mort.... Le serviteur de Dieu Éloi adopta donc ce lieu, que saint Martin avait lui-même choisi et qu'il avait sanctifié par sa présence. Il y déposa la dent du saint évêque et y construisait en son honneur une maison, dans laquelle il établit des moines. Il mit à leur tête un abbé sous la dépendance de l'évêque. Ce monastère reçut d'Éloi des règles tellement particulières,

car plusieurs parmi eux établirent des églises, plusieurs dirigèrent avec sagesse des monastères, plusieurs même furent élevés à l'épiscopat et placés à la tête des diocèses.

Entre autres vertus extraordinaires que Dieu accorda à ce saint homme, il permit qu'il découvrît les corps des saints martyrs qui, depuis plusieurs siècles, étaient demeurés cachés, sans que les peuples pussent savoir où on les avait déposés. Il s'occupa donc de cette recherche avec toute l'ardeur de sa foi. Il arrivait souvent que certains martyrs étaient vénérés par les fidèles dans les lieux où ils n'étaient pas, et qu'on ne leur décernait aucun culte dans les endroits où leurs corps se trouvaient véritablement. A partir de l'époque du sacre d'Eloi et de celle où une église lui fut assignée, il en découvrit quelques-uns, qu'il fit connaître aux peuples. Le premier fut l'illustre martyr saint Quentin, qu'il trouva, au commencement de son épiscopat, après l'avoir recherché avec un très-grand soin. Son corps avait été longtemps caché, et il le montra à tout le peuple. Avant qu'Eloi fût donné à Noyon pour évêque, un homme sans probité nommé Maurinus, chantre renommé du palais du roi, et que, d'après son extérieur, le peuple prenait pour un saint, cet homme, dis-je, rempli d'orgueil et dont le cœur était dépravé, comme l'événement le fit comprendre, eut assez de hardiesse et de présomption pour se vanter qu'il découvrirait le corps de saint Quentin. Mais

que le genre de vie des religieux qui l'habitaient différait de presque toutes les autres maisons religieuses de la Gaule. De nobles seigneurs ne tardèrent point à s'y réunir de divers cantons pour s'y consacrer au service du Dieu tout-puissant, et renoncèrent à leurs héritages pour concourir à sa dotation. Eloi lui-même abandonna des biens en faveur de ce lieu pour l'enrichir. » Ainsi s'exprime Hériman, et il ajoute que la ville de Tournai ayant été ruinée au neuvième siècle par les Normands, les religieux se dispersèrent. Il s'écoula deux cents ans avant que l'abbaye de Saint-Martin pût sortir de ses ruines. On la restaura vers la fin du onzième siècle. (Dom Luc d'Achéry a édité, tome II du *Spicilegium*, l'œuvre d'Hériman.)

le Seigneur, voulant donner une preuve de sa malice et rehausser le mérite du saint évêque, fit que, dès l'instant où il se mit à remuer la terre, le manche de l'instrument dont il se servait s'attacha à ses mains, en sorte qu'il se vit contraint d'abandonner l'entreprise. Le lendemain, les vers se mirent dans ses plaies, et il mourut misérablement. Cet événement produisit dans le peuple une telle frayeur, que désormais aucun, quelle que fût sa vertu, n'osa, si ce n'est Eloi, poursuivre une telle recherche. Lors donc qu'il eut assumé la charge pastorale, et presque aussitôt après son ordination, il se mit à visiter ce lieu, qui est peu éloigné de Vermand : savoir, à l'endroit où autrefois le martyr, après avoir été retiré du fleuve par Eusébie, fut inhumé sur une colline. Le saint évêque, divinement inspiré, roulait ce projet dans son esprit ; mais il déclarait hautement au peuple que le corps n'était pas à l'endroit où on le vénérait habituellement, et qu'on le trouverait plus loin. Comme cette pensée l'agitait depuis longtemps, il se mit à chercher sur toutes les parties du pavé de la basilique pour voir s'il n'y découvrirait pas le saint tombeau ; mais, comme il ne s'y trouvait aucun indice de sépulture, il se vit bientôt abandonné des frères qui l'accompagnaient, car ils craignaient de mourir tristement comme celui qui avait conçu l'orgueilleux projet d'entreprendre une semblable recherche. Ils se persuadaient d'ailleurs que le corps était tombé en dissolution par l'action du temps et réduit en poussière ; si bien qu'ils conseillaient à Eloi de renoncer à cette entreprise.

Comme on lui opposait ces difficultés, il répondit en gémissant du plus profond de son cœur : « Cessez, mes frères, de vous opposer à mes pieuses intentions, car je crois en Dieu mon créateur ; il ne me privera pas d'un tel trésor et ne permettra pas que je sois frustré dans mon espérance. » Persistant donc plus attentivement encore, il prit la résolution de jeûner pendant trois jours, de prier Jésus-Christ avec larmes et de tout son cœur, émettant le vœu de ne prendre aucune nourriture avant d'avoir mérité de voir son désir accompli; car sa foi était si grande, sa confiance si parfaite, que ce qu'il devait faire, il le considérait comme exécuté; et il lui arrivait quelquefois de s'entretenir avec Dieu comme s'il l'eût fait avec un seigneur de la terre. En sorte que ce qu'il avait une fois résolu avec maturité, il se persuadait qu'indubitablement Dieu le ratifierait. Et, tandis que plusieurs le détournaient de ce projet, il disait : « Vous, ô Seigneur Jésus ! qui avez connu toutes choses avant qu'elles advinssent, vous savez que si vous ne me découvrez point le corps de ce saint, qui fut votre témoin sur la terre, qui a souffert pour votre saint nom, je ne pourrai jamais (bien que je m'en reconnaisse très-indigne) gouverner ce peuple comme il convient en qualité d'évêque; je m'éloignerais plutôt de cette province pour aller mourir, comme je le mérite, au milieu des bêtes sauvages. » Que dirai-je de plus? Il persévère dans son projet, et tandis que ceux qui l'aidaient parcouraient, en les sondant, les divers endroits de l'église, perdant tout espoir de rien découvrir, il leur désigne un lieu dans l'arrière-partie du monument, et demande qu'on y fouille, quoiqu'on n'eût pu soupçonner qu'il y eût là une sépulture. Ils obéissent et se mettent à l'œuvre. Lorsqu'ils eurent creusé jusqu'à plus de dix pieds de profondeur, ils désespérèrent encore une fois de rien trouver. La troisième nuit s'était écoulée depuis qu'on avait commencé cette recherche. Éloi alors, ayant quitté son manteau, prit lui-même la pioche, fit éclairer la fosse au moyen de cierges et de lampes, et creusa la terre de ses saintes mains, en y employant tout ce qu'il avait de forces. Se trouvant au fond de cette fosse, il se mit à fouiller sur le côté, et découvrit bientôt un tombeau qu'il reconnut pour être très-ancien et qui renfermait le corps du saint [1]. Pénétré alors d'une grande joie, il frappa de l'instrument qu'il tenait à la main les parois du sépulcre : il s'y pratiqua une ouverture, et il en sortit une odeur si suave et une lumière si resplendissante, qu'Eloi lui-même put à peine supporter la double émotion qui en fut la suite. Le faisceau de lumière qui s'échappa du tombeau répandit une telle clarté, que non-seulement il illumina ceux qui étaient présents, mais se fit remarquer au loin, en sorte que tous ceux qui veillaient à ce moment virent une clarté semblable à celle du jour, et se persuadèrent, quoiqu'ils n'en connussent point la cause, qu'il y avait au ciel quelque signe extraordinaire. Car c'était après minuit, par un temps obscur et brumeux. Cette clarté, brillante comme celle du jour, disparut après un certain temps. Alors Eloi baisa, avec une joie qui lui fit verser des larmes, le saint corps qu'il venait de retrouver, et l'ayant levé de terre, il en sépara quelques reliques qu'il désirait particulièrement de conserver. Il ôta des dents de la machoire pour qu'elles servissent de remède à ceux qui souffraient, et l'on vit sortir de la racine de l'une d'elles une goutte de sang. Il mit pareillement à part, comme reliques, des clous d'une remarquable longueur qu'il retira du crâne et des autres membres, et que les persécuteurs avaient fixés dans le corps du martyr au moment de sa passion. Il sépara aussi des cheveux parfaitement conservés ; ensuite, ayant enveloppé le corps avec un grand soin et une décence extrême dans une étoffe de soie très-précieuse, il le transporta avec respect derrière l'autel, et lui fit enfin une châsse d'un admirable travail, en-

---

[1] L'invention du corps de saint Quentin eut lieu, d'après Lecointe, en l'an 641. Meyer et Ferri de Locre lui assignent une date plus reculée (657) : ce qui ne peut s'accorder avec le récit de saint Ouen qu'on vient de lire, et où l'on voit que le saint avait été depuis peu promu à l'épiscopat.

richie d'or, d'argent et de pierres précieuses. Il agrandit, en outre, et décora magnifiquement l'église, devenue trop petite à cause de l'affluence du peuple. Enfin, il dota un bon nombre de sanctuaires des reliques qu'il avait séparées du saint corps, et procura, en les accordant, un remède efficace à un grand nombre de maux.

Après cela il découvrit, au village de Seclin, dans le Mélantois, après beaucoup de travail et de recherches, le corps du martyr saint Piat[1]. Il montra de même au peuple, comme témoignage, les longs clous qu'il retira du corps. Enfin il honora ses restes comme il convenait à un martyr, et les enrichit d'un élégant mausolée. De même aussi, dans la ville de Soissons, il retira d'une crypte les corps des

[1] Saint Piat subit le martyre à la même époque que saint Quentin, sous Rictius Varus (de 287 à 292), après avoir prêché l'Evangile à Tournai et dans le Mélantois, territoire qui forma depuis la châtellenie de Lille. On voit encore actuellement à Seclin, dans une crypte de l'ancienne collégiale, le cercueil en pierres de saint Piat. Cette crypte, qui est d'architecture romane, renferme, en outre, un autel; et l'on y trouve une fontaine miraculeuse où les malades viennent puiser de l'eau. Le tombeau de saint Piat continue d'être fréquenté par les pèlerins. (Nos recherches sur saint Piat encore inédites.)

Saint Piat, apôtre des Ménapiens, avait été aidé dans ses prédications par saint Chrysole et saint Eubert. Le premier fut martyrisé à Verlinghem, situé à deux lieues environ de Lille; le second reçut la sépulture à Seclin, et fut, depuis, vénéré dans la collégiale de Saint-Pierre de Lille. On sait, par tradition, que saint Eloi découvrit aussi leurs corps; et cette commune opinion des historiens de Belgique acquiert beaucoup de force par la levée même du corps de saint Piat : car il est très-probable que le saint évêque s'est livré à la recherche de tous les corps saints vénérés dans son diocèse. Voici, du reste, ce qu'on lit dans la vie de saint Chrysole, composée au dixième siècle : « Saint Eloi, évêque de Noyon, ayant eu connaissance de la vie du bienheureux Chrysole et de son vénérable triomphe, ordonna, lorsque déjà il s'était écoulé un grand nombre d'années, que le corps du saint martyr fût levé de terre, et il le fit déposer honorablement dans une châsse d'argent. » (*Acta Sanctorum Belgii*, t. I. *de sancto Chrysolio*.)

Quant à saint Eubert, qui avait été inhumé, comme saint Piat, à Seclin, il est plus présumable encore que des recherches auront été faites ou ordonnées par saint Eloi pour découvrir sa sépulture.

saints martyrs et frères Crépin et Crépinien, et orna leur tombeau d'un monument admirable[1]. Il fit la même chose dans la ville de Beauvais en faveur du saint martyr Lucien, collègue de saint Quentin; il découvrit son corps, et décora sa sépulture[2]. Il déploya le même zèle pour honorer la mémoire de beaucoup d'autres saints, dont nous ne pourrions actuellement rappeler tous les noms[3].

[1] Anseric, évêque de Soissons, ayant fait construire une église qu'il avait consacrée sous l'invocation des saints Crépin et Crépinien, voulut y déposer avec solennité les corps des deux martyrs. Pour en relever davantage l'éclat, il y invita saint Faron, évêque de Meaux, saint Ouen et saint Eloi. Cette translation eut lieu le 8 des ides de mars 649. Eloi avait élaboré une châsse magnifique où furent déposés les corps des bienheureux martyrs, qu'on retira de la crypte où ils étaient demeurés jusqu'alors.

[2] Saint Lucien, qui avait été compagnon des précédents, mourut victime de la même persécution vers la fin du troisième siècle, c'est-à-dire sous les empereurs Dioclétien et Maximien, et dans le temps où Rictius Varus exerçait dans la Gaule Belgique la charge de préfet.

[3] D'après le témoignage de Molan, saint Eloi se serait rendu à Gand, où, non-seulement il aurait rendu un juste tribu d'hommage et de vénération aux reliques de saint Bavon, mais les aurait aussi exhumées avec beaucoup de pompe, au milieu d'un grand concours de peuple. (V. Lecointe à l'an 650, n° 10.)

CHAPITRE II

Travaux apostoliques d'Eloi chez les barbares. — Sa science et ses vertus. — Il délivre en Provence un homme possédé du démon. — Puis une femme démoniaque. — Découvre un larcin qui avait été commis. — Sa manière de se conduire et la règle qu'il s'imposait. — Il visite sa patrie et libère à Bourges des prisonniers.

Eloi travailla considérablement en Flandre, et lutta, avec une énergique persévérance, contre ceux d'Anvers. Il convertit un grand nombre de Suèves qui vivaient dans l'erreur. Abrité sous le bouclier du Christ, il usa de son autorité apostolique pour détruire plusieurs lieux consacrés aux divinités païennes, et renverser de fond en comble l'idolâtrie, en quelque lieu qu'il pût la rencontrer. Au milieu de ces travaux, il ne cessait de garder une austère discipline et de pratiquer toutes les vertus. Souvent il lui arriva d'être poursuivi par un peuple ingrat et perfide, de succomber presque aux attaques de la calomnie; mais il ne se décourageait point; au contraire, il n'en était que plus doux, plus patient, plus humble, et priait le Seigneur pour ses ennemis. Tandis qu'il parcourait les campagnes, s'efforçant de stimuler avec une inexprimable adresse les cœurs indolents des barbares, il déployait au milieu d'eux un zèle mêlé de douceur, et les amenait à désirer la céleste patrie. Il prêchait la paix à ceux qui conservaient de la haine; le calme aux hommes d'un caractère violent et emporté, la douceur à ceux qui donnaient des marques de férocité. Il enseignait à tous à s'unir en une seule Eglise, les portait à ériger des monastères et à servir Dieu assidûment par de bonnes œuvres. La barbarie de plusieurs fut tellement changée par ses avertissements, qu'on vit bientôt une moisson féconde et abondante où il ne se trouvait qu'un champ aride et inculte. Il fallait les voir rechercher en grand nombre les œuvres de pénitence, abandonner leurs biens aux pauvres, affranchir leurs esclaves, et accomplir beaucoup d'autres bonnes œuvres. Oh ! combien ont renoncé aux erreurs de la gentilité pour se réunir au véritable troupeau de Jésus-Christ par la pieuse industrie d'Eloi ! Combien, à son exemple, ont renoncé aux plaisirs du siècle pour embrasser la vie monastique ! Que de jeunes filles méprisèrent, à sa persuasion, les noces du siècle, pour se faire recevoir dans le sein de l'Eglise et devenir de dignes épouses de Jésus-Christ ! Quelle nombreuse armée de l'un et de l'autre sexe, conquise par lui chaque année, ne réunissait-il pas à la solennité de Pâques pour la baptiser de ses propres mains ! Il arrachait de la gueule de l'ennemi, avec douceur et force, les hommes et les femmes, les vieillards et les enfants. Par ses avis salutaires, il les faisait entrer en grand nombre dans la voie du salut. Il était curieux de voir au milieu d'une foule d'enfants, des femmes cassées de vieillesse, ayant les membres tout tremblants, les cheveux blanchis, le front ridé ; ainsi que des hommes, d'un âge pareillement avancé, renaître en quelque sorte, par les mains de cet évêque, et se renouveler tout à coup en se revêtant d'habits blancs. Il eût fallu voir aussi ceux qui, blessés par les traits de l'ennemi du salut, venaient accuser leurs péchés. Cet habile médecin les renvoyait si parfaitement guéris, qu'il ne restait plus la moindre trace de leurs plaies, ni aucune volonté de retomber dans leurs anciennes fautes. Mais pourquoi m'arrêterais-je à en dire davantage? Il est de toute évidence que la grâce était avec cet homme et que la multitude l'imitait avec une sorte d'entraînement. De hautes vertus brillaient en lui, savoir : une profonde modestie, une sagesse unie à la simplicité, une sévérité pleine de modération. Il se faisait, en outre, remarquer par une haute portée de savoir qui n'excluait point l'humilité, et par une humilité qui s'alliait à la gravité. Miséricordieux envers les autres, il était très-sévère envers lui-même. Il traitait le prochain avec une extrême indulgence, tandis que lui se montrait fort rigoureux dans ses abstinences. En effet, quoiqu'il fût très-large à l'égard d'autrui, il se restreignait beaucoup en ce qui le concernait personnellement. Il mêlait toujours à ses discours quelques saintes paroles. Ami sincère de la paix, il désirait sur toutes choses le salut de sa patrie; jour et nuit il priait pour la tranquillité de l'Eglise universelle et pour l'union entre les princes. En sorte que ses vertus et les grâces extraordinaires dont Dieu l'avait pourvu concordaient avec l'étymologie de son nom.

Qui pourrait décrire l'abondance et la fécondité de son génie? ou qui suffirait à narrer toutes ses bonnes actions? Combien ne fut-il pas affermi dans la crainte de Dieu, prévoyant dans la dissertation, profond dans le conseil, éloquent dans les causes qu'il entreprenait, admirable par sa vertu d'humilité, prudent, selon le prophète, à la manière du serpent, et simple comme la colombe! O vénérable prêtre de Jésus-Christ! ô homme dont la piété, la miséricorde, la charité surtout, doivent servir de modèle à tous! Car la charité, notamment, se ralentit chaque jour dans ceux mêmes qui se croient parfaits. Quant à lui, cette vertu alla toujours croissant et persévéra jusqu'à la fin. Qui donnera, en effet, par des paroles, une juste idée de sa mansuétude, de la pureté de son âme, de sa ferveur, de son admirable discrétion, de son inaltérable douceur? Qui fera bien comprendre, enfin, comment il méditait nuit et jour sur les préceptes divins? Quel est, dis-je, celui qui marqua plus de promptitude à exécuter l'œuvre de Dieu, se montra plus fervent dans la prière, plus assidu à la lecture, plus sobre, plus large en aumônes, d'un extérieur plus modeste, d'un cœur plus sincère, d'une douceur plus modérée, d'une componction plus fervente, d'une plus aimable charité?

Il possédait, enfin, toutes les vertus qui sont de nature à élever l'homme au plus haut degré de grandeur, savoir : la prudence, la justice, le courage, la tempérance. Il les avait tellement identifiées avec lui-même, qu'il excellait dans chacune d'elles. Il était d'une rare prudence dans le discernement, juste dans ses jugements, d'une grande énergie de caractère dans ses résolutions, et n'usait de tempérance qu'avec discrétion. Quoi de plus prudent, en effet, que de mépriser les folies de la terre pour suivre le Christ, qui est la vertu et la sagesse de Dieu? Qui remplit mieux le devoir de la justice que celui qui, après avoir distribué aux pauvres tout ce qu'il possédait, apprit aux autres à mépriser entièrement les richesses pour l'amour de Jésus-Christ? Quoi de plus fort que de conserver toujours la même fermeté de caractère, malgré les mépris qu'il eut à endurer de la part de ces Francs encore féroces et des peuples barbares? Qui fut plus tempérant? Il méprisa le bonheur que recherchent les grands de la terre, aimant mieux s'avancer d'un pas assuré au milieu des humbles que de flotter incertain à travers des grandeurs du monde. Tout son désir était de vivre sans gloire parmi les hommes, pour mériter d'être en honneur aux yeux de Dieu. Son cœur une fois fixé dans l'amour de Jésus-Christ, il désira les choses du ciel au mépris de celles de la terre, s'appliqua à dédaigner les plaisirs du siècle, pour s'assurer dans le ciel les consolations divines. C'était en pratiquant ces pieux exercices que ce saint homme opérait, par l'effet des dons de l'Esprit-Saint, des choses merveilleuses.

Il arriva qu'à une certaine époque il eut besoin de visiter une contrée que l'on nomme proprement la Provence; et comme un jour il parcourait ce pays, suivi de son noble cortége, un homme possédé de l'esprit immonde s'avança vers lui. Frappé de terreur à la vue du saint, pâle et tremblant, il lui dit : « Pourquoi donc, Eloi, viens-tu dans ce canton? — Pourquoi donc, esprit impur, t'en inquiètes-tu? lui repartit le saint en se tournant vers lui. Au nom de Jésus-Christ, tais-toi et sors de cet homme. » Et, au même instant, le démon, qui depuis quinze ans tourmentait ce malheureux, l'abandonna en le torturant une dernière fois avec une extrême violence. Mais bientôt le possédé se leva, et fut, sur l'heure, radicalement guéri.

Eloi étant parvenu à un endroit nommé Ampucius, situé sur les rives du Rhône et faisant partie du domaine d'Erchembert, homme très-illustre, il se trouva là une femme qui depuis longtemps était tourmentée par le démon. Le saint étant entré dans l'église, elle vint au-devant de lui, comme il en sortait après avoir fait sa prière, et l'appela avec force par son nom à plusieurs reprises. Eloi l'ayant alors regardée fixement, en eut pitié; puis il se mit à genoux par terre et pria. S'étant ensuite tourné vers cette femme, il dit : « Je t'adjure, esprit malin, par le Père Dieu tout-puissant, par Jésus-Christ, son Fils et par le Saint-Esprit le Paraclet, afin que, par la vertu des trois personnes divines, tu abandonnes ce corps que tu retiens captif. » Et aussitôt, à sa parole, l'esprit tourmenta la femme, qu'il renversa par terre, où elle resta sans mouvement. Le démon, souffrant une grande violence, jeta du sang par la bouche de cette possédée, se retira d'elle plein de confusion, et s'enfuit de la présence de l'homme de Dieu. Saint Eloi, alors, ordonna qu'on relevât la femme, et lui présenta à boire de l'huile et de l'eau qu'il avait bénites. Lorsqu'elle en eut goûté, son esprit reprit ses forces, et elle fut guérie depuis ce moment.

Bien qu'il s'agisse d'un fait peu important, je ne crois pas devoir omettre ce que le saint homme apprit d'une manière extraordinaire pendant ce voyage. Ayant terminé les affaires pour lesquelles il l'avait entreprise, après avoir visité ses amis et les évêques de la Provence, sans oublier la maison d'Aspasius, homme très-chrétien, issu de la famille de Juvin, il se disposait à retourner avec sa suite. Au moment où, après un repas qu'il avait pris chez Aurélien, évêque d'Uzès, il se disposait à lui faire ses adieux, il arriva que, parmi leurs nombreux domestiques, l'un d'eux avait perdu la courroie avec laquelle on conduisait le chameau qui portait les bagages. Tandis qu'il cherchait çà et là avec anxiété, Eloi lui parla en secret, lui fit connaître celui qui s'était rendu coupable du vol, et lui dit : « Allez vers un rocher que vous rencontrerez près d'un étang, et vous trouverez ce que vous cherchez caché dans des broussailles. Lorsque, sans offenser personne, vous aurez repris votre bien, rendez-le, sans proférer aucune parole injurieuse, à l'homme qui vous est désigné; il s'y trouvera pris et lié comme dans un réseau. » Cet ordre fut fidèlement exécuté, et le voleur, frappé de honte et de stupeur, implora son pardon et offrit, en outre, toute satisfaction pour l'expiation de sa faute.

Eloi, étant revenu dans sa ville épiscopale, s'appliqua à perfectionner de plus en plus son genre de vie, aimant Dieu principalement de tout son cœur, de toute son âme, de toutes ses forces, et son prochain comme lui-même. Immuablement fixé dans la loi du Seigneur, il ne souillait la pureté de sa vie par aucune parole répréhensible. Considérant la terre comme un exil, il soupirait vers le ciel avec une ardeur toute spirituelle. Il s'abstenait avec un soin extrême de tout ce que la loi défend, et écartait de son esprit toute pensée coupable, sachant que l'homme sera jugé sur ses pensées. Exempt, en outre, de toute présomption, il ne s'attribuait rien de bon et considérait tout le bien qu'il faisait comme un présent divin. Il invitait les ennemis à se réconcilier, et ramenait à la concorde ceux qui étaient désunis. Habitué à rapporter toujours à Dieu ses actions et ses entreprises, il réclamait, dans tout ce qu'il faisait, le secours du Christ. Ses pas étant constamment dirigés pour évangéliser la paix, pour pratiquer le bien, la bonté jointe à une extrême décence se peignait dans sa démarche. De même qu'un serviteur prudent et fidèle que le Seigneur a établi dans sa maison pour qu'il nourrisse sa famille dans le temps nécessaire, ainsi Eloi se hâtait-il d'employer tous les moyens pour procurer la nourriture spirituelle au troupeau qui lui avait été confié. Il se recommandait lui-même par une admirable ferveur et par une continuelle sollicitude pastorale. Ses enseignements portaient l'empreinte de la douceur, et il ne négligeait aucun moyen pour retirer les coupables de l'habitude du péché. Ses œuvres étaient pures et distinguées comme ses mœurs, et il leur donnait une incomparable suavité. Appliqué à l'oraison et courageux dans l'exercice du jeûne, il était en même temps large dans ses aumônes et savait conserver un tel milieu entre la richesse et la pauvreté, que les pauvres s'étaient habitués à le considérer comme un père et les riches comme un supérieur. Il prêtait, du reste, moins d'attention aux personnes qu'à leur conduite morale, et l'on était d'autant plus en honneur auprès de lui qu'on vivait plus saintement. Sa sollicitude à l'endroit des pauvres et des étrangers était telle, qu'il croyait d'une foi pleine et entière que véritablement ils représentaient Jésus-Christ : en sorte que sa joie consistait à donner non pas tant à eux qu'au Christ lui-même. Il avait les yeux fixés vers le ciel en leur procurant du pain, et il priait avec confiance en leur donnant des aliments. En leur distribuant ses largesses, il étendait les bras, persuadé qu'il attendait du ciel sa récompense. Il serait de toute impossibilité que je racontasse seul combien Eloi répandit d'aumônes, enflammé comme il l'était de l'amour divin. Tous les cantons qui sont sous le ciel ont reconnu et ressenti ses bienfaits. Quel est, en effet, le monastère où ses aumônes n'aient point pénétré? Quel clerc n'a point reçu de lui sa nourriture? Quels étrangers n'ont pas pris part à ses secours en recevant de lui l'hospitalité? A quels pèlerins n'a-t-il pas rendu service? Il les cherchait partout avec une sorte d'anxiété, considérant comme un dommage qu'on lui avait causé l'assistance qu'un pauvre ou un infirme avait reçue d'autrui. Intimement uni au Sauveur et animé d'une foi très-vive, il lui rendait tout ce qu'il recevait de lui; et, croyant voir Jésus-Christ dans tous ceux qui le servaient, il se réjouissait en Dieu de tout ce qu'il faisait pour eux, méditant sans cesse sur ces paroles du Seigneur dans son Evangile : « Bienheureux ceux qui sont miséricordieux, parce qu'ils obtiendront miséricorde [1]. » Et encore : « De même que l'eau éteint le feu, ainsi l'aumône éteint le péché [2].... Faites-vous des amis avec les trésors d'iniquité, afin qu'on vous reçoive dans les tabernacles éternels [3].... Faites l'aumône, et voici que tout vous sera pardonné [4]. » Appliqué à ces œuvres de zèle, Eloi recevait chaque jour de Dieu des grâces plus abondantes.

Enfin, en un certain temps, mû par un sentiment de piété uni au zèle de pasteur qui l'animait, il prit la résolution de visiter les propriétés qu'il tenait de sa famille dans le Li-

[1] Matt. v. 7. — [2] Eccli. III. 33. — [3] Luc. XVI. 9. — [4] Luc. XI. 41.

mousin. Il avait entendu parler des monastères qu'on avait fondés à Limoges sur le modèle du sien, et il avait conçu un ardent désir de les visiter; mais ce qu'il voulait par dessus tout, c'était de revoir sa maison de Solignac.

En approchant de Bourges, il avait fait prendre le devant à presque tous les compagnons de son voyage, et il s'arrêta avec quelques-uns seulement, pour prier au tombeau du confesseur Sulpice [1]. Lors donc qu'il eut accompli ce pieux devoir, il apprit que plusieurs hommes avaient été récemment condamnés à mort et qu'ils étaient détenus dans la prison du fisc; car ils avaient tué un magistrat préposé aux deniers publics : telle était la cause de leur détention. Eloi alors, se souvenant de ces paroles du Seigneur : « J'étais en prison et vous êtes venu à moi [2], et : « Chaque fois que vous avez fait cela pour l'un de mes plus petits, vous l'avez fait à moi-même [3], » demanda qu'on le conduisît vers ces malheureux. Mais, comme il approchait du gardien de la prison, les soldats l'arrêtèrent avec violence, l'empêchant de pénétrer dans le cachot. Très-affligé et justement indigné de ce procédé, Eloi se retira et poursuivit sa route. Parvenu au but de son voyage, il passa quelque temps à Limoges, où il parcourut tous les monastères situés tant au dehors que dans l'intérieur de la ville, recueillant avec piété les bénédictions de tous. Il visita aussi les frères de son monastère et leur second abbé, car le premier avait été élevé à l'épiscopat, et il adressa à chacun d'eux des avertissements tout paternels, les exhortant à servir Dieu en toute sincérité et simplicité de cœur, à se perfectionner chaque jour et à persévérer jusqu'à la fin dans leur première résolution. Il visita aussi la demeure de ses parents; car Alicius, son frère, avait établi

---

[1] Saint Sulpice second ou le Débonnaire, honoré le 29 janvier, et qui vivait sous les rois Clotaire II et Dagobert. — V. Longueval, tome précité.
[2] Matth. xxiii. 36 = [3] Matth. xxiii. 40.

un monastère dans la maison paternelle. Après qu'il eut réuni les frères, il les consola avec sa bonté ordinaire ; puis il se disposa à retourner dans sa ville de Noyon. Et, comme il se détournait peu en passant par Bourges, il voulut y retourner ; car il regrettait de n'avoir pu la première fois procurer aucun secours aux prisonniers, ni rien faire pour leur délivrance.

Chemin faisant, il priait donc le Seigneur de ne point rendre inutiles ses efforts lorsqu'il serait arrivé à la prison. Le jour où il devait entrer dans cette ville, au moment où, dès l'aube matinale, il portait ses regards vers le ciel, il s'éleva un brouillard tellement épais, que les habitants de la cité ne pouvaient se reconnaître à la distance d'un jet de pierre. Eloi pénétra dans la ville, et, au moment où il approchait des portes de la prison, voici que tout à coup, par l'effet d'une permission divine, les serrures se brisèrent avec fracas comme si on les eût forcées avec efforts, les gonds se disloquèrent, les portes s'ouvrirent, et les chaînes qui liaient les pieds des détenus se rompirent. Eloi, alors, feignant de n'être pour rien dans le miracle qui venait de s'opérer, s'éloigna aussitôt de la prison, conseillant toutefois aux condamnés de sortir bien vite et de chercher un refuge dans une église. Ceux-ci coururent sans perdre aucun instant à la basilique de Saint-Sulpice. Mais, toutes les portes étant fermées, ces malheureux regardaient de tous côtés sans trouver moyen de s'y introduire, lorsque tout à coup le vitrail situé au fronton du monument se brisa, en même temps l'une des portes latérales s'ouvrit, et les prisonniers, pénétrant ainsi dans le lieu saint, allèrent se grouper autour de l'autel. Tandis qu'Eloi parcourait tous les lieux consacrés à la prière, il vint en celui-ci et les trouva tous en cette situation, c'est-à-dire qu'ils étaient prosternés devant le tombeau du saint évêque. Les soldats, ayant vu la prison déserte, se mirent en toute hâte à la poursuite des condamnés, entrèrent dans l'église, où ils s'en saisirent. Au moment où ils les arrachaient avec violence après les avoir chargés de fers, le bienheureux Éloi leur dit avec douceur : « Je vous en supplie, hommes de Dieu, ne faites point cela dans ce saint lieu. Pourquoi tant d'efforts pour causer la perte de ceux que Dieu, dans sa miséricorde, a déjà délivrés ? Pourquoi agissez-vous avec tant d'impiété dans la maison du Seigneur ? Comment ne redoutez-vous pas la punition d'un si grand crime ? Ce lieu est la demeure de la vie et non celle de la mort ; il est le refuge des criminels et non leur condamnation : un lieu de prières et non un repaire de voleurs. » Ces paroles n'ayant point produit sur eux l'impression qu'il attendait, il ajouta : « Que le Seigneur Dieu soit témoin de ce que vous faites. Vous ne voulez point m'entendre : hé bien ! je crois que je serai écouté de Celui qui n'abandonne jamais ceux qui espèrent en lui. » Aussitôt il eut recours à son refuge ordinaire, se prosterna entre l'autel et le tombeau du confesseur, et pria avec une extrême ferveur. Lorsqu'il se fut levé après sa prière, on vit les chaînes des captifs se briser et tomber à terre, et les liens qui avaient servi à garrotter ces hommes se rompirent à la vue de l'assistance. Ce que voyant les soldats, frappés d'une grande crainte, se jetèrent aux pieds de saint Éloi, implorant leur pardon et disant : « Nous avons péché, ô seigneur et père, nous avons agi injustement : nous nous sommes conduits comme des insensés en osant vous résister. Nous reconnaissons maintenant notre faute et nous vous supplions de pardonner à notre impiété. » Alors il leur dit : « Je sais que vous avez fait cela par ignorance, mais le Seigneur agit comme il lui plaît. C'est lui qui a délivré ces hommes : je le prie de vous accorder l'indulgence et de vous pardonner dans sa miséricorde tous vos péchés. Car ce n'est pas moi, comme vous le pensez, mais saint Sulpice

qui a protégé ces coupables cherchant près de lui un refuge. »
Ce fut ainsi qu'Eloi, ou plutôt le Seigneur par sa médiation, parvint à soustraire deux fois ces hommes au danger d'une mort cruelle. Ce Dieu plein de douceur et de miséricorde, qui délivra Pierre des mains des soldats qui le gardaient par ordre du tyran Hérode, opéra le même miracle à Bourges en faveur d'Eloi son serviteur; lui qui a délivré Paul, ce vase d'élection, des chaînes qui le retenaient dans la prison, a humilié l'arrogance des superbes en ruinant celles dont il vient d'être parlé. Honneur et gloire à Celui par qui ses serviteurs opèrent ici-bas tant de merveilles! Ces misérables étant ainsi délivrés, Eloi leur recommanda de mener à l'avenir une meilleure vie; et voyant qu'ils étaient presque nus, il leur fit l'aumône et leur procura des vêtements. Il fit, en outre, ce jour-là même, une grande distribution d'aumônes à d'autres pauvres et aux monastères; puis, continuant son voyage, il revint au milieu des peuples confiés à ses soins.

Chaque jour il adressait des avertissements à ses ouailles; il se montrait infatigable à les exhorter par de salutaires instructions. Animé d'un zèle ardent pour la vérité, il avait à cœur d'exposer au peuple ce qu'il pratiquait lui-même avec une foi vive. Il recommandait de servir Dieu en toute sincérité, d'observer constamment la justice, de se souvenir des bienfaits de Jésus-Christ, et de bénir son nom tous les jours de la vie. De toutes parts, le peuple se rendait en foule à l'église. C'était là qu'il lui adressait de grandes instructions, en disant avec concision beaucoup de choses; l'édifiait sans cesse; et, élevant la voix avec une confiance prophétique, il lui donnait les avertissements qui vont suivre.

CHAPITRE III

De la manière dont usait saint Eloi pour instruire son peuple. — Quel est celui qui est vraiment chrétien ? — Comment doit-on résister aux tentations de l'ennemi du salut? — Il faut renoncer à l'observance des rits et des superstitions des païens.

Je vous prie, mes très-chers frères, et je vous avertis avec un profond sentiment d'humilité, de m'écouter avec une grande attention, car je veux vous dire des choses qui intéressent votre salut. En effet, le Seigneur tout-puissant n'ignore pas que c'est la charité que j'ai pour vous qui fait que je vous parle. Il sait aussi que si je m'abstenais je serais très-coupable. Accueillez donc mes paroles, non pas avec indulgence pour ma médiocrité, mais parce qu'elles vous sont adressées dans l'intérêt de votre salut, afin que ce que vous aurez entendu vous le mettiez en pratique, et que je puisse me réjouir dans le royaume céleste de ce que j'aurai fait pour vous et de votre avancement dans la perfection. Que si, par hasard, il déplaît à quelqu'un de me voir prêcher si fréquemment, je le prie de ne m'en point vouloir, mais de considérer plutôt le danger que je cours, et d'écouter les terribles menaces que le Seigneur fait au prêtre par son prophète : « Si, dit-il, vous n'avez point annoncé à l'impie son iniquité, il mourra dans le péché, et je rechercherai son sang sur vos mains. Que si vous avez déclaré à l'impie son crime et qu'il ait négligé de se convertir, il mourra criminel à la vérité, mais vous aurez sauvé votre âme [1] ; »

[1] Ezech. xxxiii. 8 et 9.

et ces autres paroles : « Criez sans cesse, et faites connaître à mon peuple ses iniquités[1]. » Considérez donc, mes frères, qu'il est important pour moi de porter continuellement vos esprits à désirer les récompenses du ciel et à la crainte du redoutable jugement de Dieu, afin que je mérite de jouir, avec vous, d'une paix éternelle dans la société des anges. Je demande donc que sans cesse vous craigniez le jugement, et que, chaque jour, vous méditiez sur le moment de la mort. Réfléchissez mûrement sur l'état dans lequel vous serez présentés devant les anges, et sur la récompense qui sera attribuée à vos mérites. Pourrez-vous présenter tout ce que vous avez promis au baptême? Souvenez-vous que vous fîtes alors un pacte avec Dieu, et que vous promîtes de renoncer au démon et à toutes ses œuvres. Ceux qui le purent répondirent par eux-mêmes et pour eux-mêmes, et ceux qui ne le purent point eurent une caution qui promit ces choses à Dieu, savoir celui qui les leva des fonts sacrés. Considérez donc quel pacte vous avez fait avec Dieu, et voyez en vous-mêmes si, après de telles promesses, vous n'avez pas fait les œuvres du démon, à qui vous aviez renoncé, ainsi qu'à toutes ses pompes et à toutes ses œuvres, c'est-à-dire aux idoles, aux sortiléges, aux augures, aux vols, aux fornications, à l'ivrognerie et au mensonge ; car ce sont là ses œuvres et ses pompes. Vous avez promis, au contraire, de croire en Dieu le Père tout-puissant, en Jésus-Christ notre Seigneur, son Fils unique, conçu du Saint-Esprit, né de la Vierge Marie, qui a souffert sous Ponce-Pilate, est ressuscité des morts le troisième jour, et est monté aux cieux. Vous avez promis ensuite de croire au Saint-Esprit, à la sainte Église catholique, à la rémission des péchés, à la résurrection de la chair et à la vie éternelle. Il n'y a nul doute que cette caution qui vous

[1] Isaïe. LVIII. 1.

a été donnée et la profession de foi que vous avez faite continuent de vous lier à l'égard de Dieu. C'est pourquoi je vous avertis, mes très-chers frères, de garder toujours dans votre mémoire cette confession et cette promesse, afin que votre nom de chrétien ne soit pas pour vous une cause de jugement, mais qu'il devienne plutôt pour vous un remède; car vous n'êtes devenus chrétiens que pour faire toujours les œuvres du Christ, c'est-à-dire pour que vous aimiez la chasteté, que vous évitiez la luxure et l'ivrognerie; que vous aimiez l'humilité et détestiez l'orgueil, puisque le Seigneur Jésus-Christ nous a montré l'humilité par ses exemples et nous l'a enseignée par ses paroles, lorsqu'il a dit : « Apprenez de moi que je suis doux et humble de cœur, et vous trouverez le repos de vos âmes[1]. » Détestez pareillement l'envie et pratiquez entre vous la charité. Occupez-vous sans relâche du siècle futur et de la béatitude éternelle, travaillant plus pour l'âme que pour le corps; car la chair n'est en ce monde que pour peu de temps; l'âme, au contraire, est destinée à régner dans le ciel, si elle fait le bien; mais si, au contraire, elle opère le mal, elle sera condamnée à brûler sans miséricorde dans l'enfer. Quant à celui dont toutes les pensées sont uniquement tournées vers la vie présente, il ressemble aux animaux et aux brutes.

Il ne vous suffit donc point, mes très-chers frères, d'avoir reçu le nom de chrétien, si vous n'en faites point les œuvres. Car celui-là seul est appelé utilement chrétien qui garde constamment dans son cœur les préceptes du Christ et les met en pratique : c'est-à-dire qui ne dérobe point, qui ne rend pas de faux témoignage, qui ne se rend coupable ni de mensonge ni de parjure, qui ne commet point d'adultère, qui ne hait personne, mais qui aime le

[1] Matth. xi. 29.

prochain à l'égal de lui-même ; qui ne fait aucun mal à ses ennemis, mais qui prie pour eux au contraire ; qui ne suscite point de procès, mais réconcilie ceux qui sont divisés ; car le Seigneur Jésus-Christ a daigné nous donner ces préceptes dans l'Evangile, lorsqu'il dit : « Vous ne commettrez point d'homicide, vous ne serez point adultère, vous ne vous rendrez coupable d'aucun vol, vous ne direz pas de faux témoignages, vous ne vous parjurerez point, et ne ferez aucune fraude. Honorez votre père et votre mère, et aimez votre prochain comme vous-même [1] ; » et : « Tout ce que vous voudriez que les hommes fissent pour vous, faites-le aussi pour eux [2]. » En effet, ces paroles contiennent la loi et les prophètes. Le Seigneur nous donna en même temps des préceptes plus grands, plus difficiles et plus fructueux à la fois, en nous disant : « Aimez vos ennemis et faites du bien à ceux qui vous haïssent; priez pour ceux qui vous persécutent et vous calomnient [3]. » C'est là un grand commandement et qui présente aux hommes quelque chose de dur, mais une immense récompense lui est attachée. Ecoutez bien ! « Afin, dit-il, que vous soyez les fils de votre Père qui est dans les cieux. » Oh ! quelle grâce ! Nous ne saurions être, par nos propres mérites, de dignes serviteurs, et voici qu'en aimant nos ennemis nous devenons les fils de Dieu. Aimez donc, mes frères, vos amis en Dieu et vos ennemis pour Dieu; car celui qui aime le prochain, comme le dit l'Apôtre, « a rempli la loi [4]. » Quiconque, en effet, veut être vraiment chrétien, doit nécessairement garder les commandements; s'il n'en fait rien, il agit contre lui-même. Celui-là est un bon chrétien qui n'ajoute foi à aucuns phylactères [5] ou inventions du

---

[1] Matth. xix. 18 et 19. = [2] Matth. vii. 14. = [3] Matth. v. 44 et 45. = [4] Rom. xiii. 13.

[5] Ce mot, tiré du grec φυλακτήριον, signifie *garder*. Il désignait, chez les

démon, mais qui met son espoir en Jésus-Christ seul, qui reçoit les étrangers avec joie; comme si c'était le Christ même; car il a dit : « J'ai été étranger, et vous m'avez reçu [1]; » et : « Autant de fois que vous avez fait cela pour l'un de mes petits, vous l'avez fait à moi-même [2]. » Celui-là, dis-je, est bon chrétien, qui lave les pieds à ses hôtes et les aime comme ses plus chers parents ; qui donne aux pauvres selon ses facultés; qui fréquemment vient à l'église et dépose son offrande sur l'autel; qui ne goûte point les fruits de ses récoltes sans qu'auparavant il en ait offert quelque chose à Dieu; qui n'a ni faux poids ni fausses mesures; qui ne prête point son argent à usure; qui vit chastement, et enseigne à ses enfants et à ses voisins à vivre aussi dans la chasteté et dans la crainte de Dieu; qui garde même cette vertu avec sa propre femme quelques jours avant les saintes solennités, afin qu'il puisse s'approcher de l'autel du Seigneur avec une conscience pure; qui sait enfin par cœur le symbole ou l'oraison dominicale, et l'enseigne à ses enfants et à ses serviteurs. Celui qui observe ces choses est, sans aucun doute, un véritable chrétien, et Jésus-Christ habite en lui; car il a dit : « Moi et mon Père nous viendrons en lui et nous y établirons notre demeure [3]. » Il a dit aussi par la bouche de son prophète : « J'habiterai en eux, et je marcherai au milieu d'eux, et je serai leur Dieu [4]. »

Vous venez d'entendre, mes frères, ce que doivent

anciens, les préservatifs qu'ils portaient avec superstition sur eux pour se garantir de quelque mal. Les païens, selon Ghèsquière, se servaient de phylactères, ou pour guérir les maladies, ou pour obtenir quelques avantages. C'était une inscription gravée sur une plaque de métal ou de bois, quelquefois sur le papyrus. Les artistes placent encore assez fréquemment dans les mains des statues des phylactères auxquels ils donnaient la forme d'un rouleau sur lequel ils gravaient une sentence ou une légende.

[1] Matth. xxv. 35. = [2] Matth. xxv. 40. = [3] Joan. xiv. 13. = [4] Levit. xxvi. 12.

être les bons chrétiens. Travaillez donc autant que vous le pouvez, avec l'aide de Dieu, à ce que le nom de chrétien ne soit pas pour vous un vain mot. Appliquez-vous à devenir de vrais fidèles; méditez sans cesse les préceptes de Jésus-Christ, et accomplissez-les par vos œuvres. Rachetez vos âmes des peines qu'elles ont méritées, tandis que vous avez pour cela des remèdes à votre disposition: faites l'aumône selon vos facultés, ayez la paix et la charité, réconciliez les ennemis, fuyez le mensonge, craignez le parjure, ne rendez aucun faux témoignage, ne commettez point le vol, faites vos oblations, et payez la dîme aux églises; présentez, selon vos facultés, des cierges dans le lieu saint; sachez par cœur le symbole et l'oraison dominicale, pour les apprendre à vos enfants; instruisez aussi et reprenez les enfants que vous avez tenus sur les fonts sacrés du baptême, afin qu'ils vivent toujours dans la crainte de Dieu; sachez que vous êtes devenu leur caution auprès du Seigneur. Rendez-vous à l'église le plus souvent que vous pourrez, et implorez-y humblement la protection des saints: sanctifiez le dimanche par respect pour la résurrection du Sauveur, et abstenez-vous ce jour-là de toute œuvre servile; célébrez avec piété les solennités des saints; aimez votre prochain comme vous-mêmes; faites aux autres ce que vous voudriez qu'on fît pour vous, et ne faites à personne ce que vous ne voudriez pas qu'on vous fît. Ayez avant tout la charité, parce que cette vertu couvre la multitude des péchés; soyez hospitaliers, humbles, plaçant votre espérance en Dieu, parce qu'il prend soin de vous; recevez les étrangers, visitez les malades, prenez soin des prisonniers, nourrissez ceux qui ont faim, couvrez ceux qui sont nus, méprisez les devins et les magiciens; que l'équité règne dans vos poids et dans vos mesures, que vos balances soient justes, ainsi que vos boisseaux et vos septiers; n'exigez rien par suite d'un don que vous auriez fait, et ne réclamez de qui que ce soit aucun intérêt usuraire pour de l'argent prêté. Que, si vous observez bien ces choses, vous vous présenterez avec une entière sécurité, au jour du jugement, devant le tribunal de Dieu, et vous lui direz : « Seigneur, donnez-nous, parce que nous avons donné ; prenez pitié de nous, parce que nous avons fait miséricorde ; nous avons gardé vos commandements, rendez-nous ce que vous avez promis. »

Mais je vous supplie avant tout de n'observer aucune des coutumes sacriléges des païens ; n'ajoutez point foi à ceux qui usent de caractères magiques, aux devins, aux sorciers, aux enchanteurs [1] ; ne les interrogez pour aucune cause ou infirmité que ce soit ; ne les consultez pour rien que ce puisse être ; car quiconque commet une telle faute perd sur-le-champ la grâce du baptême. N'observez pas non plus les augures et les éternuements [2]. Lorsque vous

---

[1] Voici les termes employés par saint Éloi pour désigner ceux qui exerçaient ces superstitions et abusaient de la crédulité du peuple : *Non caraios, non divinos, non sortileyos, non præcantatores.* La première de ces expressions varie pour l'orthographe. On trouve *caraius, caragus* et *caragius.* Ce mot, dont l'étymologie se tire, d'après du Cange, de l'idiome anglo-saxon, signifie un enchanteur qui se sert de caractères magiques pour en tirer des observations superstitieuses. Saint Césaire d'Arles avait condamné avant saint Éloi ces fausses croyances fortement enracinées dans l'esprit et le cœur des Gaulois et des Germains. (V. la XIIe homélie de ce saint docteur, éditée par Baluze.) Longtemps il y eut des devins qui se servaient de caractères ou de mots écrits et pris au hasard pour dévoiler l'avenir. On préférait un poëme quelconque dont on adoptait les vers qui se présentaient tout d'abord à la vue ; d'où viennent les sorts nommés *sortes virgilianæ.* Ce fut longtemps une coutume superstitieuse chez les chrétiens d'ouvrir la Bible et d'en tirer des présages. On nommait *præcantatores, incantatores* et *criminatores,* ceux qui, par des paroles magiques, prétendaient guérir les maladies, empêcher certains maux, ou enfin causer quelque dommage à autrui.

[2] L'éternuement, peu considéré chez les Romains, avait une grande importance chez les Grecs. Ils pensaient qu'il y avait dans cet acte quelque chose de divin. Les éternuements qui avaient lieu à midi étaient réputés heureux,

êtes en chemin, ne prêtez point attention au chant de certains oiseaux [1]. Mais, lorsque vous commencez un voyage ou une œuvre quelconque, signez-vous au nom de Jésus-Christ, puis récitez avec foi le symbole et l'oraison dominicale : l'ennemi ne vous causera aucun dommage. Qu'aucun chrétien ne prête attention au jour où il quitte sa maison non plus qu'à celui où il doit y rentrer [2], parce que tous les jours, sans distinction, sont l'œuvre de Dieu. Que nul n'observe soit le jour soit la situation de la lune pour commencer une entreprise. Que personne, aux calendes de janvier, ne se livre à des divertissements infâmes et ridicules, tels que ceux des génisses, des jeunes cerfs ou autres jeux [3]. Qu'on ne tienne point table pendant la nuit,

ceux du matin malheureux. Ils réprouvaient ceux qui se faisaient à gauche, et réputaient de bon augure ceux qui avaient lieu en s'inclinant à droite. Quant aux souhaits qu'adressent les chrétiens à ceux qui éternuent, Hoffeman pense qu'ils doivent leur origine à une maladie épidémique qui eut lieu sous le pape Pélage II, à la fin du sixième siècle. Ceux qui en étaient atteints mouraient, pour la plupart, en éternuant. Baronius a nié cette origine dans ses *Annales*, à l'an 590. Il est, du reste, peu important de le connaître. « Il suffit, dit Ghesquière, à qui nous empruntons cette note, que nous n'ayons rien de commun avec les païens, lorsque nous saluons ceux qui éternuent. »

[1] Tacite dit que les Germains tiraient des augures du chant et du vol des oiseaux. Il suffisait qu'un corbeau passât de gauche à droite d'un homme qui cheminait, pour qu'il se persuadât qu'il arriverait heureusement au terme de son voyage. Cette superstition subsiste encore dans quelques esprits faibles.

[2] Les païens regardaient certains jours comme heureux et d'autres comme malheureux. Saint Paul adressa ce reproche aux Galates. Après lui, saint Augustin et saint Ambroise se sont élevés contre ce préjugé, et nous voyons qu'il n'était point détruit dans notre Gaule-Belgique sous saint Eloi.

[3] Au 1er janvier, les païens avaient coutume de se couvrir de peaux de bêtes, et notamment de celles de génisses et de cerfs. Les hommes prenaient, en outre, dans ces circonstances, des vêtements de femmes. C'était là leur carnaval, d'où le nôtre tire son origine. Ces fêtes, est-il dit dans un sermon que les uns attribuent à saint Augustin, d'autres à l'évêque Faust, ces fêtes furent instituées en l'honneur de l'infâme Janus. Il faut voir en ces jours de misérables hommes, parmi lesquels, ce qui est plus déplorable, il se trouve même des chrétiens; il faut les voir se travestir sous de monstrueuses apparences...

et qu'on ne boive pas outre mesure. Qu'aucun chrétien n'ajoute foi aux femmes qui exercent la magie par le moyen du chant, qu'il ne siége point au milieu d'elles, car ce sont là les œuvres du démon. Que nul, à la fête de saint Jean ou à toute autre solennité des saints, ne s'exerce à observer les solstices [1]; ne se livre aux danses, aux caroles et aux chants diaboliques. Qu'aucun ne songe à invoquer les noms des démons, tels que Neptune, Pluton, Diane, Minerve, le Génie, ou à croire à d'autres inepties de ce genre. Qu'on ne s'abstienne point de travailler le jeudi ou jour de Jupiter [2], à moins que ce ne soit la fête de quelque saint; ni pendant le mois de mai, ni en aucun autre temps, ni aux jours des chenilles ou des rats [3], ou tout autre jour que ce puisse être, si ce n'est le dimanche. Que nul chrétien ne prétende faire des vœux dans les temples, ou bien auprès des pierres [4], des fontaines, des arbres et dans les bois

prendre la forme du cerf et échanger leurs habitudes contre celles des bêtes fauves. D'autres se couvrent de vêtements de femmes. (*Opera S. Aug.*, t. V, édition de Paris, 1683.)

[1] Les païens avaient coutume de révérer les solstices; or, la fête de Saint-Jean-Baptiste arrivant vers le solstice d'été, ils pratiquaient, à cette époque, certaines cérémonies que saint Eloi défend très-expressément à ses auditeurs d'observer. (Note de M. Ch. Barthélemy, p. 168.)

[2] « Les païens, dit le même auteur, avaient une grande vénération pour le jeudi, qu'ils regardaient comme un jour très-heureux. » Puis il ajoute en note : « On rapporte à une autre origine le motif de la célébration du jeudi observée par les écoliers. Diogène Laërce (*Vie des Philosophes*) raconte qu'Anaxagoras étant près d'expirer, les principaux de la ville de Lampsaque, où il mourut, lui demandèrent s'il ne leur voulait rien ordonner. Il leur commanda de donner tous les ans congé aux enfants et de leur permettre de jouer à pareil jour que celui de sa mort. Cette coutume s'est toujours conservée depuis, bien qu'on ne s'en rappelle guère l'origine. » (Œuvre précitée, aux notes, p. 403.)

[3] On trouve dans le texte : *Dies tiniarum vel murorum*, ce qui signifiait le jour des *créneaux ou des murs*. Mais du Cange a pensé qu'il fallait lire *tinearum vel murium*. Il est certain que, dans le paganisme, on pratiquait diverses superstitions dans le but d'empêcher que les chenilles, d'autres insectes, et notamment les rats, ne nuisissent aux fruits et aux moissons.

[4] Il s'agit ici de pierres druidiques. On trouve des monuments de ce genre

sacrés¹ ; qu'il n'allume point de feux dans les carrefours. Qu'on se garde bien d'attacher des billets au cou d'un homme ou d'un animal quelconque, quand même les clercs y prêteraient leur ministère, quoiqu'on prétende que c'est une chose sainte et qu'on y insère des leçons divines ; car on n'y trouve point le remède du Christ, mais le venin du démon. Que personne ne se permette de pratiquer des lustrations², d'enchanter les herbes, de faire passer les troupeaux par le creux d'un arbre ou à travers d'un trou pratiqué dans la terre³ ; car c'est se consacrer au démon que

dans presque toutes les parties de l'Europe septentrionale, et on en remarque encore dans notre département du Pas-de-Calais, savoir : à Verdrel, à Boiry-Notre-Dame et à Saint-Eloi-Ecoivres. On peut les classer sous les noms de *dolmen*, *kromlech*, *peulvan* ou *menhir*. Le dolmen ou table de pierre est l'ancien autel druidique sur lequel on immolait des victimes humaines. C'est ce qu'on trouve à Verdrel, canton d'Houdain.

Le kromlech est une réunion de pierres brutes posées en forme de cercle. « Ces espèces de sanctuaires, dit M. l'abbé Bourassé, qui écartaient la foule, sans empêcher la vue de s'étendre au loin, étaient tout à la fois appropriées aux idées des Gaulois, qui ne voulaient point enfermer la divinité dans des murailles. » Les *bonnettes* qu'on trouve à Boiry-Notre-Dame ont l'apparence douteuse d'un ancien kromlech.

Enfin, quelques antiquaires ont cru trouver un peulvan ou menhir dans deux monolithes en forme d'obélizques qu'on voit sur le territoire de Saint-Eloi-Ecoivres, et qui sont connues sous le nom de *Pierres d'Acq*. Les pierres, les fontaines, autrefois honorées par les païens, l'étaient encore du temps de saint Eloi, par les chrétiens qui n'avaient pu abandonner leurs anciennes erreurs.

¹ Du Cange a pensé qu'au lieu de *cellos*, qu'on trouve dans le texte, il faut lire *lucellos*, c'est-à-dire *lucos*, bois sacré ; car nos ancêtres consacraient les bois et les forêts en leur imposant le nom des dieux. Baudemont, dit Ghesquière, affirme positivement, dans la *Vie de saint Amand*, qu'à Gand on décernait un culte aux arbres et aux forêts. M. Barthélemy a donné à l'expression *cellos* le sens d'une clôture quelconque que l'on consacrait aux dieux et qui avait la forme d'un oratoire.

² Les lustrations se faisaient de trois manières, ou par le feu, le soufre allumé et les parfums, ou par l'eau qu'on répandait, ou par l'air que l'on agitait autour de la chose qu'on voulait purifier. (V. *Encyclopédie catholique*, au mot LUSTRATION.)

³ L'incantation des herbes se faisait en les coupant avec des faux d'airain au

de s'adonner à ces observances. Que nulle femme ne suspende de l'ambre à son cou, qu'elle ne l'emploie ni dans sa toile ni dans la teinture, ou en aucune autre chose, en invoquant Minerve, ou le nom de tout autre être prétendu malfaisant. Que son désir soit que la grâce du Christ préside à toutes ses œuvres ; qu'elle mette toute sa confiance dans la vertu de son nom. Que personne ne pousse des cris quand la lune s'obscurcit[1], car c'est par l'ordre de Dieu qu'elle devient pâle en certains temps. Qu'on n'appréhende point non plus d'entreprendre une œuvre quelconque à la nouvelle lune, car Dieu a formé cet astre pour marquer le temps et modérer l'obscurité de la nuit, et non pour faire obstacle aux travaux de qui que ce soit. Ce ne fut pas non plus pour troubler la raison de l'homme, comme l'ont cru des insensés, s'imaginant que la lune fait souffrir ceux qui sont possédés du démon[2]. Que personne ne nomme ses maîtres le soleil ou la lune ; qu'il ne jure point point par ces astres, parce qu'ils sont l'œuvre de Dieu et servent aux besoins de l'homme par ordre du Créateur. Que nul ne prête attention au sort ou à la fortune à l'occasion des naissances, en sorte qu'on dise : « tel on est né, tel on sera. »
« Dieu, en effet, veut que tous les hommes soient sauvés

clair de la lune. — En ce qui concerne les troupeaux, cette superstition existait encore au dix-septième siècle, d'après M. Barthélemy. Les bergers les faisaient passer par le creux d'un arbre ou par un trou creusé dans la terre, pour les préserver des maladies auxquelles les races ovines sont sujettes. (Œuvre précitée, p. 170.)

[1] Les païens croyaient que la lune était en travail lorsqu'elle venait à s'éclipser ou à s'obscurcir, et ils pensaient la soulager en poussant des cris. Avant saint Éloi, saint Augustin et saint Ambroise s'étaient efforcés d'anéantir ce genre de superstition. — Selon la remarque d'Hésiode, les idolâtres n'osaient rien entreprendre le premier jour de la lune, parce qu'ils le regardaient comme un jour saint et sacré. (Ibid., p. 405-406.)

[2] Il s'agit des lunatiques, *lunatici*. On croyait que certains démoniaques subissaient les influences de la lune. On se sert encore du mot *lunatique* pour désigner ceux qui manquent de fixité dans les idées et dans le caractère.

et parviennent à la connaissance de la vérité [1]. » Il dispense toutes choses dans sa sagesse comme il le fit lorsqu'il a créé le monde. S'il vous survient quelque infirmité, gardez-vous d'avoir recours aux enchanteurs, aux devins, aux charlatans. N'attachez aucune croyance aux fontaines, aux arbres, aux bifurcations des chemins, ni aux phylactères inventés par le démon. Que quiconque est malade se confie uniquement en la miséricorde de Dieu et reçoive avec foi et piété l'Eucharistie du corps et du sang de Jésus-Christ ; qu'il réclame fidèlement de l'Eglise l'huile bénite pour en oindre son corps au nom du Christ, et selon la parole de l'Apôtre : « La prière de la foi procurera le salut de l'infirme [2]. » Et le Seigneur le soulagera ; en sorte que non-seulement il obtiendra la santé du corps, mais aussi celle de l'âme. Ainsi s'accomplira en lui ce que le Seigneur a promis dans l'Evangile, lorsqu'il a dit : « Tout ce que vous demanderez avec foi dans la prière, vous l'obtiendrez [3]. »

Avant toutes choses, en quelque lieu que vous soyez, soit en votre maison, soit en voyage, soit à table, ne proférez jamais aucune parole déshonnête ou qui sente la luxure ; car, comme le Seigneur l'a exprimé positivement dans l'Evangile, « les hommes rendront compte, au jour du jugement, de toutes les paroles oiseuses qu'ils auront dites sur la terre. » Interdisez-vous aussi les jeux diaboliques, les danses et les chants des gentils. Qu'aucun chrétien ne se livre à ces exercices ; car, par là, il s'expose à devenir païen. Il ne convient pas que de la bouche d'un chrétien qui reçoit Jésus-Christ, qui sans cesse doit louer Dieu ; il ne convient pas, dis-je, que de cette bouche on entende sortir des chants diaboliques. Repoussez donc de tout votre cœur, mes frères, toutes ces inventions de l'en-

[1] I. Tim. II 4. — [2] Jac. v. 15. — [3] Matth. xxi. 22.

nemi du salut, et concevez une grande horreur pour les sacrilèges dont je viens de vous entretenir. N'accordez de vénération à aucune créature, réservez la pour Dieu et ses saints. N'allez plus aux fontaines, et détruisez les arbres qu'on nomme sacrés ; faites en sorte qu'on ne trouve plus dans les croisières des chemins des figures de pieds : brûlez-les quand vous en trouverez [1]. Ne croyez pas qu'il y ait d'autre moyen d'arriver au salut que la croix et l'invocation du Christ. Le culte rendu aux arbres est tel, en effet, que les misérables qui vont les vénérer en déposant leurs vœux n'osent les jeter au feu quand ils viennent à tomber de vétusté. Considérez quelle est leur folie : ils rendent des honneurs à un arbre insensible et mort, et ils méprisent les préceptes du Dieu tout-puissant. Que nul donc ne se persuade qu'il puisse être permis d'adorer le ciel, les astres, la terre, ou toute autre créature si ce n'est Dieu : car c'est lui seul qui a tout créé, tout disposé dans un ordre parfait. A la vérité le ciel est très-élevé, la mer est immense, les astres sont majestueux ; mais il faut bien que celui qui a créé tout cela soit plus grand encore et plus parfait. Si, en effet, nous ne pouvons comprendre les choses qui sont sous nos yeux, c'est-à-dire, les productions si variées de la terre, la beauté des fleurs, la diversité des fruits, les différentes espèces d'animaux, dont les uns rampent sur la terre, les autres vivent dans les eaux, d'autres au milieu des airs ; la prudence des abeilles, le souffle des vents, la rosée qui découle des nues, le cours des saisons, la succession des jours et des nuits : toutes choses qui dépassent la portée de l'esprit humain ; si, dis-je, ces choses sont telles

---

[1] Les païens avaient coutume d'établir dans les carrefours et sur les places que formaient les rues en se croisant, des pieds formés de pièces de bois grossièrement sculptées, dans le but de figurer les dieux qui présidaient aux chemins. Ces représentations étaient consacrées à Mercure, et on leur attribuait la vertu de guérir des maux de jambes et de pieds.

que nous les voyons, bien que toutefois nous ne puissions les comprendre, quelle estime ne devons-nous pas faire de celles du ciel, que nous n'avons pu voir encore ? Mais quel est celui qui a créé tout cela par un seul acte de sa volonté et qui gouverne tout comme il le veut ? Craignez-le donc, mes frères, plus que toutes choses : adorez-le entre tout ce qui est, aimez-le par-dessus tout, confiez-vous en sa miséricorde, et ne désespérez jamais de sa clémence.

Imitez ceux que vous savez être bons ; reprenez et corrigez ceux qui opèrent le mal, afin de mériter ainsi une double récompense. Que celui qui, jusqu'à présent, a su se préserver de ces maux, s'en réjouisse et rende grâces à Dieu. Qu'il continue d'observer les mêmes choses et se hâte de persévérer dans le bien. Quant à celui qui, jusqu'à ce moment, a fait le mal, qu'il se corrige et fasse pénitence de tout son cœur, avant de sortir de ce monde : car, s'il vient à mourir sans avoir fait pénitence, il ne trouvera point le repos ; mais on le précipitera dans l'enfer, d'où il ne sortira jamais, où il demeurera éternellement.

Je m'adresse donc à tous, disant aux hommes et aux femmes : « Que chacun se corrige, qu'il réprime ses défauts tandis qu'il le peut, et qu'il expie, par la pénitence, les fautes qu'il a commises. » Aucun donc ne s'enivrera ; nul, étant à table, ne forcera son voisin à boire outre mesure : car l'Apôtre reprend fortement ceux qui sont adonnés au vin, lorsqu'il dit : « Les ivrognes ne posséderont pas le royaume de Dieu [1]. » Que personne n'observe, même pour la plus petite cause, les inventions du démon ; que, comme je l'ai déjà dit, on ne prête point attention en entrant ou en sortant de sa maison, au son d'une voix, au chant de quelque oiseau, ou bien encore à ce que porte un homme quelconque ; car celui qui s'attache à ces observances doit

[1] Cor. vi. 10.

être considéré en partie comme païen. Celui qui les méprise, au contraire, se félicite d'entendre ces paroles du prophète : « Heureux l'homme qui place son espérance dans le Seigneur, et qui ne regarde point la vanité, ni les choses insensées et trompeuses [1] ! » De là vient cet avertissement de l'Apôtre : « Tout ce que vous faites, que ce soit au nom de Notre-Seigneur Jésus-Christ [2]. » Il faut donc renoncer absolument à toutes les observances de ce genre, mépriser les astrologues [3], avoir en horreur les augures, ne prêter aucune attention aux songes, car, comme l'atteste l'Ecriture, ils sont vains. De là vient ce qui est prescrit par Moïse [4] : « Ne vous adonnez point aux augures, n'observez point les songes et n'écoutez point les magiciens. » Il faut donc que vous observiez cela de tout votre cœur ; et, si vous connaissez quelqu'un qui s'adonne en secret aux maléfices, il convient de ne point manger avec lui et de rompre tous autres rapports. Méprisez donc toutes ces folies ; confiez-vous dans le secours de Dieu et ne désespérez pas de sa miséricorde.

Rendez-vous à l'église chaque jour de dimanche, non point pour vous y occuper de procès, de querelles ou de fables oiseuses, mais pour y entendre en silence les lectures divines. Priez-y pour la paix de l'Eglise ou pour vos péchés ; car celui qui ne craint point de tenir dans le lieu saint de vaines conversations, en rendra compte pour lui et pour le prochain, puisqu'il n'a point entendu la parole de Dieu et n'a pas permis aux autres de l'écouter. Le Seigneur s'exprime ainsi dans son Evangile : « Malheur à vous hypo-

---

[1] Ps. xxix. 5. — [2] Coloss. iii. 17.

[3] Nous avons traduit par astrologues le mot *mathematici*. Du Cange a pensé que saint Eloi a voulu désigner, par cette expression, les Chaldéens, qui croyaient qu'on pouvait annoncer les choses futures d'après le mouvement et la position des étoiles.

[4] Lévit. xix. 26.

crites, qui fermez le royaume des cieux aux hommes ! Vous n'y entrez pas, et vous n'y laissez pas entrer les autres [1]. » Quant à vous qui avez été établis au-dessus de vos frères, soyez équitables dans vos jugements. Ne recevez aucun présent dans le but de condamner l'innocent. Soyez les mêmes pour tous. Ne vous emparez pas du bien d'autrui ; car vous ignorez si on ne viendra pas prendre le vôtre la nuit prochaine. N'opprimez point, par vos sentences, le pauvre et l'étranger, et craignez ce que la Vérité même dit dans l'Évangile : « Vous serez jugé comme vous aurez jugé, et on se servira pour vous de la même mesure dont vous vous serez servis pour les autres [2]. » Craignez toujours que le prophète ne dise de vous : « Malheur à vous, qui êtes puissants en ce monde, qui justifiez l'impie, à cause des présents qu'il vous fait, et ravissez ainsi le don de la justice à l'innocent ! Malheur à vous, qui appelez le mal le bien, et le bien le mal ! Vos lèvres prononcent le mensonge, et vos mains sont pleines d'iniquité. Vous avez mis en oubli la vérité, et la justice a fui loin de vous [3]. » Considérez bien, mes frères, que, juges et subordonnés, vous avez tous besoin de vous affermir dans la crainte de Dieu. Gardez fidèlement dans votre mémoire ce qui vous a été dit, pratiquez ce qui vous a été prescrit. Ayez toujours Jésus-Christ présent à votre esprit et son signe sur votre front. Sachez que vous avez un grand nombre d'adversaires qui n'ont rien tant à cœur que d'entraver votre marche. Armez-vous donc du signe de la croix en tous lieux, à toute heure ; munissez-vous de cet étendard ; car à sa vue vos ennemis tremblent et se déconcertent. La croix vous a été donnée comme un bouclier pour émousser et éteindre tous les traits enflammés de l'esprit malin. C'est donc une bien

---

[1] Matth. xxiii. 13 = [2] Matth. vii = [3] Is v. 22. Ibid. ix. Ibid. lix. 3. Ibid. xix.

grande chose que le signe du Christ et sa croix ; mais ils ne sauraient être utiles qu'à ceux qui observent ses commandements. Si donc vous voulez qu'ils soient de quelque valeur pour vous, appliquez-vous de tous vos moyens à l'accomplissement des préceptes. Soit donc que vous demeuriez assis, soit que vous marchiez, soit que vous mangiez, soit que vous vous mettiez au lit, soit que vous en sortiez, que le signe de la croix munisse constamment votre front, afin que le souvenir de Dieu vous protège toujours quand vous veillez, et vous garde quand vous dormez. Chaque fois que vous vous éveillerez pendant la nuit, ou que le sommeil s'éloignera de vos paupières, que le signe de la croix se forme aussitôt sur vos lèvres, et que votre esprit s'applique à la prière. Que votre cœur soit bien pénétré des préceptes divins, de peur que l'ennemi ne s'y glisse à l'aide de sa torpeur, et que cet adversaire avide ne serpente dans votre âme livrée à la paresse. Que s'il vient vous suggérer quelque pensée honteuse, rappelez-vous le futur jugement de Dieu, le supplice de l'enfer, ses peines, ses ténèbres, et tout ce que les impies auront à souffrir. Si vous observez cela, vous verrez s'évanouir aussitôt les pensées désordonnées, et la vertu du Christ ne vous abandonnera pas. Car elles sont vraies ces paroles qu'a chantées le prophète : « La miséricorde environnera ceux qui espèrent dans le Seigneur[1]. »

Mais, quand vous aurez accompli toutes ces choses avec le secours du Seigneur, sachez que l'ennemi du salut le verra avec chagrin, voyant bien que vous avez rompu tout commerce avec lui. Peut-être à cause de cela, essuierez-vous quelque revers ou quelque infirmité. Ne désespérez pas néanmoins ; car Dieu l'aura permis pour vous éprouver, afin de connaître si vous vous confiez de tout votre

[1] Ps. xxxi. 10.

cœur en sa miséricorde, et si vous croyez vraiment en lui. Supportez tout avec patience, bénissez Dieu en toutes choses, afin que ce qui est écrit puisse s'accomplir en vous : « Heureux l'homme qui souffre la tentation ! parce qu'après avoir été éprouvé, il recevra la couronne de vie [1]. » Consolez-vous par ces paroles de l'Apôtre : « Que si nous sommes affligés et tourmentés, c'est que Dieu nous punit et nous corrige, afin que nous ne soyons pas damnés avec le monde [2]; » et ailleurs : « Dieu punit tous ceux qu'il aime [3]; » et « Dieu reprend et châtie ceux qu'il chérit [4]. » Si vous supportez une ou deux fois avec courage et persévérance les méchancetés de l'ennemi qui vous poursuit, et si vous le faites pour l'amour de Dieu, le Seigneur l'éloignera de vous dans la suite, à tel point, que désormais il ne vous nuira jamais plus. Si donc vous êtes de vrais et non de faux chrétiens, méprisez et fuyez toutes les embûches du démon, et attachez-vous à Dieu de tout votre cœur, afin de supporter avec patience et courage toutes les adversités dont l'ennemi pourra vous affliger. Que si les sorciers et les devins prédisent quelque chose d'extraordinaire et que l'évènement réponde à leur prédiction, n'en soyez pas étonnés; car les esprits qui circulent dans les airs peuvent certainement prévoir certaines choses futures; et la sainte Ecriture nous l'affirme elle-même lorsqu'elle dit : « Ne les croyez pas quand même ils vous diraient la vérité; parce que le Seigneur votre Dieu vous tente pour savoir si vous le craignez ou si vous ne le craignez pas [5]. » Sachez encore que l'ennemi ne pourra vous nuire, ni dans vos personnes, ni dans vos biens, qu'autant que Dieu l'aura permis; mais Dieu ne permet cela que parce que les péchés des hommes l'exigent. Il le permet, dis-je, pour deux

---

[1] Jac. I. 12. = [2] I. Cor. XI. 22. = [3] Heb. XII. 6. = [4] Ibid = [5] Deut. XIII. 3.

motifs : pour vous éprouver si vous êtes justes, ou pour vous punir si vous êtes pécheurs. Celui, du reste, qui aura supporté patiemment ce que Dieu exigera de lui, dira avec Job quand il aura essuyé quelque perte : « Le Seigneur me l'a donné, il me l'a enlevé : il est advenu ce qu'il a plu au Seigneur; que son saint nom soit béni[1]. » Si l'homme est juste, il sera couronné pour avoir montré cette patience, et, s'il est pécheur, elle lui vaudra le pardon de ses fautes. S'il murmure au contraire et perd l'espérance, il ne sera pas moins privé de ce qu'il possède, et de plus il encourra la condamnation de son âme. Mais croyez-moi, mes frères : si, de tout votre cœur, vous demeurez constamment dans la crainte de Dieu, si vous gardez ses commandements et si vous n'observez aucune coutume des gentils, jamais l'ennemi ne pourra vous nuire, et toutes les choses vous seront prospères; car ni les augures ni aucun artifice ne sauraient nuire au vrai chrétien. En effet, du moment où l'on fait le signe de la croix avec foi et crainte de Dieu, l'ennemi ne peut nuire en rien. Mais ces mêmes artifices peuvent devenir un sujet de dommage à ceux qui sont tièdes et négligents : attendu qu'ils abandonnent les préceptes de Dieu pour se livrer nonchalamment aux choses mauvaises, se livrant spontanément à la puissance du démon. Quant à ceux qui persévèrent dans le service de Dieu et se confient exclusivement en son secours, le malin esprit ne saurait leur causer aucun mal.

[1] Job. I. 21.

CHAPITRE IV

Saint Eloi exhorte à faire l'aumône, à pratiquer la pudeur, l'humilité et la crainte de Dieu.

Puisque vous savez ces choses, abandonnez-vous exclusivement à la miséricorde de Dieu, ne cessez de faire de bonnes œuvres, et donnez aux pauvres une partie de ce que vous possédez. Que celui qui a plus, donne davantage ; que celui qui possède moins, en abandonne aussi quelque chose avec joie ; que chacun enfin donne selon ses moyens. Quelque peu qu'on ait pu faire, on a toujours lieu de s'en féliciter ; car de grandes récompenses sont attachées à de légères aumônes, comme le Seigneur l'a promis en disant : « Il recevra le centuple et possédera la vie éternelle[1]. » Le royaume du ciel s'acquiert donc au moyen de la plus petite pièce d'argent : on donne un peu de métal et on obtient en échange la vie éternelle. Appliquez-vous en conséquence à faire l'aumône, car il est écrit : « L'aumône délivre de la mort[2] ; » et celui qui l'aura faite n'ira point dans les ténèbres. Que chacun donne selon ses facultés ; que quiconque a de l'or donne de l'or ; que celui qui a de l'argent donne de l'argent ; que l'homme qui n'a point de monnaie se borne à procurer une bouchée de pain aux pauvres en le faisant de bon cœur. N'eût-il même que du pain, qu'il le partage entre lui et l'indigent, sachant que son aumône sera agréable à Dieu, quelque modique qu'elle soit, pourvu qu'il la fasse de

[1] Matth. xix. 29. = [2] Tob. xii. 9.

bon cœur ; le Seigneur en effet ne considère point la quantité de ce que l'on donne, mais plutôt la piété et le bon vouloir de celui donne. Ce fut afin qu'aucun pauvre ne pût s'exempter de faire l'aumône, que Dieu a bien voulu promettre une récompense à quiconque donnerait un verre d'eau froide [1]. Celui que la Providence a pourvu de plus grands biens sera jugé plus sévèrement, car Dieu aurait pu rendre tous les hommes riches ; mais il a voulu qu'il y eût des pauvres en ce monde, pour fournir à ceux qui possèdent davantage l'occasion de racheter leurs péchés. Rachetez-vous donc, mes frères, tandis que le prix de votre rançon est entre vos mains. Faites l'aumône en prenant sur ce qui vous revient d'un bon et juste travail, et non sur ce qui aurait été enlevé à autrui. Ne vous montrez point sourds aux cris des pauvres qui sont à vos portes, afin qu'ils prient pour vous au jour du jugement. Ecoutez le prophète lorsqu'il s'écrie : « Celui qui détournera son oreille de l'indigent, invoquera le Seigneur et ne sera point entendu [2]. » Donnez donc ce que Dieu vous a donné, car c'est lui-même qui reçoit ce que vous procurez aux pauvres. Il vous le rendra plus tard, non pas pour vous nourrir, mais pour éteindre les flammes éternelles. En effet, « de même que l'eau éteint le feu, de même aussi l'aumône éteint le péché. » De là vient que le Seigneur a dit par son prophète : « Chacun paiera la rançon qui doit racheter son âme ; et ni la maladie ni le malheur n'approcheront de lui [3]. » Donnez donc, tandis que vous le pouvez, pour la rédemption de vos âmes. Rédimez-vous tandis qu'il est temps encore, parce qu'après la mort personne ne saurait vous racheter. Quiconque vit de son esprit et de son état, qu'il donne la dixième partie des profits qu'il en retire, soit en aumônes, soit aux églises : considérant que tout ce qui le fait vivre vient

[1] Matth. x. 42. — [2] Prov. xxi. 13. — [3] Eccli. iii. 33.

de Dieu, la terre, la semence, les fleuves, tout ce qui est sous le ciel et dans les cieux; que si Dieu n'eût rien donné, l'homme ne possèderait rien. Ce souverain Maître qui a daigné tout nous départir, réclame la dîme de ce qu'il nous a confié, non pas pour lui, mais pour notre propre avantage. Voici en effet ce qu'il a promis par son prophète, lorsqu'il dit : « Apportez la dîme dans mes greniers et éprouvez ainsi ma bonté, dit le Seigneur; et je vous ouvrirai les cataractes du ciel, et je répandrai dans vos mains les fruits de la terre jusqu'à l'abondance [1]. » Rendez donc volontiers de tout que vous posssédez sur la terre ce que vous savez plaire à Dieu. Ne commettez point de fraude en ce qui concerne la dîme de toutes vos possessions; de peur que les neuf autres parties vous soient enlevées et que la dîme reste seule. Faites cela, dit le Seigneur, afin que je vous ouvre les cataractes du ciel et que je répande sur vous ma bénédiction. Si donc vous avez donné volontiers, le Seigneur vous procurera toujours davantage. Si vous ne donnez point, vous deviendrez coupables d'autant d'homicides qu'il y aura de pauvres qui mourront de faim dans le lieu que vous habitez. De plus, le Seigneur vous enverra la peste, la famine, vous perdrez ce que vous possédez et, qui plus est, vos âmes. Hâtez-vous donc de donner de bon cœur, pour que tout cela ne vous arrive point, et empressez-vous de racheter vos âmes. Ne choisissez point celui envers qui vous exercez la charité, de peur d'omettre celui qui mérite de recevoir; car vous ignorez quel est le pauvre en qui Jésus-Christ daigne agréer votre aumône. Sachez que ce que nous donnons sur la terre soit à un pauvre soit à un pèlerin, nous le donnons à celui qui règne dans les cieux, et qui a dit : « Celui qui vous reçoit me reçoit, et ce que vous avez fait au plus petit d'entre les miens, vous l'avez fait pour moi-même [2]. »

---

[1] Malach. iii. — [2] Matth. x. 40.

Mais, entre toutes ces bonnes œuvres que le Seigneur vous ordonne de pratiquer, il ne recherche de vous autre chose que le salut de vos âmes. Il veut, en outre, que vous le craigniez toujours, et que vous gardiez ses commandements. « Que si vous faites cela, il vous donnera (comme l'a promis Moïse) des pluies en temps convenable, et votre terre produira sa semence ; les fruits seront abondants, savoir les vignes et les moissons ; et vous aurez toute sorte de biens, et il vous donnera la paix dans votre patrie, et vous serez sans aucune crainte, et il habitera lui-même parmi vous[1]. » Au contraire, si vous n'observez pas ses commandements, craignez les plaies qu'a prédites le même Moïse, savoir : la peste, la famine, le glaive. Le ciel deviendra pour vous dur comme le fer, et la terre comme l'airain. Elle ne donnera plus de semence, les récoltes disparaîtront, et votre travail sera frappé de stérilité. Vous serez dévorés par le glaive, car vos ennemis feront irruption sur vous, et votre terre sera déserte et désolée. Vous crierez alors, pressés par les maux dont vous serez accablés, et le Seigneur ne vous écoutera pas, comme il en fait la menace par son prophète, en disant : « J'ai parlé, et ils n'ont point écouté ; ils crieront, et je ne les exaucerai pas, dit le Seigneur[2] ; » et par un autre prophète : « La main du Seigneur ne s'est pas raccourcie pour qu'il ne puisse pas vous sauver ou vous exaucer ; mais vos iniquités vous ont séparés d'avec votre Dieu, et vos péchés vous ont caché sa face, pour qu'il ne vous exauce pas[3]. » Mais, afin que ces choses ne vous adviennent pas, observez ce qui est prescrit, accomplissez les commandements de Dieu, pour vivre heureux ; que tout vous soit prospère, et qu'aucune calamité ne vous arrive. Car Dieu

---

[1] Levit. xxvi. 3. — Saint Eloi cite plutôt le sens que les paroles de la sainte Ecriture ; ce qui arrive souvent dans les textes que nous avons précédemment traduits.

[2] Zach. vii. 13. — [3] Is. lix. 1.

lui-même nous offre des consolations par son prophète, lorsqu'il dit : « S'ils font pénitence pour leurs iniquités, moi aussi je me repentirai du mal que je m'étais proposé de leur faire, et je ne le ferai pas, dit le Seigneur [1]. » Mes frères, ayez donc toujours ces choses présentes à votre esprit ; répétez ces paroles à vos enfants et à vos voisins. Rappelez-les vous quand vous êtes assis dans vos demeures et quand vous marchez ; ne les oubliez pas dans la prospérité ; mais craignez toujours Dieu et ne servez que lui seul, de peur que sa fureur n'éclate contre vous. Car sachez qu'il observe, envers ceux qui l'aiment et gardent ses commandements, le pacte de la miséricorde, et qu'il détourne tous les maux. Considérez, comme l'exprime le bienheureux apôtre Jean, que « l'heure est très-proche [2]. » Il ne faut donc plus vous attacher au monde, car il passe vite, et toute sa concupiscence avec lui. Faites la volonté de Dieu, afin de vivre éternellement, et pour que vous ayez confiance quand il apparaîtra, n'ayant point à rougir en sa présence. Soyez à l'abri de la séduction. Quiconque pratique la justice est juste aux yeux de Dieu ; et celui qui commet le péché devient l'esclave du démon. Effectivement, tout péché, soit le vol, soit l'adultère, soit le mensonge, ne se fait pas sans l'intervention du démon. Considérez, je vous prie, combien il est dangereux de s'adonner aux œuvres du malin esprit, d'imiter ce qu'il fait, non pas pour arriver au repos, mais pour s'attirer les peines de l'enfer. Chaque fois donc que vous avez commis le péché, n'attendez pas avec une mortelle sécurité que la gangrène pénètre dans les blessures de votre âme ; n'ajoutez point fautes sur fautes ; hâtez-vous de chercher aussitôt un remède dans le sacrement de pénitence. Efforcez-vous de vous tenir constamment dans la pratique des grandes œuvres. Que celui qui, jusqu'à présent, a péché

---

[1] Jerem. xviii. 8. = [2] 1. Joan. ii. 18.

par orgueil, s'humilie. Que celui qui s'était rendu coupable d'adultère pratique la chasteté. Que quiconque avait coutume de voler et de s'approprier le bien d'autrui commence par distribuer son propre bien aux églises et aux pauvres. Que celui qui était envieux soit doux désormais. Que celui qui s'adonnait à l'ivrognerie devienne sobre ; l'homme colère, patient. Que quiconque a fait injure à autrui implore aussitôt son pardon ; que celui qui a reçu une injure la pardonne de suite, afin qu'à son tour on lui pardonne. Car pourquoi ne pardonnerait-il pas à son frère une bagatelle, pour mériter que Dieu lui remette toute sa dette? C'est faire en quelque sorte l'aumône, que d'oublier une injure qui nous a été faite. Que si quelqu'un est si pauvre qu'il ne puisse absolument faire aucune aumône matérielle ; s'il arrive, comme il ne peut guère en être autrement, qu'il ait quelque injure à supporter de la part d'autrui, qu'il pardonne de tout son cœur à ceux qui ont pu l'offenser, qu'il ne garde contre personne aucun sentiment de haine, qu'il aime tous ses frères comme lui-même : cela lui tiendra lieu, sans aucun doute, de la plus grande aumône. C'est afin que nous pardonnions plus volontiers à ceux dont nous avons reçu quelque offense, que le Seigneur nous fait cette exhortation dans son Évangile, lorsqu'il dit : « Si vous pardonnez aux hommes leurs fautes, votre Père céleste vous pardonnera à son tour vos péchés ; mais si vous ne pardonnez pas aux hommes leurs fautes, votre Père ne vous pardonnera point vos péchés [1]. »

Que personne ne se fasse donc illusion : celui qui, dans ce monde, hait son prochain, perd tout le mérite des œuvres qu'il pourrait offrir à Dieu. L'Apôtre, en effet, exprime une grande vérité lorsqu'il s'écrie d'une voix terrible : « Celui qui hait son frère est un homicide et un menteur, et il

[1] Matth. vi. 14.

marche dans les ténèbres[1]. » Il faut entendre ici, par le mot frère, tous les hommes ; car nous sommes tous frères en Jésus-Christ. Je vous exhorte donc, mes frères, à aimer vos ennemis ; car il n'est point de remède plus efficace pour guérir les plaies du péché. Il est vrai qu'on ne peut, sans de grands efforts, aimer ses ennemis en ce monde ; mais souvenons-nous que nous en recevrons une grande récompense dans le siècle futur. Quiconque aimera ici-bas ses ennemis sera l'ami de Dieu. Je ne dis pas seulement son ami ; mais même son fils, comme il le promet lui-même formellement par ces paroles que nous avons déjà citées : « Aimez vos ennemis, faites du bien à ceux qui vous haïssent, et priez pour ceux qui vous calomnient, afin que vous soyez les fils de votre Père qui est dans les cieux[2]. » Celui donc qui aime jouira du repos éternel ; « mais celui qui n'aime pas demeure dans la mort[3], » comme le dit l'Apôtre. Puisqu'il en est ainsi, mes très-chers frères, ayez les uns pour les autres une véritable et non une fausse amitié. Que vos actions aient constamment Dieu pour objet ; travaillez autant que vous le pouvez pour la vie éternelle. Courez tandis que la lumière vous sert, avant que les ténèbres vous circonviennent. Vous travaillez bien pour le corps, travaillez donc aussi pour l'âme. Si vous vous occupez de la chair, qui bientôt deviendra la pâture des vers dans le tombeau, soignez bien plus votre âme, afin qu'ornée de bonnes œuvres elle soit éternellement heureuse dans le ciel. Quand vous jeûnez, donnez principalement aux pauvres ce que vous auriez dû prendre pour nourriture ; et, comme le dit le Seigneur lui-même dans l'Évangile : « Lorsque vous jeûnez, ne soyez pas tristes, comme des hypocrites, afin d'être remarqués par les hommes, mais par Celui-là seul qui voit dans le secret[4]. »

---

[1] I. Joan. III. 12. — [2] Matth. v. 44. et Luc. vi. 27. — [3] Joan. III. 14. — [4] Matth. vi. 16.

Ailleurs, il nous donne en ces termes un autre avertissement : « Prenez garde de ne point faire les œuvres de justice devant les hommes pour être vus par eux[1]. » Occupez-vous donc plus assidûment de la nourriture du cœur que de celle du corps, et, tandis que vous êtes en ce monde, procurez-vous la vie éternelle en pratiquant la vertu. Ecoutez volontiers les divins enseignements qui se font à l'église, et répétez souvent chez vous ce que vous aurez entendu, afin que, de même que le corps s'entretient par la nourriture, de même aussi l'âme se souvienne par la parole de Dieu. Il est, en effet, certain que l'état de l'âme qui se nourrit rarement de la parole sainte ressemble à celui d'un corps qui, durant plusieurs jours, a manqué de nourriture. Soit donc, mes très-chers frères, que vous marchiez, que vous demeuriez en repos, ou que vous travailliez, ou que vous fassiez quelque autre chose, repassez toujours dans vos esprits ce que vous aurez entendu dans la divine lecture, et méditez sans cesse dans votre cœur les préceptes de l'Evangile.

Fuyez avant tout la luxure, évitez la mauvaise concupiscence, craignant ce que dit le Seigneur dans l'Evangile : « Quiconque regarde une femme avec un mauvais désir, a déjà commis l'adultère dans son cœur[2]. » Aimez sincèrement vos épouses légitimes, conformément à cet avertissement de l'Apôtre : « Hommes, aimez vos épouses comme Jésus-Christ a aimé son Eglise[3]; » et selon le même Apôtre : « Que les femmes soient soumises à leurs époux et les craignent comme Dieu[4]. » Que personne ne prétende renvoyer son épouse légitime sous quelque prétexte que ce soit; car le Seigneur a porté contre lui cette sentence : « Celui qui abandonnera sa femme, à l'exception du cas de fornication, est adultère[5]. » Nous défendons d'avoir des con-

---

[1] Matth. vi. 4. = [2] Matth. v. 28. = [3] Eph. v. 25. = [4] Eph. ixii. = [5] Matth. v. 32.

cubines, soit avant, soit après le mariage, parce que cela est tout à fait illicite. Il convient que celui qui songe à épouser une femme légitime garde la chasteté jusqu'à l'époque des noces. Il faut aussi qu'après le mariage il ne connaisse que sa propre épouse, comme le prescrit saint Paul ; qu'il garde la foi conjugale comme il veut que sa femme la lui conserve : qu'il ne pèche pas avec une autre ; puisqu'il ne souffrirait pas qu'elle tombât dans cette faute : qu'il craigne ce que proclame l'Apôtre d'une voix terrible, lorsqu'il dit : « Dieu jugera les fornicateurs et les adultères [1]. » Tout ce qui n'est point permis aux femmes d'après le droit conjugal ne l'est pas non plus aux hommes ; et celui qui entretient publiquement une femme avant de contracter une union légitime pèche plus grièvement que celui qui commet l'adultère [2]. Il convient de le séparer, à cause de cela de la société des fidèles, et, s'il ne fait point pénitence, il endurera les flammes éternelles. C'est pourquoi, ô chrétien, fuis la fornication, rougis de faire le mal en présence de Dieu et des anges. Déteste de tout ton cœur les crimes capitaux, tels que le sacrilège, l'adultère, le faux témoignage, la rapine, l'orgueil, l'envie, l'avarice, la colère et l'ivrognerie ;

[1] Heb. XIII. 4.
[2] Saint Éloi a emprunté à saint Césaire (d'autres pensent à saint Augustin) cette manière de penser, qui paraît contraire aux principes reçus en morale, au premier aperçu. On peut consulter le quatre-vingt-sixième sermon du saint docteur, édité sous le nom de saint Augustin. (Appendice à l'édition de Paris, tome V, col. 478.) Dans un autre sermon, imprimé dans le même ouvrage, col. 482, il établit ainsi la preuve de son assertion : « Celui, dit-il, qui se rend adultère, conserve assez de retenue pour commettre en secret ce crime qui est si grand ; il craint et rougit de s'y livrer publiquement ; mais celui qui, au su de tout le monde, entretient une concubine, pense pouvoir faire devant tout le peuple, et avec la plus grande impudence, une chose exécrable. » Surius avait retranché ce passage, pensant que peut-être il n'était pas de saint Éloi. Mais Ghesquière, dans ses *Notes*, n'a pu blâmer cette doctrine, attendu que la fornication est jugée plus grave que l'adultère, non en elle-même, mais à cause du scandale qui en résulte.

car ce sont là des fautes qui plongent les hommes dans les supplices éternels. Quiconque se rend coupable de l'un de ces énormes péchés brûlera certainement dans le feu de l'enfer, s'il ne fait pénitence. C'est pourquoi, âme chrétienne, veille, prie, crains sans cesse de tomber dans de semblables fautes, et tout le bien qui est en ton pouvoir, fais-le pour la vie éternelle. Ouvre ta main aux pauvres, afin que Jésus-Christ t'ouvre la porte du ciel et t'introduise dans les joies du paradis. Mes frères, ne vous livrez point à la perdition; car c'est pour vous que le Christ a répandu son sang. Vous lui êtes donc bien chers, puisqu'il vous a rachetés à un si grand prix. Que la crainte de l'enfer vous effraie, afin que par là vous puissiez vous abstenir de mauvaises actions. A toute heure, pensez à la mort et soyez sans cesse préoccupés du jugement que Dieu prononcera sur vous; faites en sorte qu'on puisse dire de vous : « Heureux l'homme qui est toujours dans la crainte[1] ! » Rachetez-vous des fautes que vous avez commises, tandis que vous le pouvez, et que les œuvres de pénitence sont encore en votre disposition ; ne désespérez point de votre pardon, pourvu que vous changiez de conduite, parce que le désespoir est le plus grand de tous les péchés. Ne désespérez point de la miséricorde de Dieu, soit que vous ayez commis cent crimes, soit même après mille crimes ; car il n'est pas de faute, quelque grave qu'on la suppose, qui ne trouve son pardon dans la pénitence. Quoi qu'on puisse faire pour vous irriter, quelle que soit la honte dont on veuille vous couvrir, de quelque injure qu'on vous accable, n'usez point de représailles ; il vaut mieux ne pas répondre : votre silence vaincra l'injure qui vous est faite. Si quelqu'un vous maudit, bénissez-le; Dieu vous accordera de grandes grâces si vous ne lésez en rien celui qui vous aura blessé. Ne mé-

[1] Prov xxviii. 14.

prisez personne, ni le pauvre ni le serf, car ils sont peut-être meilleurs que vous auprès de Dieu. Selon l'Apôtre, en effet, « nous ne formons tous ensemble qu'un seul homme en Jésus-Christ[1]. Dieu ne fait acception de personne[2]. » Mais « tout ce que chacun fera de bon sera récompensé par le Seigneur, qu'il soit serf ou libre[3]. » N'ôtez rien à la réputation de votre frère et ne calomniez point le prochain, ne l'opprimez point par vos violences; mais, comme l'a dit Moïse, « si, pressé par le besoin et la pauvreté, ton frère s'est vendu à toi, ne lui fais pas sentir le joug de l'esclavage, mais agis envers lui avec la crainte de Dieu. Rappelle-toi que tu es aussi serviteur. Ne déteste pas ton frère dans ton cœur, mais reprends-le ouvertement, afin de ne pas pécher à cause de lui[4]. » Le Seigneur dit dans l'Evangile : « Si votre frère a péché contre vous, corrigez-le en particulier[5]; » et : « Si votre frère a péché sept fois contre vous pendant le jour et qu'il se repente sept fois, pardonnez-lui[6]. » — « Si, lorsque vous offrez votre présent à l'autel, vous vous rappelez que votre frère a quelque chose contre vous, laissez là votre offrande et allez vous réconcilier auparavant avec lui, et alors vous reviendrez et vous offrirez votre don. »

Que ces préceptes, ô chrétiens, vous rappellent à l'union. Que ces doux remèdes de Jésus-Christ guérissent les blessures faites par la haine. Que si vous les méprisez, vous attirerez sur vous une terrible vengeance; car « Celui qui se fâche contre son frère sera réputé coupable au jour du jugement, et celui qui aura dit une injure à son frère sera puni du feu éternel[7]. » Voici, chrétiens, que vous avez entendu ce que vous devez craindre et ce que vous devez observer. Ayez donc la charité, soyez patients, fuyez la

---

[1] Gal. III. 28. = [2] Act. x. 34. = [3] Ephes. VI. 8. = [4] Lev. XIX. 17. = [5] Matth. XVIII. 15. = [6] Ibid. v. 23. = [7] Ibid. v. 22.

discorde, mettez un frein à votre langue, de peur qu'elle n'entraîne votre âme dans l'enfer ; car, selon l'Ecriture, « la vie et la mort sont en la puissance de la langue [1], » et « l'homme qui parle trop ne prospérera pas sur la terre [2]. » Méditez profondément sur ces vérités, mes très-chers frères, et réglez sur elles vos paroles et votre conduite. Observez toujours la justice et attachez-vous aux préceptes de Jésus-Christ. « Que l'impie abandonne sa voie et retourne au Seigneur [3] (comme le dit hautement le prophète), et le Seigneur aura pitié de lui, parce qu'il aime à pardonner. » Dieu, en effet, nous adresse cet avertissement : « Convertissez-vous à moi, et je guérirai vos haines ; cherchez le bien et non le mal, afin que vous viviez, et le Seigneur des armées sera avec vous. Détestez le mal et aimez le bien, afin que le Seigneur ait pitié de vous [4]. » Voilà ce que le Seigneur lui-même dit par son prophète ; si vous dédaignez de m'entendre, écoutez-le du moins, car il a bien voulu consoler les pécheurs dans son Evangile, lorsqu'il a dit : « Je ne suis pas venu pour appeler les justes, mais pour ramener les pécheurs à la pénitence [5]. » Il donne encore cet autre avertissement : « Cherchez premièrement le royaume de Dieu et sa justice, et tout le reste vous sera donné par surcroît. Demandez, et l'on vous donnera ; cherchez, et vous trouverez ; frappez, et l'on vous ouvrira [6]. » Dans son ineffable bonté, le Seigneur ne se borne pas à nous avertir, il nous supplie de nous convertir à lui. Ecoutons-le donc, tandis qu'ils nous prie ; craignons que si nous n'en faisons rien, il ne nous écoute pas non plus lorsqu'il nous jugera. Entendons l'Ecriture qui nous crie : « Mon fils, aie pitié de ton âme et applique-toi à plaire à Dieu [7]. » Fragilité humaine, que répondrez-vous à cela ? Dieu vous

---

[1] Prov. 18. = [2] Ps. cxxxix. = [3] Jerem. 3. = [4] Jerem. 3. Amos. 5. = [5] Luc. v. 32. = [6] Matth. vi. 33. Luc. xi. 9. = [7] Eccli. 3.

prie d'avoir pitié de vous, et vous ne le voulez pas. Comment donc prêtera-t-il l'oreille à vos supplications au jour de la nécessité, lorsque vous ne l'écoutez pas quand il vous supplie dans votre propre intérêt? Si vous négligez maintenant ces choses, mes frères, que ferez-vous au jour du jugement? à qui aurez-vous recours? Si, dis-je, vous négligez maintenant de tels avertissements que Dieu vous donne, il vous sera impossible de vous soustraire alors aux tourments de l'enfer. Ni l'or ni l'argent ne pourront vous en délivrer, non plus que les richesses que vous tenez enfermées dans des endroits secrets, dont vous êtes si fiers, et qui vous font perdre de vue votre salut. Voilà pourquoi le Seigneur dit, par son prophète : « Je vous enverrai toutes sortes de maux; j'humilierai l'orgueil des superbes et l'arrogance des puissants [1]. » Il vous adresse un autre avertissement lorsqu'il dit : « Prévaricateurs, rentrez dans votre cœur, cessez de faire le mal, apprenez à faire le bien, secourez l'opprimé, défendez le pauvre, la veuve et l'orphelin, et ne laissez pas outrager l'étranger [2]. » Retenez donc bien ces choses, mes frères, dans vos esprits; observez-les avec le plus grand soin : combattez avec courage, afin que, isolés du démon, vous vous unissiez à Dieu, qui vous a rachetés. Que si les gentils s'étonnent à la vue de votre conversion; que s'ils vous méprisent et rient de vous, n'en remplissez pas moins vos devoirs de chrétien sans vous troubler; car ces impies rendront compte à Dieu. Placez donc toute votre espérance dans la miséricorde du Christ, et gardez vos âmes, non-seulement de toute action impudique, mais abstenez-vous encore de pensées mauvaises, parce que Dieu, qui est plein d'équité, prononcera même sur les mauvaises pensées.

Je vous en avertis, mes frères, renoncez à tout sentiment d'orgueil : ce vice a causé la chute du démon. En

---

[1] Isaï. 13. = [2] Isaï. XLVI et 1.

effet, selon le témoignage de l'Apôtre, « Dieu résiste aux superbes et donne sa grâce aux humbles [1]. » De là vient que le Seigneur dit dans son Evangile : « Quiconque s'exalte sera abaissé, et quiconque s'abaisse sera élevé [2]; » et ailleurs : « Si vous ne vous convertissez et si vous ne devenez comme de petits enfants, vous n'entrerez pas dans le royaume des cieux [3]. » Perdez pareillement l'habitude de jurer, car vous contrevenez grièvement en cela aux préceptes divins. Voici ce que défend le Seigneur dans l'Evangile : « Vous ne jurerez en aucune manière, ni par le ciel, ni par la terre, ni par votre tête, ni par quelque autre chose que ce soit. Que votre parole soit : Il est ainsi, ou cela n'est pas [4]. » A l'égard de ceux qui vous font injure, rappelez-vous pareillement les préceptes du Seigneur : « Je vous le dis, en vérité, ne résistez pas au mal ; mais si l'on vous frappe sur la joue droite, présentez la joue gauche ; et, si l'on veut vous prendre votre tunique, abandonnez votre manteau. Donnez à celui qui vous demande, et ne redemandez rien à celui qui vous prend votre bien [5]. » Conservez la manière de prier que le Seigneur a prescrite, lorsqu'il a dit : « Quand vous priez, ne dites pas une multitude de paroles ; mais retirez-vous dans le secret de votre cœur, et votre Père, qui voit dans le secret, vous exaucera. — Votre Père connaît ce qui vous manque avant que vous le lui demandiez [6]. » Gardez, mes frères, ces paroles dans votre cœur; rappelez-vous constamment ces préceptes. Quelque part que vous soyez, mêlez le souvenir du Christ dans vos conversations; car il a dit lui-même : « Lorsque vous serez deux ou trois réunis en mon nom, je serai au milieu de vous [7]. » Fuyez aussi les scandales, car le Seigneur prononce un blâme sévère contre ceux qui suscitent

---

[1] I. Pet. v. = [2] Luc. xiv. 14. = [3] Matth. xviii. 3. = [4] Ibid. v. = [5] Matth. v. = [6] Luc. vi. 30. = [7] Matth. xviii. 20.

les disputes, quand il dit : « Malheur à l'homme par qui le scandale arrive[1] ! » Par compassion pour le prochain, observez cette sentence par laquelle il est dit dans l'Evangile : « Que celui qui a deux tuniques en donne une à celui qui n'en a point, et que celui qui a de la nourriture fasse de même[2]. — Donnez, et l'on vous donnera. » Souvenez-vous constamment de ces paroles du Seigneur : « Si vous demeurez en moi et que mes paroles demeurent en vous, tout ce que vous me demanderez vous sera accordé[3]. » Ecoutez aussi l'Apôtre, qui dit : « Le temps est court : il faut donc que ceux qui ont des femmes soient comme s'ils n'en avaient pas; et ceux qui pleurent, comme s'ils ne pleuraient pas; et ceux qui se réjouissent, comme s'ils ne se réjouissaient pas; et ceux qui usent de ce monde, comme s'ils n'en usaient pas, car la figure de ce monde passe[4]. » Or, afin que nous préférions les choses du ciel à celles de la terre, entendons le Seigneur qui nous dit : « Il ne sert de rien à l'homme de gagner tout l'univers s'il vient à perdre son âme[5]. » Saint Jean l'évangéliste nous exhorte à aimer la charité par ces paroles : « Si nous nous aimons les uns les autres, Dieu demeurera en nous, et sa charité sera parfaite en nous. — Dieu, ajoute-t-il, est la charité, et celui qui demeure dans la charité demeure en Dieu, et Dieu en lui[6]. » Saint Paul a aussi parlé de l'excellence de la charité en ces termes : « Quand je distribuerais tout ce que je possède pour nourrir les pauvres, quand même je livrerais mon corps aux flammes, si je n'ai pas la charité, cela ne me sert de rien[7]. » Il nous donne en outre cet avertissement : « Faites toutes vos actions dans la charité; portez les fardeaux l'un de l'autre, et vous accomplirez ainsi la loi du Christ[8]. » Le même apôtre exhortant les méchants eux-

---

[1] Matth. xviii. 20. = [2] Luc. iii. 11. = [3] Joan. xiii. = [4] I. Cor. vii. =
[5] Luc. ix. 23. = [6] I. Joan. iv. 12 et 20. = [7] I. Cor. xiii. = [8] Gal. vi.

mêmes à entrer dans la voie de la perfection, leur dit en les reprenant avec douceur : « Que celui qui avait l'habitude de voler ne dérobe plus. — Fuyez la fornication ; car, quelque péché que l'homme fasse, c'est hors du corps ; mais celui qui est fornicateur pèche dans son corps. » Puis il ajoute : « Ni les avares, ni les fornicateurs, ni les adultères, ni les voleurs, ni les ivrognes, ni les médisants, les hommes avides ne posséderont le royaume de Dieu [1]. » Le même apôtre dit, à propos de la cupidité, qu'il veut réprimer : « La cupidité est la racine de tous les maux [2]. » Evitez donc, mes frères, la cupidité ; exercez la charité, renoncez à toute impiété, supportez-vous les uns les autres en toute humilité, craignant sur toutes choses ce que dit l'Apôtre en écrivant aux Romains : « La colère de Dieu se révèlera du ciel sur toute l'impiété et l'injustice des hommes [3]. » Voici, du reste, la menace exprimée dans l'Evangile par la Vérité même : « Ceux qui commettent l'iniquité seront précipités dans une fournaise de feu où il y aura des pleurs et des grincements de dents. » Considérez donc combien ce feu est terrible et combien il est à craindre. Que celui qui ne pourrait actuellement souffrir l'un de ses doigts dans le feu craigne que tout son corps n'endure éternellement ce supplice. Je vous prie donc de ne plus pécher désormais, si vous voulez éviter ce feu et ces tortures. Ecoutez le Seigneur, qui s'écrie par son prophète : « Revenez à moi et éloignez-vous de l'iniquité, et je vous sauverai [4]. — Je ne veux point la mort de l'impie, mais qu'il se convertisse et qu'il vive [5]. » Voici comment il s'exprime par la bouche d'Isaïe : « Si vous vous convertissez en pleurant sur vos fautes, vous serez sauvés [6]. — Retournez à moi, dit le Seigneur, et vous serez sauvés. » Il nous avertit de la même

---

[1] I. Cor. vi. 9 et 10. = [2] I. Tim. i. 10. = [3] Rom. i. 18. = [4] Ezech. xviii. = [5] Ezech. xxxiii. = [6] Is. xlv.

manière par l'organe de Joel : « Convertissez-vous à moi de tout votre cœur, dans le jeûne, dans les larmes et les gémissements[1]. »

Voyez combien de témoignages ont été puisés dans les divins oracles pour vous porter à vous convertir. Veillez donc avec soin : car plus le démon voit approcher la fin du monde, plus il sévit cruellement contre les chrétiens; car, connaissant la condamnation qui doit être bientôt portée, il cherche à multiplier le nombre des compagnons de sa peine et avec lesquels il doit éternellement souffrir. Prenez donc bien garde, vivez toujours dans la crainte de Dieu, sachant que chacun de vous a un ange qui observe constamment ce qu'il fait. Si vous vous conduisez bien, c'est un sujet de joie pour l'ange qui est près de vous; si, au contraire, vous commettez le mal, vous éloignez le saint ange et vous vous unissez au démon. Rentrez donc en vous-mêmes, mes très-chers frères; en m'entendant ainsi parler, sondez les replis de votre conscience : voyez si vos âmes sont dignes de la société des anges, si vous êtes bons et dignes de Dieu. Ne présumez jamais de vos mérites; appliquez-vous, au contraire, à pratiquer toujours l'humilité. Si vous remarquez que votre conscience est souillée par le péché, gardez-vous bien de vous abandonner au désespoir; faites seulement un pacte avec Dieu dans votre cœur, afin de ne plus pécher désormais. Attendez avec confiance votre pardon, car le sein de la miséricorde du Seigneur est toujours ouvert : il cherche à y recevoir les pécheurs pénitents. Eût-on été adultère, abandonné à la débauche, voleur, ivrogne, menteur ou même infanticide, qu'on fasse pénitence, et Dieu pardonnera. Prenez pour exemple le publicain de l'Evangile, le larron, la femme adultère, et Paul enfin, qui dit de lui-même : « J'ai d'abord été un blasphémateur et un

[1] Joel. ii.

persécuteur, un homme qui méprisait le Christ ; mais j'ai obtenu la miséricorde de Dieu, car j'ignorais ce que je faisais lorsque j'étais incrédule [1]. » Si donc vous aviez commis quelque faute par ignorance, réparez-la, je vous prie, par la pénitence, tandis que vous le pouvez. Confessez-vous de tout votre cœur au Seigneur, car il est bon. Concevez de la douleur pour n'avoir pas fait ce qui était bien ; que celui qui se repent le fasse de telle sorte, que désormais il n'ait plus à déplorer de semblables fautes. Pour vous, qui êtes dans ce monde plus pauvres que les autres, ne vous en désolez point ; car, si vous vivez bien, vous serez les plus riches dans le ciel.

[1] Act. ix. I. Tim. i. 13.

CHAPITRE V

Pour exciter les fidèles à faire pénitence et à observer les préceptes divins, saint Eloi déroule sous leurs yeux le tableau de la mort, du jugement, de la gloire du ciel et des peines éternelles.

Prenez garde, enfin, que quelqu'un ne profère des paroles honteuses, et, comme le dit l'Apôtre, « ne vous laissez point séduire par l'appât de diverses fables et par de fausses doctrines, mais corrigez ceux dont l'esprit est inquiet [1]. » Consolez les faibles, usez de patience envers tous, et qu'aucun mauvais discours ne sorte de votre bouche. Redoutez ces paroles de l'Ecriture : « Les mauvais entretiens pervertissent les bonnes mœurs [2]. » Ayez en horreur la débauche et l'ivrognerie, parce que le Seigneur reprend lui-même ces vices, lorsqu'il dit : « Prenez garde de laisser appesantir vos cœurs dans la débauche et dans l'ivrognerie [3]. » Et l'Apôtre les défend par ces paroles : « Ne vous enivrez point avec le vin, dans lequel se trouve la luxure [4]. » Il est hors de doute que celui qui mange ou boit plus que de raison commet une faute et devient incapable de se bien conduire; car, du moment où le corps et même les veines se trouvent remplis par des excès de table, nécessairement un tel état doit produire immédiatement l'incontinence. Aussi, est-il écrit ailleurs : « Celui qui boit trop de vin remplit son âme d'amertume et de ruine. La débauche multiplie les offenses de l'homme et diminue sa force par les

---

[1] I. Thes. v. 14. = [2] I. Cor. xv. 33. = [3] Luc. xxi. 34. = [4] Eph. v. 18.

blessures qu'elle lui fait ¹. » Je ne dis point cela pour affirmer que la créature de Dieu est mauvaise ou pour la juger digne de condamnation : mon but est de vous rendre plus sobres et de vous porter à vous tenir davantage sur vos gardes. Bien plus, je vous avertis de ne jamais réputer mauvaises les créatures de Dieu ; car il les a toutes formées bonnes. Et, en effet, les choses qui nous paraissent être mauvaises ou nuisibles ne le sont point par leur nature, mais à cause de nos vices. C'est pourquoi, mes frères, glorifiez le Seigneur, qui a créé tant de biens, et détestez seulement le démon, qui devint mauvais par son orgueil.

Craignez toujours la voie large, qui conduit à la mort ; prenez celle qui est étroite : par elle vous arriverez à la béatitude éternelle. Faites asseoir à votre table les pauvres et les étrangers, et prêtez attention sous ce rapport au précepte du Seigneur : « Lorsque vous faites un repas, n'invitez pas les riches, qui vous le rendraient à leur tour ; mais conviez-y les pauvres, les infirmes, les boiteux, les aveugles ; et soyez heureux de penser qu'ils ne peuvent pas vous le rendre ; car vous en serez récompensés au jour de la résurrection des justes ². » Il n'est pas équitable, en effet, que, parmi le peuple chrétien, ceux qui furent rachetés au même prix, qui servent le même Maître, on en voie s'enivrer et se gorger de nourritures dans de splendides repas, tandis que d'autres courent le danger de mourir de faim. C'est incontestablement un péché de laisser dévorer par les vers votre superflu, quand les pauvres ne méritent pas, selon vous, de se couvrir de vos vêtements les plus vieux. Pourquoi ne considérez-vous pas que tous, sans exception, vous vîntes au monde dans une égale condition, et que vous êtes les serviteurs d'un seul maître. Vous quitterez aussi cette vie de la même manière, et si vous avez fait le

---

¹ Eccli. xxi. = ² Luc. xiv. 12, 13 et 14.

bien, vous parviendrez tous à la même béatitude. Pourquoi donc les pauvres ne trouveraient-ils point place à votre table, eux qui sont assis près de vous dans la société des anges ? et pourquoi refuseriez-vous un vêtement usé à ceux qui doivent un jour recevoir avec vous la tunique de l'immortalité ? Par cette considération, mes frères, que vos soins pour les pauvres soient tels qu'ils puissent vous procurer une ample récompense dans les cieux. Fuyez toujours le mensonge ; car ce n'est point là une faute qu'on doive réputer légère et de peu d'importance. L'Ecriture dit, en effet, « que la bouche qui ment tue l'âme, et que le faux témoin ne restera pas impuni [1]. » David a dit au Seigneur : « Vous perdrez tous ceux qui profèrent le mensonge [2]. » De là viennent ces paroles de l'Apôtre : « Renoncez au mensonge, et que chacun dise la vérité à son frère [3]. » Tandis donc que vous êtes en cette vie, conduisez-vous de telle sorte, que quand vous en sortirez et que votre corps commencera à devenir, dans le tombeau, la proie des vers, votre âme, ornée de bonnes œuvres, se réjouisse avec tous les saints dans le ciel. Que la pensée de la mort vous détourne des actions mauvaises : méditez sur les maux qui accablent ceux qui vous ont devancés. Arrêtez-vous près de la tombe des riches, et considérez la dernière demeure de ceux qui, naguère, étaient encore avec vous. Qu'ont-ils été et que sont-ils ? à quoi leur ont servi leurs richesses et la cupidité du siècle ? Voici qu'il ne reste plus rien d'eux, si ce n'est des cendres. Ah! s'ils pouvaient parler, ils vous diraient sans aucun doute : « Malheureux ! pourquoi vous préoccupez-vous autant des cupidités de ce monde ? pourquoi comblez-vous la mesure des vices et des crimes ? Considérez nos ossements, et, à cette vue, prenez en horreur et votre cupidité et votre misère. Ce que vous êtes, nous l'avons été ;

---

[1] Sap. I. 11. — [2] Ps. V. — [3] Eph. IV. 25.

ce que nous sommes, vous le deviendrez. » Méditez attentivement, mes frères, sur toutes ces choses, et concevez une juste crainte en arrêtant vos esprits sur ces considérations. Ayant constamment sous les yeux le jour de votre mort, hâtez-vous de vous corriger autant que vous le pouvez. Ne vous rassurez pas sur ce que le Seigneur est assez bon pour supporter les pécheurs; car plus il attend que vous vous corrigiez, plus il se montrera sévère si vous êtes négligents. Que si vous vous persuadez que la fin du monde est éloignée, et que chacun n'a qu'à considérer sa propre fin, songez que, tandis qu'on s'étourdit au milieu des plaisirs du monde, qu'on dispose ses affaires dans l'hypothèse d'une longue vie, la mort vient tout à coup et arrache l'âme à notre corps. Heureux celui qui toujours aura eu sa dernière heure devant les yeux, et qui se sera appliqué à se trouver prêt au moment de la mort, afin de se soustraire à l'horreur d'une pareille crainte.

Voulez-vous savoir, mes très-chers frères, avec quelle appréhension et quelle douleur extrême l'âme se sépare du corps? Les anges viennent la prendre pour la conduire au tribunal du redoutable Juge. Alors elle se rappelle avec effroi toutes les œuvres mauvaises qu'elle a commises durant sa vie; elle cherche à fuir et réclame quelque délai, en disant : « Accordez-moi, ne serait-ce que l'espace d'une heure. » Ses œuvres alors, parlant toutes en même temps, répondent : « C'est vous qui nous avez faites, nous sommes votre ouvrage : nous ne vous quitterons pas, toujours nous serons près de vous, et nous nous présenterons avec vous au jugement. » Voici donc ce que fait l'âme du pécheur : elle se sépare du corps avec un terrible sentiment de crainte. Quant à l'âme du juste, elle ne craint point, ne tremble point, lorsqu'elle se sépare du corps; elle quitte, au contraire, avec joie cette demeure mortelle; et, conduite par les anges, elle s'avance vers Dieu toute pénétrée d'allégresse. Redoutez donc maintenant cette heure, mes frères, pour qu'au moment où elle arrivera vous soyez dans la sécurité. Souvenez-vous toujours que vous marchez au milieu des piéges du démon : soyez constamment prêts, afin que, quand Dieu vous ordonnera que vous quittiez cette vie, vous puissiez, libres de tout péché, entrer dans le lieu du repos. Ne comptez pas que vous resterez longtemps en ce monde ; car il arrivera que, quand le Seigneur aura envoyé ses ordres, il ne vous sera point donné de prolonger votre vie seulement d'une heure. Prenez donc garde que votre mort ne soit un sujet de tristesse pour les anges, et une occasion de joie pour l'ennemi du salut. Sachez que, quand l'âme est séparée du corps, elle est aussitôt placée dans le paradis si elle a fait de bonnes œuvres, ou précipitée dans l'enfer à cause de ses péchés. Choisissez donc maintenant, et conduisez-vous, durant cette vie, de manière à vous réjouir éternellement avec les saints, ou à souffrir sans fin avec les impies. Que les peines donc vous effraient, si les récompenses ne vous encouragent point. Si vous ne pouvez mépriser le monde présent, conduisez-vous-y du moins avec justice. Que celui qui a donné dans l'erreur pendant sa jeunesse se corrige dans sa vieillesse, et qu'il expie par les œuvres de pénitence les maux qu'il a causés en s'abandonnant au péché. Le monde dépérit peu à peu [1]. Tout ce que nous voyons disparaît promptement

---

[1] On trouve dans ces avertissements de saint Eloi à son peuple plusieurs allusions à la fin prochaine du monde. Il dit ici : *Ecce paullatim deficit mundus.* Plus haut, il s'était exprimé en ces termes : *Ecce jam ut certissime tenemus, finis mundi in promptu est.* « Tous les anciens dit Bellarmin, (*de Romano Pontifice*, lib. III. cap. 3), considérant la perversité du temps où ils vivaient, ont soupçonné que l'avènement de l'antéchrist était imminent. » Saint Cyprien et saint Jérôme s'étaient exprimés dans le même sens que saint Eloi. Il en fut de même de quelques autres Pères de l'Eglise. Quoiqu'on puisse prou-

comme les nuages ou comme l'ombre de la nuit. Voici que ce qui fut autrefois annoncé s'accomplit présentement. Tous les biens disparaissent, et les maux s'accroissent chaque jour. Ne vous attachez donc point au monde, mes frères, puisque vous voyez qu'il tend à sa fin, surtout lorsque vous entendez l'Apôtre s'écrier « que l'amitié de ce monde est ennemie de Dieu [1]. » Aimez donc de tout votre cœur la vie éternelle, afin que vous viviez au siècle des siècles. Hâtez-vous de vous diriger vers ce lieu où vous demeurerez toujours et où vous ne redouterez plus la mort. Mais, si vous aimez cette vie misérable et passagère où vous vivez avec tant de peine, où vous ne vous procurez les choses nécessaires aux besoins du corps qu'au moyen d'une multitude de courses, de soins, de sueurs, de soupirs, combien plus vous devez aimer la vie éternelle, où vous n'aurez plus aucun travail à supporter, où vous jouirez d'une sécurité imperturbable, d'un bonheur sûr, d'une heureuse liberté et d'une béatitude parfaite ; où s'accomplira ce que le Seigneur a dit dans son Evangile : « Les hommes seront semblables aux anges [2] : » c'est-à-dire qu'ils leur ressembleront, non quant à la substance, mais quant à la béatitude. Voici encore ce que nous lisons : « Alors les justes brilleront comme le soleil dans le royaume de leur Père [3]. » Quelle sera, pensez-vous, la splendeur des âmes, puisque la lumière des corps ressemblera à la clarté du soleil? Là, il n'y aura plus aucune tristesse, aucun travail, aucune dou-

---

ver par l'événement que cette opinion a été fausse, les causes qui existaient alors furent telles néanmoins, qu'elle ne paraît pas avoir été conçue témérairement. Saint Eloi n'a point d'ailleurs annoncé la fin du monde d'une manière assez précise pour détourner les fidèles des œuvres qui intéressaient soit la prospérité de l'Eglise, soit celle de la vie civile. Il les portait, au contraire, à multiplier les bonnes œuvres qu'il pratiquait lui-même avec tant d'héroïsme. (V. les Annotations de Ghesquière, tome précité, p. 270.)

[1] Jac. IV. 4. — [2] Matth. XXII. 30. — [3] Matth. XIII. 43.

leur, aucune crainte, aucune mort : on jouira d'une perpétuelle santé. Il n'y paraîtra aucune malice, aucune misère de la chair, aucun chagrin, et nulle nécessité d'aucune sorte, ni la faim ni la soif, ni le froid ni la chaleur, ni la fatigue du jeûne, ni aucune tentation de l'ennemi, ni la volonté de pécher, ni même la possibilité de le faire. Ce ne sera perpétuellement que joie et allégresse ; et les hommes, toujours au printemps de la vie, vivront au milieu des anges sans ressentir aucune infirmité corporelle. Il y aura donc là une joie certaine, un repos plein de sécurité, une véritable paix, un bonheur infini. Ce bien, une fois perdu ne peut plus se recouvrer ; mais, dès qu'on l'a acquis, on ne saurait le perdre ; car la céleste béatitude est inaliénable. Rien de plus magnifique que ce lieu de délices, rien de plus riche, rien de plus brillant ou de plus beau, rien de plus vrai ni de plus splendide, rien de plus sincère dans la bonté qui s'y montre, rien de plus fécond que cette abondance de tous les biens. Là règne constamment une paix que rien ne saurait troubler ; c'est une immense fête, un bonheur vrai et certain. Là on n'aura plus à redouter la férocité de cet ennemi qui toujours cherche à dévorer les âmes. On ne craindra plus les traits enflammés de l'esprit tentateur, ni aucune attaque de cet adversaire du salut. La cruauté des barbares n'aura plus rien de formidable ; les appréhensions de l'adversité disparaîtront, ainsi que celles du fer, du feu et des bourreaux. Personne, en ce séjour de la gloire, n'aura besoin de vêtements; car on n'y ressentira ni le froid, ni la chaleur, ni aucune inégalité de température. La pénurie des choses d'ici-bas ainsi que tout sentiment de tristesse en seront bannis, et il n'y aura plus là d'étrangers. Tous ceux qui auront mérité de jouir de cet ineffable bonheur vivront en pleine sécurité, comme dans leur propre patrie. La chair ne se révoltera plus contre l'esprit ; on n'aura plus à se préoccuper d'aucun danger ; mais on jouira avec les anges des récompenses éternelles et inexprimables qui seront décernées par Jésus-Christ. « L'œil de l'homme n'a point vu, dit l'Apôtre, son oreille n'a pas entendu, et son cœur n'a jamais compris ce que Dieu a préparé à ceux qui l'aiment[1]. » Voilà le bonheur qu'aura perdu celui qui, tandis qu'il en est temps encore, n'aura pas voulu se corriger. C'est pourquoi, mes frères, avec l'aide de Dieu, méprisons souverainement l'iniquité, puisqu'une telle béatitude nous est réservée dans le ciel. Puisqu'il en est temps encore, hâtons-nous de nous rendre Dieu propice. Dédaignons les choses de la terre pour acquérir celles du ciel. Songeons que nous ne sommes en ce monde que des voyageurs, afin de nous avancer plus librement vers le ciel ; car tout ce que nous voyons ici-bas passe vite et s'enfuit comme l'ombre.

Réfléchissons attentivement sur ce que nous pourrons être au jour du jugement, quand nous serons présentés à Dieu et aux anges, et que nos œuvres seront là devant nous. Quelle confusion pour celui qui aura à rougir de ses péchés en présence de Dieu, des anges et des hommes ! Nous ne pouvons, ici-bas, supporter la vue d'un homme qui nous a offensé ; quelle terreur de voir un Dieu irrité que rien ne saurait plus désormais apaiser ! Redoutons donc constamment ce jour, qu'il nous serait impossible maintenant de prévoir ; craignons-le, dis-je, sans cesse, et détournons-nous ainsi du mal. Considérons quelle terreur régnera en ce moment où le Seigneur descendra des cieux pour juger le siècle ! On appréhendera, en effet, de voir un Dieu à l'avènement duquel tous les éléments seront bouleversés, devant qui le ciel et la terre trembleront, et les vertus des cieux seront ébranlées. Alors, au son de la trompette de l'ange,

[1] I. Cor. II. 9.

toutes les nations qui auront existé sous le ciel, toutes les créatures raisonnables, hommes et femmes, les bons et les méchants, les saints et les pécheurs, tous ceux enfin qui naquirent et moururent depuis le commencement du monde, fussent-ils même engloutis dans les eaux, dévorés par les bêtes ou consumés par le feu, tous à la fois ressusciteront en un clin-d'œil, dans le même corps et dans la même chair qu'ils avaient ici-bas. Ils se trouveront dans l'état d'hommes parfaits, conformément à l'âge et à la maturité humaine du Sauveur des hommes lorsqu'il ressuscita lui-même d'entre les morts. Tous comparaîtront devant le tribunal du Christ. Elus et réprouvés, tous le verront pareillement, comme l'a dit le Seigneur lui-même dans l'Evangile : « Alors ils verront le Fils de l'homme, qui viendra sur les nuées du ciel avec une grande puissance et une grande majesté, escorté de troupes d'anges ; et devant lui comparaîtront toutes les nations et toutes les tribus de la terre, et il les divisera comme le pasteur sépare les brebis d'avec les boucs, et il placera les justes à sa droite et les impies à sa gauche. Il dira à ceux qui auront été placés à sa droite : Venez, les bénis de mon Père, posséder le royaume qui vous a été préparé depuis le commencement du monde ; car j'ai eu faim, et vous m'avez donné à manger ; j'ai eu soif, et vous m'avez donné à boire ; j'étais étranger, et vous m'avez reçu ; j'ai été nu, et vous m'avez revêtu ; j'ai été malade et en prison, et vous m'avez visité. Chaque fois que vous avez fait cela au plus petit d'entre les miens, vous l'avez fait à moi-même [1]. » Tandis que tous auront les yeux fixés sur lui, il leur montrera les plaies de son corps, de ce corps qui, comme on ne peut en douter, a été couvert de blessures pour nos péchés ; et interpellant les pécheurs, il leur dira : « C'est moi, ô homme ! qui t'ai formé de mes

---

[1] Matth. xxv. 34 à 36 et 40.

mains avec le limon de la terre, et qui t'ai placé dans les délices du paradis, sans que tu l'eusses mérité. Mais, méprisant ton Créateur et ses prescriptions, tu as mieux aimé suivre l'esprit de mensonge ; d'où il advint que, par un juste châtiment, tu fus condamné aux supplices de l'enfer. Prenant ensuite ta misère en pitié, je me suis fait homme et j'ai habité sur la terre au milieu des pécheurs. J'ai enduré pour toi, et afin de te sauver, des humiliations et de mauvais traitements. J'ai reçu des soufflets et des crachats pour te rendre les douceurs du paradis. Pour toi j'ai bu le vinaigre et le fiel. Pour toi j'ai été couronné d'épines, attaché à la croix, percé d'une lance. Je suis mort, et l'on m'a déposé dans le sépulcre ; je suis descendu aux enfers pour te conduire au paradis ; j'ai visité ces lieux de ténèbres afin que tu regnasses dans le ciel ; j'ai pénétré jusque dans les profondeurs de la terre. Reconnais donc, ô impiété humaine, ce que j'ai souffert pour toi ! Voici les meurtrissures que j'ai reçues ; voici la place des clous au moyen desquels je fus attaché à la croix. J'ai pris sur moi tes douleurs, afin de pouvoir te guérir. J'ai enduré l'humiliation pour te donner la gloire ; j'ai consenti à mourir pour que tu vécusses éternellement. Je fus étendu dans le sépulcre pour que tu régnasses dans le ciel. O homme ! j'ai souffert tout cela pour toi. Pouvais-je donc faire plus que je n'ai fait ! Dis-moi maintenant et montre-moi ce que tu as souffert pour moi, et quel bien tu as fait dans ton propre intérêt. Pour ce qui me concerne, j'étais invisible, et je me suis incarné à cause de l'homme. J'étais impassible, et j'ai daigné souffrir pour l'humanité. J'étais riche, et à cause d'elle je me suis rendu pauvre. Quant à l'homme, il n'a cessé de renier et mon humilité et mes préceptes, aimant mieux suivre le séducteur que moi ; et voici que maintenant ma justice ne peut prononcer autre chose que conformément aux mérites des œuvres. Que chacun prenne donc ce qu'il a lui-même choisi. Quiconque a préféré les ténèbres doit posséder les ténèbres. Il a aimé la mort, et il ira à la perdition : il a suivi le démon, et il ira avec lui au feu éternel. » Quelle douleur, pensez-vous, n'éprouvera-t-on pas alors! Quels pleurs! quelles afflictions! quelle consternation du côté des impies, lorsque cette sentence aura été prononcée contre eux! car il s'opérera une dure séparation de l'aimable société des saints. Livrés à la puissance des démons, les damnés iront avec eux dans leur propre corps au supplice éternel. Là, ils demeureront sans fin dans l'affliction et les gémissements. Chassés bien loin de l'heureuse patrie du paradis, ils subiront d'affreux supplices, où jamais ils ne verront la lumière, où ils ne jouiront d'aucun soulagement, où leurs peines n'auront point de fin, où ils n'obtiendront jamais de repos. Ils seront tourmentés dans l'enfer pendant des milliers d'années, sans aucun espoir d'être délivrés dans les siècles des siècles ; car celui qui torture en ce lieu ne se fatigue jamais, et celui qui est torturé ne meurt point. Là, le feu brûle de telle sorte, qu'il ne détruit point, et les tourments s'exercent de manière à être incessamment renouvelés. Chacun y souffrira selon la nature de ses fautes, et ceux qui se seront rendus coupables des mêmes crimes seront classés à part pour endurer les mêmes tourments. On n'entendra là que pleurs, gémissements et grincements de dents. On n'y trouvera d'autres consolations que les flammes et les terreurs inspirées par les peines ; et, durant les siècles des siècles, les malheureux brûleront dans un feu inextinguible. Quant aux justes, ils entreront sans aucun doute dans la vie éternelle avec le même corps qu'ils auront eu ici-bas ; ils seront associés aux saints anges dans le royaume de Dieu pour y jouir d'un bonheur qui n'aura point de fin. Jamais plus ils n'auront à redouter ni la mort ni la corruption ; mais, toujours rassasiés de la joie et de la douceur du Christ, ils brilleront comme le soleil, dans la splendeur et la gloire que Dieu a préparées à ceux qui l'aiment. Plus on aura été soumis à Dieu en cette vie, plus aussi la récompense sera grande ; plus on aura aimé Dieu ici-bas, plus on le verra de près.

Voilà, mes très-chers frères, ce que j'ai cru devoir vous dire en toute simplicité, afin que vous puissiez comprendre ce qui doit advenir à chacun de vous. Personne ne pourra désormais prétexter l'ignorance ; car la vie et la mort ont été pareillement annoncées d'avance. J'ai exposé devant vos yeux les supplices des impies et la gloire des justes. Il dépend de vous maintenant de choisir ; car chacun aura dans l'autre vie ce qu'il aura recherché et poursuivi sur la terre. Désirez donc de toutes vos forces la vie éternelle, et ne différez pas plus longtemps de vous corriger ; mais, pour gagner le royaume du ciel, renoncez de vous-mêmes à ce que vous perdrez en quittant ce monde. Qu'il se lève donc, je l'en conjure, celui qui est retenu dans les entraves du péché ; qu'il secoue son sommeil de mort et se réveille, qu'il ait recours à la confession et qu'il fasse pénitence, qu'il ne rougisse point de se repentir publiquement des fautes honteuses qu'il a commises ; car il vaut incomparablement mieux se repentir ici-bas durant peu de temps, que de supporter les supplices de l'enfer pendant tant de milliers d'années. Si donc il se repent de tout son cœur, le divin Rédempteur lui viendra aussitôt en aide, lui qui a ressuscité Lazare mort depuis quatre jours, lorsque déjà son corps était atteint par la putréfaction. Le sein de sa miséricorde est toujours ouvert, et il attend avec bonté les pécheurs pour les y recevoir. Car il ne faut jamais, comme nous le trouvons écrit, désespérer de la miséricorde de Dieu, de quelque énormité que soient nos crimes ; parce

que, chaque jour, il nous crie par son prophète, disant :
« Du moment où le pécheur se sera converti en renonçant à
ses honteuses actions, toutes ses iniquités seront en oubli
devant moi [1]. » Il dit, en outre, par un autre prophète :
« Je suis le Seigneur votre Dieu, qui vous pardonne tous
vos péchés [2]. » Ecoutez ces paroles de l'Evangile : « Il y
aura une plus grande joie dans le ciel pour un seul pécheur
qui fait pénitence, que pour quatre-vingt-dix-neuf justes
qui n'ont pas besoin de faire pénitence [3]; » et cet autre
texte : « Je ne veux point la mort du pécheur, mais qu'il se
convertisse à moi et qu'il vive [4]. » Considérez, mes frères,
combien est grande la bonté de Dieu, combien sa miséricorde
est ineffable ! Chaque jour il est méprisé, et chaque
jour il nous invite à la pénitence avec une affectueuse bonté.
Que cette divine largesse nous fasse prendre confiance, afin
que nous ne désespérions point de la miséricorde de Jésus-Christ.
Ne nous persuadons pas, toutefois, que notre pardon
nous sera accordé sans faire de dignes fruits de pénitence.
En effet, autant Dieu se montre bon et miséricordieux
comme mon père, autant en qualité de juge doit-on redouter
sa sévère majesté. Il peut, il est vrai, se montrer indulgent
envers les coupables ; il peut rétracter sa sentence et accorder
aux pécheurs le temps de faire pénitence, mais il ne
peut juger que selon les règles de la stricte équité ; car il
n'y a en lui aucun changement ni aucune ombre de vicissitude.
Il juge donc très-équitablement, et rend ses arrêts
selon les œuvres de chacun, attribuant des biens aux bons,
et aux méchants des maux. Appliquez-vous donc, mes très-chers
frères, à vous bien rappeler ce que vous avez fait ;
et, si vous reconnaissez que vous êtes pécheurs, ayez recours,
sans aucun retard, au remède de la pénitence. Ecoutez
cet avertissement du prophète : « Ne tardez pas de vous

[1] Ezech. xxxiii. — [2] Isaïe. xliii. — [3] Luc. xv. 7. — [4] Ezech. xxxiii.

convertir au Seigneur, et ne différez pas de jour en jour, car vous ignorez ce qui vous arrivera demain[1]. » Souvenez-vous toujours que vous êtes en présence du Dieu tout-puissant, qui, non-seulement connaît les actions des hommes, mais même leurs pensées, comme le dit l'apôtre saint Paul : « Aucune créature n'échappe à ses yeux, mais tout est à nu et à découvert devant lui[2]. »

Méditez donc constamment sur ces vérités ; veillez sur vous avec la plus grande attention et préparez-vous par vos bonnes œuvres à l'apparition du dernier jour. Voici que déjà, comme nous le tenons pour très-certain, la fin du monde approche, la fin du siècle n'est pas loin de nous ; et, ce qui est déplorable, il se commet chaque jour tant de mal, les tribulations sont si multipliées, que, par elles, le monde paraît proclamer sa fin. Voici que tout ce que les prophètes ont annoncé, ce que les apôtres ont prédit, est déjà presque accompli. Il ne reste plus à attendre que le jour du jugement et la venue de l'horrible antéchrist. On doit s'attendre à voir surgir guerre sur guerre, tribulation sur tribulation, famine sur famine, peste sur peste, nation contre nation. Déjà nous voyons l'accomplissement de ce qui a été prédit depuis longtemps. Pourquoi donc demeurons-nous durs comme la pierre et montrons-nous un cœur de fer, en sorte qu'au milieu de tant de maux nous ne songeons nullement au remède de notre âme ? Il y a longtemps que la voix de Dieu menace, et néanmoins l'obstination des hommes est toujours la même. Depuis longtemps la céleste vengeance s'appesantit sur eux, et ils ne donnent aucune satisfaction. La colère de Dieu approche, et l'on ne fait pénitence qu'avec tiédeur. Les prophètes annoncent que le moment du supplice n'est pas éloigné, et rarement on implore le secours du Ciel. C'est pourquoi, mes très-chers frères, je vous avertis,

[1] Eccli. v. — [2] Heb. v.

afin que, le monde étant sur le point de finir, la malice humaine prenne fin pareillement, et que vous fassiez tous vos efforts pour attirer sur vous la miséricorde de Dieu. Que le poids des richesses ne nous tienne plus désormais attachés à la terre, car il faudra que bientôt nous abandonnions toutes ces choses. Pourrions-nous prétendre posséder à la fois le monde et Jésus-Christ? Méprisons ce siècle et hâtons-nous de courir en toute liberté vers le ciel.

Rappelons-nous combien sont graves les fautes que nous avons commises et combien nous devons redouter les cruels supplices de l'enfer. Que notre pénitence soit un remède proportionné à la qualité de notre faute. Songeons que, comme le dit l'Apôtre, nous n'avons rien apporté en ce monde [1] et que nous n'emporterons rien en mourant. Nous apparûmes nus sur la terre, et nous en sortirons pareillement nus. Tout ce que nous avons pu acquérir ici-bas, nous l'abandonnerons sans aucun doute. Il n'y aura que les bonnes œuvres, si nous en avons faites, que nous porterons avec nous dans le ciel, ou plutôt ce seront elles qui nous porteront au ciel. Considérons-nous donc ici-bas comme des pèlerins : contentons-nous du nécessaire, et n'acquérons d'autres richesses que celles que nous emporterons avec nous dans la patrie du paradis. Aimons Dieu sur toutes choses, car ne pas l'aimer c'est être véritablement impie ; lui à qui nous ne pouvons rendre tout ce que nous devons, même en l'aimant. Que pourrions-nous rendre, en effet, au Seigneur, nous qui ne sommes que des impies, pour tout ce qu'il a fait envers nous? Il nous a comblés de biens sans que nous l'eussions mérité et quoique nous en fussions indignes. Il nous a délivrés du joug d'une cruelle damnation. Il a daigné descendre du trône de la majesté de son Père pour venir jusqu'à nous. Il a porté sur la terre le poids de

[1] I. Tim. vi. 7.

nos péchés. Il a souffert l'opprobre et enduré la mort sans qu'il l'eût mérité. Toutes ces humiliations, il les a patiemment supportées pour nous donner l'exemple de l'humilité et de la patience. Voilà pourquoi il disait à ses disciples : « Apprenez de moi que je suis doux et humble de cœur, et vous trouverez le repos de vos âmes[1]. » Il faut donc que, comme il l'a fait pour nous, nous supportions aussi avec égalité d'âme toutes les adversités qui nous arrivent à cause de nos péchés, afin que nous puissions recueillir dans la vie éternelle le fruit de notre patience. Hâtons donc notre course, mes frères, tandis que nous en avons le temps : haïssons ce monde, que nous ne pouvons posséder long-longtemps. Ne nous souillons plus désormais par aucun contact avec les œuvres mauvaises; mais que la vue de Dieu nous détourne constamment du péché. Si nous rougissons, en effet, lorsque des hommes semblables à nous, pécheurs comme nous, et formés du même limon, nous voient commettre le péché, combien plus devons-nous craindre et respecter le Dieu tout-puissant, éternel, seul sans péché, qui voit et considère nos actes, non-seulement nos actes, mais même les pensées secrètes de notre cœur? Craignons-le donc chaque jour; que le respect qui lui est dû ne nous quitte jamais! Que l'espoir du pardon nous encourage, et que la crainte de l'enfer soit pour nous aussi un sujet continuel d'affliction. Avant tout et par-dessus tout, ayons la charité, nous ressouvenant de ce précepte du Seigneur : « Conservez le sel de la sagesse [2]; » et : « Maintenez la paix entre vous [3]; » puis ces autres paroles : « Je vous donne un commandement nouveau : aimez-vous les uns les autres [4]. » Il est dit ailleurs : « Ayez la charité, qui est le lien de l'unité [5]; » puis encore : « Soyez les imitateurs de Dieu

---

[1] Matth. xi. 29. = [2] Marc. ix. 49. = [3] Joan. vi. = [4] Coloss. xiii. 14. = [5] Ephes. iv.

comme ses enfants les plus chers, et marchez dans son amour[1]. — Que toute amertume, dit encore la sainte Ecriture, que toute colère, que toute indignation disparaissent parmi vous, ainsi que toute malice. Que le soleil ne se couche pas sur votre colère. » De même que les remèdes ne servent de rien pour une blessure quand le fer est resté dans la plaie, de même en est-il de celui qui prie s'il conserve dans son cœur une haine mortelle. Ayons donc la charité, mes frères, car avec elle nous posséderons toutes les vertus. Mais si cette vertu nous manque, nous perdons tout ce qui paraît être bon en nous. N'abandonnons jamais la bonne résolution que nous avons prise de bien faire, puisque le Seigneur a dit que : « Quiconque met la main à la charrue et regarde derrière lui n'est pas digne du royaume des cieux. » Or, regarder en arrière n'est autre chose que de se repentir du bien qu'on a entrepris pour se vouer de nouveau aux plaisirs du monde. Enfin, mes frères, que la multitude de vos fautes ne nous ôte point l'espoir du pardon; car, quelque graves que soient les péchés de l'homme, la miséricorde divine est néanmoins plus grande encore. De là ces paroles du Psalmiste : « Grande est la miséricorde devant le Seigneur, et sa rédemption est d'une immense étendue[2]. » Le même roi-prophète nous dit, en outre : « Que Dieu ne méprise jamais un cœur contrit et humilié[3]. » Que votre mémoire, mes frères, vous rappelle nuit et jour ces vérités; que ces préceptes soient l'objet le plus fréquent de votre sollicitude. Songeons que bientôt nous aurons cessé de vivre et que le jour de notre mort ne saurait être éloigné. Appliquons-nous maintenant à expier nos fautes, de peur de commencer à nous repentir quand nous ne le pourrons plus. Il est vrai qu'il y aura une pénitence dans l'enfer, mais elle sera complètement infructueuse. Cette

[1] Ephes. IV. = [2] Ps. CXXIX. = [3] Ps. L.

pénitence, douloureuse à la vérité, ne sera pas médicinale. Le coupable n'obtiendra point en ce lieu ce qu'il demandera, puisqu'il n'aura point voulu observer en ce monde ce que Dieu a prescrit. C'est pourquoi, mes frères bien-aimés, obéissons en tout, autant que nous le pouvons, aux ordres du Seigneur, afin d'avoir droit à ses récompenses. Punissons-nous tandis que cela nous est possible encore; rendons-nous compte de nos actions, accusons-nous devant notre juge, et n'attendons point au dernier jour pour nous corriger. Aussi souvent que nous tombons dans le péché, relevons-nous par la pénitence. Luttons de toutes nos forces contre notre mauvais vouloir et contre les illusions de la chair; redoutons-les par-dessus tout. Chaque jour, en effet, nous rapproche de notre fin, et tandis que nous nous croyons en sûreté, la mort peut venir et nous saisir tout à coup. Hâtons-nous donc de nous diriger vers ce lieu où l'on ne craint plus la mort, où tous les saints désirent nous voir et nous recevoir, où Jésus-Christ, ce roi du ciel, et les anges, ces habitants de la céleste patrie, nous attendent et nous ouvrent les bras de la charité. Hâtons-nous, dis-je, de nous rendre en ce lieu où nous vivrons sans fin, et où il nous sera donné de nous associer à la troupe des anges. Conduisons-nous, enfin, de telle sorte dans l'exil de ce monde, que nous puissions nous présenter au jugement futur avec une conscience tranquille, et chargés du poids de nos bonnes œuvres : de manière aussi qu'il nous soit permis d'offrir à Dieu nos âmes comme un agréable présent, afin de recevoir de lui en échange la béatitude éternelle, et qu'il nous soit donné de le glorifier durant les siècles des siècles. Nous vous avons, nos très-chers frères, présenté ces préceptes comme un lait, pour que vous le goûtiez. Et voici que, sous le témoignage de Dieu et des saints anges qui nous entendent parler, nous avons acquitté notre dette en vous transmettant les ordres du Ciel. C'est à vous maintenant de faire en sorte que ces avertissements soient profitables à votre salut, afin que, vous conformant toujours à la volonté de Dieu, vous vous absteniez de tout mal, et que, libres de tout contact avec le mal, vous puissiez parvenir, tressaillant d'allégresse, au royaume des cieux, par la grâce de Notre-Seigneur Jésus-Christ, qui, avec le Père et le Saint-Esprit, vit et règne dans tous les siècles des siècles. Ainsi soit-il.

CHAPITRE VI

La doctrine et l'autorité épiscopale de saint Éloi sont confirmées par un grand nombre de prodiges. — Il avait reçu le don de prophétie, même avant son avènement à l'épiscopat.

Qu'il nous suffise d'avoir rapporté succinctement les avertissements familiers d'un aussi grand homme. Il ne les adressait point au peuple en un seul jour et par ordre, comme nous les avons donnés : c'était en divers temps qu'il prêchait, mais toujours de cette manière. Il avait coutume de dire en terminant ces instructions : « Mes frères, si vous suivez mes conseils, une grande récompense vous est réservée ; si vous les négligez, des supplices vous attendent ; car, pour ce qui me regarde, ma conscience est libre à l'égard de Dieu ; j'en prends à témoin le ciel et la terre. J'ai en effet rempli près de vous tous les devoirs de mon ministère, et je vous ai annoncé la vie et la mort. Je vous avertis que, si vous méprisez mes paroles, si vous refusez de m'entendre, lorsque je serai en présence du Rédempteur, j'accuserai votre endurcissement en déclarant publiquement que toujours vous avez préféré suivre les prescriptions du démon à celles Jésus-Christ. Et le Juge, alors, tout pénétré d'indignation, vous abandonnera à celui qui sera chargé de vous torturer ; et, voués au supplice, vous paierez jusqu'à la dernière obole. » Telles sont les paroles que le bienheureux Éloi tirait du très-riche trésor de son cœur pour les donner avec zèle à son peuple, qu'il évangélisait ainsi chaque jour. O vase abondant, qui procurait de cette manière aux fidèles le froment de Jésus-Christ, et la joie de l'huile et la sobre ivresse du vin! O homme vraiment glorieux! qui aimait Dieu d'un amour ineffable, qui, comme le bon pasteur, s'appliquait à ramener les brebis errantes, à les contenir dans les voies du bien et à les diriger vers le paradis. Sa doctrine, bonne et simple, exhalait le parfum des prophètes, était tout imprégnée de la science des apôtres et s'appuyait sur l'Evangile. Enfin, les entretiens qu'il avait avec les siens ne roulaient que sur le royaume de Dieu, les délices du paradis, les supplices de l'enfer, la justice, la foi et la charité, les illusions du monde, les vains plaisirs du siècle, qu'il fallait abandonner pour s'appliquer de toutes ses forces au service de Dieu. Il répétait ce que le bienheureux apôtre écrivait aux Corinthiens : « Je ne cherche point à m'approprier ce qui vous appartient ; c'est vous-mêmes que je veux posséder [1] ; » et ce qu'il dit ailleurs : « Tout est à vous, vous êtes du Christ, et le Christ est de Dieu [2]. » Il se souvenait aussi que le même apôtre avait averti que, parmi les fidèles, il en était quelques-uns qu'il fallait arracher à l'enfer et que d'autres avaient besoin d'être consolés dans leurs douleurs. Il citait ainsi l'apôtre saint Jacques : « Quiconque aura fait sortir un pécheur du sentier des erreurs, sauvera son âme de la mort et couvrira la multitude de ses péchés [3]. »

Il y avait un homme qui habitait dans le faubourg de Paris, et dont la demeure était peu éloignée de la basilique de Saint-Pierre, prince des apôtres. Eloi l'aimait tout particulièrement, à cause de sa foi et de sa dévotion ; et lui-même aimait aussi beaucoup Eloi par suite du respect qu'il portait à sa sainteté. Il arriva donc qu'un jour, lorsqu'il revenait de visiter les terres de son monastère, et qu'il

---

[1] II. Cor. xii. 14. — [2] I. Cor. iii. 22. — [3] Jacques. v. 20.

avait quitté Gentilly¹, il approchait de Paris, suivi, selon
sa coutume, d'un brillant cortége, et passa près de la maison de cet homme. Celui-ci, l'ayant aperçu d'un lieu élevé
où il se trouvait, accourut au-devant de lui, et se jeta à
ses genoux, qu'il baisa en disant : « J'ai chez moi un peu
de vin dans un baril ; que monseigneur daigne s'arrêter un
instant dans la demeure de son serviteur, afin que ceux
qui l'accompagnent prennent quelque rafraîchissement, et
que Dieu me bénisse quand il y entrera. » Eloi voulait d'abord refuser ; mais, vaincu par les prières de ceux qui
étaient avec lui, il pénétra dans cette maison. Cet homme
avait dans son cellier un vase (vulgairement appelé tonne)
qui pouvait contenir deux ou trois mesures de vin. Eloi
étant entré, on lui fit de vives instances pour qu'il prît un
peu de vin et le bénît. Il étendit la main en forme de croix
sur le petit vase qu'on lui présenta, et prit un peu de vin
pour faire plaisir à son hôte. Tous ceux qui l'accompagnaient firent de même et burent suffisamment pour se désaltérer. Il bénit ensuite la maison, prit congé de cet homme,
s'éloigna et alla se retirer dans celui de ses monastères qui
était situé à Paris. Après son départ, le vase que ceux de
sa suite avaient presque vidé se trouva, par une grâce particulière de Dieu, rempli jusqu'au sommet. Le lendemain,
cet homme, étant entré comme par hasard dans sa cave,
trouva tout plein le baril qui, la veille, avait été laissé
presque vide. Son étonnement fut extrême, et, pénétré
d'admiration, il attribua aux mérites d'Eloi cet événement
miraculeux. Il se hâta de l'aller trouver et lui raconta ce
qu'avait daigné faire le Seigneur par suite de sa présence
dans sa maison. Lorsque le saint eut entendu ce récit, il
rendit grâces à Dieu et dit à cet homme : « Que la paix soit

---

¹ Le village de Gentilly appartenait alors au monastère de Saint-Martial. Il fut
depuis attribué à l'évêché de Paris. (V. les *Notes* de M. C. Barthélemy, p. 419.)

avec vous, mon frère ; gardez là-dessus le silence, et ne permettez pas que ce fait soit jamais divulgué. Allez, et, remerciant le Seigneur, usez, pour vos besoins, de ce qu'il a daigné vous donner. » Celui-ci le pria alors de retourner encore une fois dans sa maison pour qu'il bénît ce vin et voulût bien en goûter, assurant que, s'il ne le faisait, jamais il n'oserait en prendre lui-même une goutte. Eloi admira sa piété, se rendit chez lui, et, quand il y fut entré, il se prosterna contre terre et pria longtemps dans cette posture. Ayant considéré ensuite le vase qui était plein, il voulut qu'on y prît du vin, et il en goûta quelque peu ; mais ceux qui étaient là présents en prirent abondamment. Il leva ensuite les yeux et les mains vers le ciel, rendit grâces à Dieu, le glorifia et reprit la route par laquelle il était venu.

Je ne crois pas devoir passer sous silence un fait qui, j'en ai la confiance, sera un exemple d'humilité pour ceux qui le liront ou l'entendront raconter. Il servira aussi aux méchants qui, dans la suite, oseraient s'attaquer aux saints, car la même punition peut leur être infligée. Un misérable dont l'esprit était violent et pervers (il vivait dans l'intimité avec Ebroïn[1]) avait depuis longtemps élevé une querelle contre Eloi, voulant lui enlever une très-belle forêt qui appartenait à son église, et l'ajouter à son domaine. Dans ce but, il le visitait souvent et le provoquait par des paroles insultantes. Cet homme s'étant donc un jour présenté chez Eloi se mit à l'accabler d'injures en présence d'une assemblée nombreuse. Eloi lui répondit avec une réserve pleine de douceur. Mais l'agresseur, comme cela arrive d'ordinaire à la jactance humaine, parla plus haut encore,

---

[1] On sait qu'Ebroïn, maire du palais de Thierry III, fit mourir saint Léger, évêque d'Autun. Ce meurtre eut lieu dans la forêt de Lucheux, en un endroit nommé Sarcin, près du village actuel de Sus-Saint-Léger, où confinaient alors les diocèses d'Arras, d'Amiens et de Térouanne.

s'irrita davantage et multiplia ses insultes. Néanmoins le saint évêque endura cela avec patience, et essaya de le calmer par la douceur en lui disant : « Mon ami, mettez un frein à votre cupidité ; pourquoi ne rougissez-vous pas d'un tel aveuglement à désirer le bien d'autrui ? Si vous me demandiez ce qui m'appartient, je vous le céderais peut-être ; or vous réclamez une chose qui n'est point à moi, mais à l'église ; je ne puis vous abandonner ce qui a été légué pour secourir les pauvres. » Cet homme, plus irrité que jamais, l'outragea davantage encore en lui disant : « Si vous ne me donnez pas volontairement ce que je réclame, je vous l'enlèverai de vive force. Le voulez-vous ou ne le voulez-vous pas ? » Eloi ne put alors comprimer son émotion, et lui dit d'un air sévère : « Mon Créateur sait que si vous ne renoncez de suite à cette prétention, vous serez frappé de l'excommunication que mérite votre conduite. » Ces paroles provoquèrent chez cet homme un rire insensé et lui firent exprimer contre l'évêque divers outrages auxquels il mêla la dérision. Eloi, voyant qu'il était impossible de le calmer, étendit la main et lança sur lui le terrible trait de l'excommunication ; et, dès cet instant, ô admirable puissance de la vertu ! l'indignation divine se montrant en même temps que sa parole, le misérable se trouva tellement frappé, que, privé entièrement de ses forces, perdant toute son énergie, il lui resta à peine l'apparence d'un homme. On le vit, à la parole d'Eloi, se rouler sur le pavé ; et la main de Dieu s'était apesantie sur lui à tel point, que tous ceux qui étaient là présents le crurent mort. Tous en effet furent saisis de crainte et virent avec admiration que l'injure causée au saint évêque avait excité la colère et la vengeance de Dieu. Ce malheureux, ne pouvant se soutenir qu'à l'aide des mains d'autrui, annonçait une fin triste et prochaine. Tous ceux qui étaient là présents supplièrent l'homme de Dieu de ne point considérer la perversité de cet homme, mais de prier pour lui, afin que, rendu à la santé, il pût se repentir de ce qu'il avait fait. Nous ignorons, quant à nous, ce qu'a pu faire Eloi. Nous n'avons rapporté ce trait que pour montrer combien était grande la puissance de sa parole auprès de Dieu, puisque, sans avoir été frappé, cet orgueilleux fut ignominieusement renversé par terre par l'effet du seul son de sa voix. Cela prouve en même temps combien il était aimé de Dieu, celui dont la parole était sitôt suivie de la vengeance du Ciel. Mais, pour que vous ne pensiez pas que ce fut dans cette circonstance seulement que cette vertu extraordinaire accompagna ses discours, apprenez ce qu'il fit ailleurs.

En un certain temps, comme on célébrait dans une paroisse du diocèse de Noyon peu éloignée de cette ville la fête du bienheureux Pierre apôtre, Eloi, s'étant rendu en cet endroi, y prêcha, selon sa coutume, la parole de Dieu avec une grande constance. Il exhortait le peuple à s'abstenir des jeux abominables des démons, à fuir les danses infames, les rondes insensées et toutes autres superstitions. Il se rencontra parmi les principaux habitants, quelques hommes qui reçurent mal cette prédication, sous prétexte qu'on prohibait leurs fêtes et qu'on abolissait des coutumes, selon eux, légitimes. Quelques-uns des plus méchants prirent conseil (presque tous étaient de la suite d'Erchénoald, qui alors était maire du palais). Ces insensés s'étaient constitués les émules d'Eloi, mais non dans le bien. Ils résolurent donc de se précipiter sur lui et de le mettre à mort si à l'avenir il s'élevait encore contre leurs divertissements. Le saint fut informé de ce projet; et, animé comme il l'était d'un grand désir de recevoir le martyre, il partit aussitôt, défendant aux siens de le suivre et ne voulant avec lui que deux clercs et un diacre. Il se rendit au milieu de la foule, et, s'étant placé sur une éminence devant l'église, il se mit à prêcher avec plus de véhémence encore, reprochant au peuple de n'avoir tenu aucun compte de ses avertissements salutaires, et de continuer de s'attacher aux prestiges du démon. Cette exhortation émut excessivement la la foule; elle y répondit par des injures et d'horribles invectives, menaçant Eloi de le mettre à mort, et disant : « Ce ne sera jamais toi, Romain[1], qui, malgré tes reproches réitérés, pourras détruire nos coutumes; nous continuerons de célébrer nos solennités comme nous l'avons fait jusqu'à ce jour, nous les observerons perpétuellement et à toujours. Aucun homme, quel qu'il soit, ne parviendra jamais à abolir des jeux si anciens et qui nous sont si agréables. » Le saint évêque, voyant qu'il ne pouvait rien obtenir et que les groupes augmentaient de plus en plus pour se livrer à ces divertissements, saisi d'indignation, interpella de tout son cœur le Seigneur Jésus en ces termes : « Je supplie, Seigneur, votre divine Clémence, afin que ceux qui osent contredire avec tant d'audace et d'orgueil vos saints avertissements, qui, au lieu d'être dociles à ce que vous ordonnez, suivent les inspirations du démon ; je vous supplie, dis-je, que, pour l'exemple et la terreur d'un grand nombre, ils soient possédés de la férocité de l'esprit mauvais, afin qu'ils puissent comprendre dans quel sens ils vivent et pour qui sont leurs œuvres. De cette manière, vous serez mieux glorifié par ceux qui croient en

[1] On qualifiait de *Romains* les Gaulois proprement dits, parce que, depuis qu'ils avaient subi le joug des empereurs, ils suivaient en partie les lois et les usages de l'Italie. Ceux qui étaient d'origine franque ou germanique se nommaient *Barbares* et considéraient cette dénomination comme un honneur. Les *Romains* portaient les cheveux courts; les *Barbares*, au contraire, les laissaient croître d'une manière démesurée. Il suffisait qu'un *Barbare* se fît couper les cheveux pour qu'il fût censé abandonner sa nation et devenir *Romain*. On a vu plus haut, dans la *Vie de saint Eloi*, qu'il portait les cheveux courts et se rasait la barbe. (V. Ghesquière, tome précité, p. 281. Il cite D. Bouquet, préface du tome II, p. 14, et p. 170 aux notes.

vous. » Lorsqu'il eut ainsi parlé, voici que tout à coup plusieurs de ces hommes, ceux surtout qui étaient de la suite d'Erchénoald, lesquels, au mépris des préceptes divins, étaient prêts à mettre la main sur lui ; voici que, possédés de l'esprit immonde, ils entrent en fureur de diverses manières. Toute la foule, si l'on excepte ceux qui accompagnaient Eloi, fut saisie d'une grande crainte, se prosterna pour baiser la place de ses pas, de peur d'être atteints par de semblables châtiments : et chacun promit de faire, dans la suite, sans dissimulation, tout ce qu'il ordonnerait. Mais cet homme bienheureux leur dit : « Ne craignez rien, rendez gloire plutôt au juste jugement de Dieu ; car véritablement il est digne, que ceux qui s'opposent à sa volonté soient livrés pour un temps à ceux qu'ils aiment, et qu'ils connaissent les maîtres au culte desquels ils se sont asservis. Quant à vous, si de bonne volonté vous consentez à obéir aux préceptes de Jésus-Christ, ne craignez rien ; car toujours vous serez préservés des atteintes de ces brigands. » Comme beaucoup le suppliaient en faveur de ceux qui étaient en proie à de si horribles tourments, il refusa de le faire de suite, et leur dit : « Laissez-les encore, laissez-les ; car il faut qu'ils sentent le poids qui pèse sur eux. Il faut qu'enfin ils comprennent que ceux qu'ils ont en horreur sont ceux-là même auxquels ils sont restés soumis jusqu'à ce moment. » Lorsqu'un an se fut ainsi écoulé, et que vint l'anniversaire de la même solennité, il ordonna qu'on lui amenât publiquement ces hommes tourmentés par le démon. Tous étant là présents, il se mit en prière, bénit de l'eau en l'exorcisant, leur en donna pour remède et les délivra aussitôt de l'obsession de l'esprit malin. Leur nombre s'élevait à plus de cinquante. Lors donc qu'il leur eut annoncé la voie du salut, et qu'il les eut suffisamment corrigés et punis, il les renvoya avertis et guéris.

En un autre temps, lorsqu'il visitait ses deux diocèses, selon l'usage des évêques, il arriva que pour certaine cause, il interdit dans une église la célébration de l'office public et des saints mystères, jusqu'à ce qu'il lui parût convenable de l'autoriser de nouveau. Or, il y avait là un prêtre dont la conscience était mauvaise. Eloi avait lancé contre lui l'excommunication pour une faute qu'il avait commise, sans qu'il voulût obtempérer aux ordres de son évêque. Peu soucieux des reproches qu'il avait reçus, il fit, selon sa coutume, sonner la cloche pour appeler les fidèles à l'église, lorsqu'il crut qu'Eloi s'était suffisamment éloigné. Or, il advint que, pour confondre la présomption humaine, cet instrument, insensible et privé de raison, obéit mieux aux prescriptions de l'évêque que la créature raisonnable, et ne rendit aucun son, malgré les efforts de celui qui le frappait. Ce prêtre, ayant agité longtemps la corde sans que la cloche se fît aucunement entendre, sortit de l'église et en fit connaître publiquement la cause. On se souvint alors de l'excommunication portée par l'évêque; quelques hommes se dirigèrent en toute hâte vers lui et le prièrent de venir réconcilier l'église. Mais, quoiqu'il fût très-bon par caractère, il ne voulut cependant revenir sur la sentence qu'il avait portée qu'après une complète satisfaction. Il se passa un jour et une nuit durant lesquels ce prêtre essaya très-fréquemment, mais toujours en vain, de sonner la cloche; il en fut de même le jour et la nuit suivants. Le troisième jour et la troisième nuit s'écoulèrent sans que cet instrument rendît pareillement aucun son. Cependant on avait envoyé courriers sur courriers munis de lettres des principaux habitants et des hommes les plus recommandables du pays. Ces demandes, jointes à l'assurance qui fut donnée à Eloi que le prêtre avait fait pénitence, le déterminèrent à réconcilier ce lieu, ce qu'il fit au moyen d'une seule parole; et dès le premier mouvement qui fut imprimé à la cloche, elle reprit son ancien son.

Un jour qu'il voyageait par nécessité, il vint en un certain endroit peu éloigné du domaine royal de Compiègne. Fatigué de la route qu'il venait de parcourir, il s'arrêta dans le champ d'un villageois. Il y avait là un grand noyer chargé de fruits mûrs et bons à manger. Tandis qu'Eloi prenait du repos dans l'hôtellerie voisine, quelques-uns des gens de sa suite sortirent et firent tomber des noix de l'arbre dont nous avons parlé ; car c'était le temps où leur maturité permettait de s'en nourrir. Or, le maître du champ, étant accouru, se plaignit amèrement du tort qu'on lui faisait. Eloi, l'ayant appris, appela cet homme près de lui, et, s'appliquant à le calmer par des paroles pleines de douceur, il lui dit : « Mon ami, n'ayez pas pour cela d'humeur contre nous; si mes serviteurs vous ont enlevé quelques noix, il vous en reste encore la majeure partie, et je vous indemniserai d'ailleurs largement du tort qu'on vous a fait. » Mais l'homme, toujours irrité, ne fit que mépriser ces paroles si pleines de modération, et accabla le saint homme d'injures et d'outrages. Eloi alors changea sa manière d'être, et, après avoir repris sévèrement ses serviteurs de leur mauvaise action, il fit remettre à cet homme trois pièces d'or en réparation du dommage qu'on lui avait causé; puis, se rappelant ce que fit le Sauveur à l'égard du figuier, il se tourna vers l'arbre et dit : « Puisqu'à ton occasion nous sommes si violemment injuriés, jamais plus désormais tu ne produiras de fruits. » O puissance admirable du Seigneur ! ce Dieu dont il avait suivi l'exemple dans ses paroles voulut que l'effet qui devait s'ensuivre fût identique. L'arbre se dessécha peu de temps après, et mourut enfin complètement. Ce fut donc avec raison qu'il suivit en cela l'exemple du Sauveur : il commanda à cet arbre avec confiance, lui qui était pénétré d'une foi vive en cette parole de Dieu, lorsqu'il dit : « Celui qui croit en moi fera non-seulement ce que je fais, mais il fera même de plus grandes choses [1]. »

En un autre temps, le jour de la célébration de la fête du Bienheureux Martin pontife, lorsque, au milieu de la messe solennelle, on eut lu l'Evangile, selon la coutume, tandis qu'Eloi annonçait au peuple la parole de Dieu, il arriva que plusieurs, s'abandonnant dans l'église à un délire frénétique, l'interrompirent par leurs cris. Il étendit la main sur eux et ordonna, au nom de Jésus-Christ, qu'aucun n'osât même murmurer, jusqu'à ce qu'il eût terminé sa prédication. Cela se fit aussitôt, et non-seulement tous ces hommes (ils excédaient le nombre de douze) se turent à sa parole, mais les démons mêmes, du moment où il étendit la main contre eux, ne pouvant résister à une telle vertu, abandonnèrent quelques-uns de ces possédés et s'éloignèrent pleins de confusion, si bien que ces vases qu'ils souillaient depuis si longtemps furent sur-le-champ purgés.

A une autre époque aussi, l'un de ses serviteurs nommé Ermesinde était tourmenté par une cruelle maladie ; enfin, atteint d'une sorte de pleurésie qui lui causait d'intolérables douleurs, la mort le menaçait au point que déjà il perdait la respiration. Eloi était alors occupé des apprêts d'un voyage, lorsque tout à coup le malade demanda, plutôt par signes que par paroles, que son maître daignât le visiter avant qu'il rendît le dernier soupir. Eloi, étant entré dans sa chambre, le reprit sévèrement de n'avoir, à cause de la dureté de son cœur, fait aucune pénitence pour les fautes dont il s'était rendu coupable. Cet homme, presque sans vie, fort inquiet sur son salut, ne pouvait, au lieu et place de paroles, satisfaire que par des larmes et d'amers gémissements. Le saint en prit pitié, car il était d'une bonté

[1] Joan. XIV. 12.

remarquable envers ceux qui dépendaient de lui ; il posa sur ce serviteur le bâton qu'il tenait à la main, puis il lui ordonna de se lever aussitôt pour le suivre dans le voyage qu'il allait entreprendre. A cette parole, le malade, se trouvant aussitôt délivré de ses douleurs, se leva avec une promptitude étonnante et qui saisit de surprise ceux qui étaient là présents ; puis il accompagna Eloi, le précédant toujours partout où il se rendait.

Un diacre violemment attaqué d'une douleur de côté souffrait cruellement depuis plusieurs jours. Ce mal, par sa durée, avait considérablement affaibli ses facultés corporelles. Eloi ayant posé sa sainte main sur le côté et sur les autres membres, l'humeur morbide disparut aussitôt. En même temps les douleurs cessèrent, et le corps se trouva parfaitement guéri de cette livide maladie.

Il y avait, dans son diocèse, un prêtre fort mal noté par plusieurs de ses voisins. Quoiqu'à diverses reprises Eloi lui eût adressé de sévères avertissements, il n'avait pu cependant réussir à le corriger de ses mauvaises habitudes. Le scandale qu'il donnait allant chaque jour croissant, le saint ne put entendre plus longtemps le récit de tels désordres. Il l'appela donc un jour pour l'interroger sur la cause du crime dont le bruit s'était répandu partout. Il l'exhorta avec bonté à s'en corriger et l'invita avec douceur à en faire l'aveu. Mais celui-ci nia opiniâtrement tout ce qu'on lui reprochait, et usa de tous ses moyens pour se défendre avec audace, redoutant plus en cela le jugement des hommes que la vengeance divine. Eloi, ne pouvant par aucun moyen l'amener à confesser sa faute, l'excommunia et lui défendit de monter à l'autel pour y célébrer les saints mystères, jusqu'à ce qu'il eût fait une pénitence publique de son crime ; de plus, il lui fit de fortes menaces, et lui dit que, s'il ne se soumettait à cette censure, il se verrait forcé de le déclarer publiquement, et qu'il le punirait avec plus de sévérité. Cet homme n'eut pas plus tôt quitté le saint évêque, que, sans faire aucun cas de ses menaces, il passa son temps dans une coupable négligence. Quelque temps après, oubliant l'excommunication prononcée contre lui par l'homme de Dieu, il fut assez téméraire pour s'approcher de l'autel avec l'intention d'y offrir le sacrifice ; mais, comme il allait en franchir le premier degré, voici que, tout à coup, frappé par la main de Dieu, il est violemment renversé par terre et expire. Depuis ce moment, l'indignation d'Eloi parut terrible à tous, et ses discours furent désormais considérés comme des oracles. Pour lui, il pleura amèrement sur le sort de ce misérable, lorsqu'il eut appris son effroyable mort. Dans la suite, il le proposa comme exemple à plusieurs, en les exhortant à changer de vie. Eloi perfectionnait de plus en plus son âme aux yeux de Dieu, qu'il servait assidûment dans le chant des hymnes et par la prière. C'était ainsi qu'on voyait fleurir en lui les plus sublimes vertus ; en sorte que quelquefois il annonçait les événements longtemps avant qu'ils arrivassent. Je crois nécessaire, pour le prouver, de choisir quelques traits entre un grand nombre.

Il advint qu'à une certaine époque il fut vivement sollicité par Erchénoald, maire du palais, de l'accompagner, pour une affaire quelconque, dans un voyage qui devait l'éloigner de Noyon. Mais Eloi, s'arrêtant à diverses considérations, répugnait à consentir à cette demande dans les circonstances où l'on se trouvait. Cependant les principaux et les abbés de sa ville épiscopale le pressaient de se rendre en quelque manière au désir de cet homme puissant, de peur qu'il ne prît son excuse pour une offense, et que ce ne fût là une cause d'inimitié. Contraint de traduire devant eux toute sa pensée, il leur dit : « A quoi bon, mes frères, nous troubler à tel point pour cette affaire? Je sais sans aucun doute (ce qui vous est entièrement inconnu; que si nous nous rendons en ce lieu, nous y éprouverons un grand malheur. Cet homme va en cet endroit, mais il n'en reviendra point vivant : il doit y mourir. Cette prédiction eut, peu de jours après, son accomplissement. A peine étaient-ils parvenus dans le domaine qui était le but de leur voyage et y eurent-ils passé quelques jours, qu'il arriva ce qu'Éloi avait prédit depuis longtemps déjà. Une nuit, lors que tous étaient plongés dans un profond sommeil, le saint évêque sortit de l'appartement qu'il occupait, et tandis qu'il se promenait en dehors devant le vestibule de l'habitation, méditant sur quelque psaume, tout à coup il vit une colonne de feu descendre du ciel et pénétrer avec force dans la chambre d'Erchénoald. Considérant en secret l'issue de cet événement, il révéla à son diacre, qui par hasard se trouvait seul avec lui, la mort de cet homme cruel. Or, voici que bientôt Erchénoald, atteint par la vengeance divine, sentant ses entrailles consumées par un feu dévorant, ordonna que, sur-le-champ, on fît venir Éloi près de lui. Le saint s'approcha du moribond, et, le voyant en proie à de cruelles tortures, il s'étudia à lui persuader que, n'ayant plus aucune espérance de vivre, il devait exécuter en mourant ce qu'il avait refusé de faire de bonne volonté pendant sa vie, que bien vite il lui fallait abandonner aux pauvres, pour le repos de son âme, ces nombreux sacs remplis d'or que ses chevaux traînaient après lui; qu'il n'y avait que cela qui pût lui être véritablement utile; qu'au contraire ce qu'il allait laisser dans ses trésors nuirait indubitablement à son salut. Mais, pendant que cet homme, avide dans ce moment suprême comme il l'avait toujours été, méditait dans son esprit tenace et avare sur les moyens de différer l'exécution de ce qu'on lui proposait, tout à coup la mort l'emporta misérablement[1].

[1] Plusieurs auteurs, entre autres Frédégaire, ont donné des éloges à Erché-

Par pitié pour lui, Éloi rapporta son corps et lui donna la sépulture. Ce fut ainsi qu'il montra à tous que ses paroles s'étaient manifestement accomplies.

Il avait de même prédit à ses frères, et longtemps d'avance, la mort de Flavad, homme très-cruel. Ce tyran avait fait mourir, sans qu'il l'eût mérité, Willibad, patrice de Bourgogne et très-bon chrétien. Cette mort ayant été annoncée à Éloi, il répondit à ceux qui lui racontaient ces choses : « Vous m'assurez que Willibad est mort et que Flavad est plein de vie. Je sais, quant à moi, que celui que vous dites avoir été tué vit plus heureux dans le ciel, à cause de ses remarquables mérites *, tandis que celui que vous dites être plein de vie doit mourir bientôt misérable-

---

ment. Pourquoi donc saint Éloi et saint Ouen sont-ils d'un sentiment opposé? Il est vrai que ce maire du palais avait fondé des monastères et élevé de magnifiques églises; mais nos deux saints savaient mieux que personne que ces œuvres n'étaient d'aucune valeur dès lors que cet homme cupide retenait injustement les biens qu'il avait usurpés. Déjà le lecteur a pu remarquer que la *Vie de saint Éloi* sert à rectifier bien des assertions émises par les écrivains du septième siècle. Son auteur, qui avait vécu longtemps à la cour, connaissait plus intimement les sommités de son siècle que les autres écrivains, qui n'avaient pu, renfermés comme ils l'étaient la plupart dans des cloîtres, apprécier toujours à leur juste valeur les hommes et les choses dont ils traitaient dans leurs chroniques. Voyez, au surplus, sur Erchénoald, la savante note rédigée par Ghesquière, t. III, p. 281, et celle de M. Ch. Barthélemy, œuvre précitée, p. 122. (On écrit plus communément *Erchinoald*.)

* D'après Frédégaire (chap. LXXXIX de sa *Chronique*, à l'an 4e du règne de Clovis II). Flaochat, que saint Ouen nomme *Flavedus*, avait été créé maire du palais en Bourgogne par la reine Nanthilde, mère de Clovis. Il dit que Willebad, qui prenait rang parmi les patriciens, était un homme immensément riche et d'une sordide avarice. Il ajoute en terminant que Flaochat et Willebad, tous deux oppresseurs du peuple, périrent malheureusement par un effet de la vengeance du Ciel. Lecointe place ce fait à l'an 640 de ses *Annales*, et déclare s'en rapporter au témoignage de Frédégaire, malgré l'opinion contraire émise par saint Ouen. Ghesquière ne partage pas ce sentiment : « Ceux, dit-il, qui, par suite de la crédulité de Frédégaire, taxent d'incrédulité le patrice Willebad, font injure à deux hommes très-saints : à Éloi, qui affirma qu'il était dans le ciel à cause de ses mérites, et à saint Ouen, qui fit parler ainsi saint Éloi. » (*Ibid.*)

ment. » Et comme on l'interrogeait de nouveau pour mieux connaître la cause de ce changement, animé d'un esprit prophétique, il dit aussitôt : « J'ai ainsi parlé, parce que cet homme, vrai serviteur de Dieu, est mort selon ce monde, mais il vit maintenant et doit vivre éternellement heureux dans le ciel. Flavad, au contraire, qui croit vivre encore longtemps, sera frappé d'une triste mort avant dix jours. » L'événement justifia cette prédiction; car, après que sept jours se furent écoulés, Flavad, ayant été atteint tout à coup, mourut misérablement, selon la sentence portée par l'homme de Dieu.

Il prédit une foule d'autres choses étonnantes, non-seulement lorsqu'il fut devenu évêque, mais même lorsqu'il portait encore l'habit laïc. Entre autres faits, il arriva qu'une nuit lorsqu'il eut terminé ses prières ordinaires, comme il s'était mis au lit pour prendre quelque peu de repos, son âme fut fort agitée durant son sommeil. Le clerc, qui ne tarda pas à l'éveiller, l'interrogea sur cette vision, et telle fut la réponse qu'il reçut : « Simplice, évêque de Limoges, est mort depuis peu de temps, et voici que le prêtre Félix m'envoie des députés pour que je favorise son parti. C'étaient eux que j'entretenais tout à l'heure; occupons-nous donc dès à présent de cette affaire; car ils ne sont pas loin d'ici. » Il dit et acheva de prendre son repos. A peine le jour commença-t-il à paraître, que les émissaires frappèrent à la porte. On les introduisit, et aussitôt ils annoncèrent la mort de l'évêque avec ses circonstances telles que le saint les avait prédites. Ensuite ils lui offrirent de la part de Félix une somme d'argent considérable, dans le but d'obtenir qu'il fût nommé évêque; mais ils ne purent le déterminer à rien recevoir. Eloi se rendit de suite chez le prince, obtint gratuitement ce qu'ils demandaient, et les renvoya enfin chez eux.

Il arriva qu'un abbé nommé Domnolus vint le visiter et demeura longtemps près de lui. Une nuit, Eloi l'appela après avoir pris quelque repos, et lui dit : « Vous êtes ici dans la sécurité ; mais l'ennemi cause de violentes secousses au monastère qui vous est confié : il est terriblement agité par les tempêtes que suscitent les démons. J'ai considéré durant cette nuit, dans une vision, un fleuve immense qui envahissait avec force le couvent, et une partie des édifices a été renversée de fond en comble. Rendez-vous donc, si vous le pouvez, sur les lieux, et voyez, je vous prie, si tout est prospère à l'égard des frères. » Alors cet abbé, plein de sollicitude, s'empressa de se mettre en chemin et arriva en peu de temps au monastère. Avant qu'il y entrât, on lui annonça que douze frères inspirés par le démon avaient renoncé à la vie religieuse, s'étaient enfuis secrètement et erraient à l'aventure, engagés qu'ils étaient déjà dans les affaires séculières. Tout pénétré d'admiration, l'abbé se rappela les paroles d'Eloi et demeura convaincu que le Seigneur l'avait comblé de ses grâces. Et, plein de sollicitude pour le salut de ses frères, il se hâta d'aller à leur recherche. Il en trouva quelques-uns qu'il ramena au monastère ; mais il y en eut d'autres qui, s'étant éloignés davantage, ne purent être découverts.

En un autre temps, Eloi venait visiter son monastère au territoire de Limoges ; comme il en revenait par Bourges, il voulut voir un homme qui vivait là en reclus et qui se nommait Ebrigisile ; sa haute vertu l'avait rendu célèbre parmi les habitants de cette ville. Cet homme, qui observait avec une grande rigueur la règle qu'il s'était prescrite, ne permit même pas à Eloi de voir les traits de son visage : il lui parla par une fenêtre qui resta fermée et qui ne laissait pénétrer le jour que par un vitrail obscur. Il se servit de cette ouverture pour présenter à Eloi son eulogie comme il avait coutume de faire à l'égard des autres. Après un court entretien avec lui, sans qu'il pût jamais l'apercevoir, le saint lui dit en lui adressant ses adieux : « Je n'ai pu, mon frère, vous voir ici aujourd'hui, mais je vous verrai bientôt certainement à la cour du roi à Clichi. » Et comme le reclus protestait qu'il n'en pourrait jamais être ainsi, « Allons, lui dit Eloi, allons, vous aurez la preuve de cela quand je vous verrai en présence du peuple et des princes. » En effet, peu de temps après, ces paroles eurent leur accomplissement; car il survint une affaire d'une haute importance qui contraignit le solitaire de quitter sa cellule pour se rendre à la cour, où il fut reçu honorablement par Eloi, qui s'y trouvait en ce moment. Au milieu des gracieux entretiens qu'il eut avec son hôte, il lui rappela avec une aimable gaîté et par des paroles pleines d'enjouement ce qu'il avait annoncé; puis cet homme retourna dans sa retraite après avoir obtenu ce qu'il demandait.

Il y a bien d'autres choses que souvent il prédit dans ses colloques familiers : par exemple, la mort du roi Haribert, qui eut lieu peu après et de la manière qu'il l'avait annoncée; celle de Dagobert, illustre prince, ainsi que la naissance du jeune Lothaire. Car, lorsque sa mère le portait encore dans son sein, elle appréhendait vivement de donner naissance à une fille, ce qui eût mis le royaume en danger[1]. Mais Eloi, ayant été reçu par la reine, l'encouragea, et, s'exprimant devant tout le monde, il annonça qu'elle serait mère d'un fils qui deviendrait aussi le sien par le mystère de la régénération spirituelle. Il imposa même un nom à cet enfant avant qu'il naquît; et, pour mieux confirmer ce qu'il prévoyait, il demanda qu'on exécutât un

---

[1] Le P. Longueval, *Histoire de l'Eglise gallicane*, tome précité, tire de ce passage cette conclusion, qu'en France on était persuadé au septième siècle que la couronne ne pouvait être donnée aux femmes.

ouvrage pour l'usage du jeune prince, et ordonna qu'on le conservât jusqu'à sa naissance. Tout arriva comme il l'avait prédit, et l'événement justifia la vérité de ses paroles : car la reine mit au monde un fils dont Eloi fut le parrain et qu'il nomma Lothaire, comme il l'avait indiqué d'avance. Après cela, Dieu augmenta encore la maison du roi en lui donnant deux autres fils. Or, lorsque déjà elle se composait de trois jeunes princes, et au moment où le roi et la reine vivaient dans une paix parfaite, Eloi leur raconta cette prédiction qui les concernait :

« Je voyais, dit-il, pendant la nuit, une sorte de soleil qui s'avançait vers la troisième heure du jour. Il répandit une vive lumière qui disparut subitement. Toute mon attention était fixée sur ce prodige, lorsque bientôt je vis la lune, à demi-pleine, entourée de trois étoiles, suivre la route parcourue chaque jour par le soleil. Tandis que mon esprit étonné s'occupait de cette merveille, je m'aperçus que la lune avait disparu, mais que les trois étoiles restaient. M'étant appliqué à considérer avec plus d'attention ces trois constellations, je remarquai qu'elles s'avançaient vers l'endroit où est le soleil à l'heure du midi, et qu'elles reflétaient leur lumière les unes sur les autres. Celle qui brillait davantage s'étant tout à coup éclipsée, je n'en vis plus que deux. Celles-ci semblaient vouloir se joindre, mais l'une d'elles s'obscurcit en un instant et disparut. Il n'en resta plus qu'une, qui seule, suivant les traces du soleil, brillait d'une immense clarté. Plus elle descendait vers l'occident, plus aussi sa lumière prenait d'extension. Mais quand elle fut parvenue à l'extrémité du couchant, sa lampe répandit un si prodigieux éclat, qu'il parut surpasser celui du soleil. Or, voici ce que signifie cette vision. Après la mort du roi Clovis, qui certainement ne peut être éloignée, la reine des Francs gouvernera pendant un certain temps le royaume avec ses trois enfants. Lorsqu'elle aura cessé de gouverner et qu'elle aura abandonné à ses trois fils les rênes de l'Etat, l'un d'eux tombera d'abord, et peu de temps après l'un des deux autres cessera aussi de tenir le sceptre. Le troisième, enfin, seul héritier de tout le royaume, s'agrandira au détriment de ses alliés, règnera avec gloire et dominera sur les trois royaumes. Ainsi s'accomplira cette vision. » Voilà donc ce qu'a dit Eloi. La foi que nous devons attacher à ses paroles doit être d'autant moins douteuse, que nous sommes à même d'apprécier ce qui s'est déjà accompli. Ce qui s'est fait nous est un sûr garant que le reste s'exécutera bientôt. Car, selon ce qu'il a prédit, le roi Clovis est mort en paix peu de temps après, puisqu'à peine s'écoula-t-il un espace de trente jours. Et la reine, étant restée avec ses jeunes enfants maîtresse du royaume durant un petit nombre d'années, abandonna à ses fils les rênes de l'Etat. Peu d'années après, l'aîné, qui était en possession de la meilleure part, mourut en pleine paix et laissa l'empire à ses deux frères. D'après ce que l'on a vu déjà, c'est au jugement de Dieu qu'il appartient de terminer ce qui doit encore s'accomplir [1]. Eloi, tout pénétré du don de prophétie, révéla ces choses et beaucoup d'autres encore qu'il serait trop long de rapporter.

Entre autres biens que Dieu avait daigné répandre sur lui, il était abondamment pourvu de sagesse, de science et de consolation. Il possédait pareillement une humilité et une charité extraordinaires. Il ne donnait aucune préférence au riche sur le pauvre, et n'honorait pas plus les princes et les nobles que le simple sujet, voire même

---

[1] Saint Ouen mourut vers 683, et vit s'accomplir la prophétie de saint Eloi dans toute son étendue, puisqu'il vivait encore sous Thierry III, qui régna seul après la mort de ses deux frères. Il composa la *Vie* de son illustre ami de 672 à 674. Saint Eloi eut cette vision prophétique en l'année 655, qui est celle de la mort de Clovis II.

l'homme de basse condition ; bien plus, il se montrait plus austère envers les premiers et plus modeste envers les seconds. Il n'imitait point les autres maîtres qui traitaient leurs serviteurs comme des esclaves, mais il les aimait d'une charité toute fraternelle et se montrait très-doux à leur égard. C'était surtout envers les barbares qu'il déployait une grande patience et une rare égalité d'âme. Il faisait d'incroyables efforts pour soumettre les incrédules au joug de la foi ; il s'attirait les plus rebelles par sa douceur, répondait avec modération à ceux qui s'obstinaient à le contredire, supportait avec humilité les orgueilleux. Sa tolérance était très-grande, et il souffrait l'injure avec mansuétude. Il pardonnait très-facilement. Il abandonnait ses biens aux pauvres, confiant ainsi son argent à Jésus-Christ pour recevoir de lui les récompenses éternelles. Et il disait que ce qu'il possédait n'était point à lui, mais aux nécessiteux, dont il n'était en quelque sorte que le procureur. Enfin, il renfermait dans les trésors du ciel toutes ses richesses en les distribuant aux pauvres, et il s'appliquait à diriger vers le paradis tout ce qu'il possédait ici-bas, car c'était là qu'éternellement il devait en recueillir les fruits. Il cachait ses trésors dans le lieu où l'attendaient une gloire et un bonheur éternels. Cet homme de Dieu était, en outre, ferme dans sa foi en Jésus-Christ, juste dans ses œuvres, rempli de prévoyance dans ses jugements, parfait dans la pratique de l'humilité, fort dans la dévotion, très-doux dans ses mœurs, d'un esprit très-cultivé ; il aimait la paix, et son cœur penchait toujours vers la miséricorde. Ses actes portaient constamment l'empreinte de la sincérité ; la pureté de son cœur et ses hautes vertus se réflétaient dans ses œuvres, ainsi que l'austérité de ses mœurs. Sa simplicité décelait son innocence, son amour de la paix trahissait sa charité, et il observait la modestie en toutes choses. Il déployait une grande activité dans l'administration, veillaient sur ceux qui souffraient, exerçaient la miséricorde envers les pauvres, déployait de l'énergie dans la défense des dogmes de la foi. La douceur et la charité assaisonnaient ses discours, et ses paroles étaient des traits de lumière pour ceux qui l'écoutaient. O homme véritablement digne d'être imité! O semence bénie d'Abraham! O exemple d'Eloi préférable à tous! C'est donc à bon droit qu'il peut être appelé le fils d'Abraham, puisqu'il succède à la gloire et à la dignité de son père. C'est, dis-je, à juste titre que nous l'inscrivons dans la généalogie d'Abraham : par sa foi, c'est-à-dire, et non par sa génération; par l'imitation plutôt que par consanguinité, par la dévotion plutôt que par la race. La bénédiction que Dieu répandit sur Abraham lui mérita un fils, tandis que celle que reçut Eloi le mit au nombre des fils du Seigneur. Celui-ci s'offrit à Dieu tout entier et sans réserve, Abraham ne livra que son unique héritier. Eloi abandonna tout ce qu'il possédait, le père des croyants ne donna que l'innocence de son fils. Il faut donc que l'accomplissement des mêmes devoirs procure les mêmes mérites. Enfin, Abraham offrit comme un gage ce qu'il avait, et Eloi laissa entre les mains de Dieu tout ce qu'il pouvait avoir en ce monde. Mais, comme en parcourant les vicissitudes des temps, nous voici parvenu, en les décrivant, presque à la fin de la vie de ce saint homme et à son heureuse mort, qu'il nous suffise d'avoir jusqu'ici retracé par ordre les actions de sa vie. Déjà, comme nous osons l'espérer, nous avons raconté avec étendue ce qui le concerne, bien que nous l'ayons fait d'un style peu cultivé; car nous sommes bien loin de nous croire capables de parler dignement de ses éclatants mérites. Nous croyons donc devoir raconter maintenant, en peu de mots, pour l'édification des auditeurs, comment il sortit de ce monde.

CHAPITRE VII

Le saint annonce sa fin prochaine. — Ses derniers avertissements à ses disciples. — Sa mort. — Quelques prodiges. — Profonde désolation du peuple. — Eloge de la sainteté d'Eloi.

Or, il arriva en ces jours-là qu'Eloi ayant supporté avec égalité d'âme les adversités et les travaux de ce monde, qu'après avoir dignement accompli l'administration de cette courte vie ; après tant d'œuvres de miséricorde et tant de beaux exemples ; après avoir délivré de si nombreuses troupes de captifs, et consacré à Dieu une multitude considérable de moines et de vierges qu'il établit dans des monastères ; après qu'il eut distribué en aumônes d'immenses richesses, et qu'il se fut acquis d'incomparables mérites par la dispensation fidèle des trésors qui lui avaient été confiés ; lorsque déjà il était avancé en âge, puisqu'il avait au delà de soixante-dix ans, comblé de toutes sortes de bonnes œuvres, il comprit que son corps tomberait bientôt en dissolution. Un jour qu'il se promenait avec ses disciples dans la ville de Noyon, il leva par hasard les yeux, et vit que la façade de la basilique de Saint-Médard menaçait ruine. Il ordonna donc qu'on appelât de suite un ouvrier pour qu'aussitôt il consolidât ce mur. Ses disciples lui faisant observer qu'il convenait d'attendre que la saison permît d'exécuter une restauration plus facile et plus solide, il leur répondit : « Laissez faire ce travail, mes enfants ; car, si l'on ne s'en occupe maintenant, ce mur ne sera point réparé de mon vivant, et ne le sera jamais après ma sortie de ce monde. » Ces paroles les jetèrent dans l'étonnement; ils furent saisis d'une douleur subite, et se mirent tous à dire en soupirant : « Qu'il n'arrive pas, Seigneur, à vos serviteurs de voir ce que vous annoncez; mais que Dieu permette plutôt que votre béatitude se porte bien pendant un grand nombre d'années encore pour l'avantage de son Église et le soulagement des pauvres. » Pour lui, levant des yeux suppliants, et exhalant de son cœur de profonds soupirs, il leur dit : « Que ce ne soit pas votre volonté, mais plutôt celle de Dieu qui s'accomplisse en moi; car la condition de notre nature exige qu'après les affaires multipliées de cette vie nous nous dirigions enfin vers le lieu du pardon; et il est inutile, puisque d'ailleurs vous ne le sauriez faire, que vous vous opposiez en cela à la volonté de Dieu; car, sans aucun doute, mon temps est déjà fini. » Ces paroles leur ayant causé à tous un grand chagrin, il leur dit : « Ne vous affligez point à cause de cela, mes enfants; mais réjouissez-vous au contraire et félicitez-moi, car depuis longtemps je désirais ce moment, depuis longtemps j'attendais cette mission, terme d'une longue vie passée dans l'amertume. » Ils soupiraient et étaient en proie aux angoisses. Toutefois, ils flottaient encore dans le le doute, de sorte qu'ils mirent fin à cet entretien.

Bientôt après, une fièvre lente se répandit dans tout son corps et diminua ses forces. Apprenant alors d'une manière plus certaine ce que la divine Providence avait résolu concernant sa mort, il fit appeler près de lui tous ses serviteurs et les gens de sa maison, dont il prenait soin depuis longtemps. Il leur annonça qu'il allait mourir, et il leur recommanda entre autres choses, selon sa coutume, de vivre en paix, de s'unir comme des frères, et d'observer surtout la charité, qui est le lien de l'unité et de la concorde. Ayant ensuite appelé Baldérède, abbé de l'église de Tournai, il lui dit : « Mon frère, je ne dois pas vous taire une chose que je sais de science certaine et qui adviendra infailliblement. Quant à moi, je poursuis la voie dans laquelle ont marché nos pères. Je vous avertis de ne plus retourner désormais à Tournai, de n'y plus même penser; mais de demeurer ici avec vos frères, où vous pouvez vivre heureux. Si vous perdez de vue cet avertissement, et si vous allez en cette ville, j'ai appris que très-certainement vous n'en reviendrez pas vivant. » Il arriva, en effet, après sa mort ce qu'il avait prédit. Baldérède perdit de vue cet avis, et se rendit à Tournai peu de temps après la mort du saint homme; il n'y demeura que peu de jours, car il mourut des blessures qu'il reçut d'une troupe de gens qui s'étaient précipités sur lui. Ainsi donc que j'avais commencé à le dire, tandis que cet homme bienheureux était retenu au lit par sa dernière maladie, lorsque son infirmité se fut prolongée pendant cinq à six jours, il essayait pourtant de dissimuler son mal en se promenant et soutenant à l'aide d'un bâton ses membres affaiblis. Ainsi ne cessait-il de servir Dieu, pensant qu'il était bon de consommer ses jours dans la pratique du bien, et de faire jusqu'à la fin de sa carrière ce qu'il avait constamment observé durant sa longue vie. Il asservissait à son esprit ses membres, tout débiles qu'ils étaient, en se livrant à une prière continuelle. Il portait son cœur vers le souvenir de la future béatitude, et il attendait plein de joie le moment désiré où il irait au ciel. Cependant, comme il sentait s'approcher le jour de son heureux départ, ayant réuni la veille des calendes de décembre ses serviteurs et ses disciples, que bientôt il allait laisser orphelins, sinon d'esprit, au moins de corps, il leur parla ainsi : « O vous qui m'êtes si chers, écoutez les derniers avis que m'inspire ma médiocrité; prêtez attention aux dernières paroles si désintéressées de votre ami. Si vous m'aimez comme je vous aime, ne négligez rien pour accomplir les commandements de Dieu, soupirez toujours après Jésus, gravez ces préceptes dans vos esprits. Si vous m'aimez véritablement, aimez comme moi le nom du Christ. Appliquez-vous chaque jour à parfaire votre genre de vie, car le moment de la mort est bien incertain. Craignez sans cesse les redoutables jugements de Dieu, et appliquez-vous à comprendre ce que vous serez quand vous vous présenterez au dernier jour devant le souverain Juge. Voici que, selon les oracles de la sainte Écriture, j'entre dans la voie de la vie éternelle : vous serez donc désormais privés de moi en ce monde, car le Seigneur daigne m'appeler à lui. Quant à moi, je désire la dissolution de ma chair, et j'aspire au repos, si telle est la volonté de Dieu. » Lorsqu'il eut dit ces choses, tandis que tous pleuraient et sanglottaient, il les appela chacun en particulier et par leur nom; puis il leur indiqua les meilleurs monastères où ils pourraient se retirer après sa mort, et il leur dit : « Voici qu'en ce jour je vous recommande et je remets entre vos mains le salut de vos âmes. Souvenez-vous donc de mes avertissements, et que chacun de vous songe à son propre salut. Je vous recommande sur toutes choses de vous rappeler toujours mes avertissements, de les méditer avec attention, de les avoir constamment présents à vos esprits; car je vous abandonne, et bientôt vous ne me verrez plus au milieu de vous. » Lorsqu'il eut ainsi parlé, tous ceux qui étaient là présents, s'étant mis à élever la voix, firent entendre de profonds gémissements. C'était à peine si, au milieu de leurs sanglots, on pouvait discerner quelques sons articulés; ils pleuraient tous ensemble et disaient : « Pourquoi donc, ô mon père, nous abandonnez-vous? pourquoi si tôt vous éloignez-vous de nous? pourquoi laisser orphelins ceux que vous avez nourris ?. A qui, vous qui êtes si bon pasteur, laisserez-vous la conduite de ce troupeau que vous avez réuni du milieu des nations idolâtres ? Nous savons bien que depuis longtemps vous soupirez après Jésus-Christ ; mais les récompenses qui vous attendent sont en pleine sécurité, et elles ne diminueront point si vous demeurez plus longtemps en ce monde ; elles augmenteront, au contraire, de plus en plus chaque jour. Nous vous en supplions donc, différez, s'il se peut, votre départ, de peur que votre absence ne cause notre perte commune. Ce n'est point l'âge encore qui vous force à quitter cette vie. Ayez pitié plutôt de ceux que vous abandonnez, ou, si vous aimez mieux aller au ciel, associez-nous du moins à votre mort ; car nous préférons mourir avec vous que de vivre ici-bas sans vous. Nous ne pouvons supporter l'idée de votre absence, puisque jamais nous ne saurions trouver quelqu'un qui vous ressemble. Regrettez donc, ô bon pasteur, d'abandonner sitôt votre peuple en le laissant orphelin. Prenez pitié de nos pleurs et demandez au Seigneur de demeurer encore au milieu de nous. » Le miséricordieux pasteur entendit ces paroles, auxquelles se mêlaient d'amers gémissements ; son visage se couvrit aussi de larmes, car ces témoignages d'une si vive affection avaient touché son tendre cœur. D'une part, il s'estimait heureux d'être appelé par le Seigneur ; de l'autre, il s'affligeait d'abandonner ces fidèles dont la douleur excitait sa compassion. Il désirait ardemment le repos éternel, mais son extrême bonté faisait qu'il regrettait les siens, quoiqu'il ne voulût point être plus longtemps séparé de Jésus-Christ. La soif qui le portait vers Dieu était insatiable ; il le désirait avec ardeur : son cœur ainsi que son âme était toujours fixé vers lui.

Enfin, au milieu de ces larmes amères et de ces regrets affligeants, il reprit la parole et leur dit : « Ne vous affligez plus, je vous prie, et ne me troublez plus par vos gémissements. Si, au sujet de mon départ, vos sentiments étaient ce qu'ils doivent être, vous auriez lieu plutôt de vous réjouir que de pleurer : il est vrai que je ne serai plus au milieu de vous quant au corps, mais ma présence quant à l'âme n'en sera que plus intime. Je ne serai plus ici à la vérité, mais Dieu y est toujours. Je vous recommande à lui; c'est à ses soins que je vous confie. S'il m'a été donné de faire quelque bien, si j'ai combattu dans votre intérêt, vous le saurez au jour où Dieu jugera les actions les plus secrètes des hommes et lorsqu'il rendra à chacun selon ses œuvres. Je sais que, serviteur inutile, je n'ai point fait ce que j'ai dû. Dieu connaît cependant ce que j'ai eu l'intention de faire jusqu'ici. Je vous avertis donc, et je vous conjure par le glorieux avènement du Christ, que si vous avez quelque charité pour moi, si vous m'aimez comme je vous aime, gardez mes préceptes et les établissements que j'ai fondés, et, autant qu'il est au pouvoir de chacun de vous, prenez intérêt aux monastères que j'ai construits sous les auspices du Christ. Adieu, vous que je porte dans mon cœur. » Lorsqu'il eut ainsi parlé, le jour étant sur son déclin, il se prosterna tout à coup sur le pavé, s'y tenant à genoux, et en présence de Dieu, il se mit à prier avec ferveur, demandant avec larmes et gémissements que, dans sa miséricorde et sa divine providence, il voulût bien envoyer un pasteur qui gouvernât son peuple en toute humilité. « Que ce peuple, dit-il, ô éternel Pasteur, ne devienne point comme un troupeau dépourvu de guide. Je vous recommande les ouailles que vous m'avez confiées, et toute cette famille que, par mon ministère, vous avez attachée à votre service. Protégez-là, je vous en supplie, ô Seigneur Jésus! que votre volonté soit sa règle, qu'elle se dirige sous votre empire. » O admirable charité! ô magnifique bonté d'Eloi ! Sur le point de quitter ce monde, il néglige en quelque sorte de penser à lui, pour s'intéresser aux autres, comme il l'avait toujours fait. Il désirait perdre la lumière de ce monde de telle sorte que, par l'ordre du Seigneur, il lui fût donné de passer dans la claire demeure de l'éternité, où on lui préparait une joie qui devait briller d'une perpétuelle jeunesse. Quoiqu'il tendît vers cette demeure, il continuait cependant de porter un vif intérêt au troupeau qui lui était confié et à sa famille d'adoption, voulant remettre à Dieu, avec l'intérêt qu'il avait produit, le talent qu'il lui avait donné.

Déjà il était à l'extrémité, et il ne restait plus qu'un peu de chaleur qui tiédissait sa poitrine : il n'y avait plus en lui de tout l'homme que le jugement. Il fit alors appeler ses disciples et ses amis, embrassa chacun d'eux en pleurant, puis il leur adressa ses adieux en disant : « Je n'aurai plus désormais d'entretien avec vous, et vous ne me verrez plus. Soyez donc en paix et laissez-moi désormais en repos; permettez que mon corps aille rejoindre la terre, qui est sa mère. » Ceux qui étaient là présents et qui entendirent ces choses ne purent, malgré leurs efforts, retenir leurs larmes; tous avaient les joues baignées de pleurs, tous sanglottaient, et leurs cœurs étaient tellement émus, qu'ils perdaient l'usage de la parole ; à peine pouvait-on, au milieu de leur profonde amertume et de leurs soupirs, recueillir ces mots mal articulés : « Nous gémissons, à la vérité, et c'est dans notre propre intérêt, puisque votre départ va nous priver de la consolation dont nous fait jouir votre présence; mais nous nous consolons en ce qui vous concerne, ô très-bon père, puisqu'après les travaux de ce monde vous allez jouir d'un repos éternel. » Alors le saint, élevant au ciel des yeux suppliants, pria longtemps en silence ; puis, élevant la voix, il dit : « C'est maintenant, Seigneur, que, selon votre parole, vous laissez aller en paix votre serviteur[1]. Souvenez-vous, je vous prie, que vous m'avez formé de limon, et que vous n'entrerez point en jugement avec votre serviteur[2], parce qu'en votre présence nul homme vivant ne sera justifié[3]. » Et, après quelques autres paroles, il ajouta : « O Christ ! rédempteur du monde, souvenez-vous de moi, vous qui seul êtes sans péché ; et, retirant mon âme de ce corps de mort, sauvez-là dans votre royaume céleste, car vous êtes le seul maître de toutes choses. C'est vous qui me fîtes entrer dans ce monde et c'est à vous qu'il appartient de m'en faire sortir. Vous avez toujours été mon protecteur, je remets mon âme entre vos mains. Je sais que je ne mérite point votre attention, mais vous n'ignorez pas cependant que j'ai toujours espéré dans votre miséricorde et que ma foi a été persévérante. Maintenant, Seigneur, je vais rendre le dernier soupir en confessant votre nom. Recevez-moi donc selon votre grande miséricorde, et faites que je ne sois pas trompé dans mon attente. Ouvrez-moi, quand je me présenterai, les portes de la vie. Défendez-moi contre les princes des ténèbres ; que les puissances de cette région de l'air ne me nuisent en aucune sorte ; que votre main miséricordieuse me protége ; que votre souverain pouvoir me défende ; que votre droite me conduise au lieu du repos, et dans ce tabernacle que vous avez préparé à vos serviteurs et à ceux qui vous craignent. » Ayant dit ces mots, et tandis qu'il continuait de prier, il rendit son âme, qui était l'objet des désirs du ciel[4].

---

[1] Luc. II, 28. = [2] Job. x. = [3] Ps. CXLII.

[4] On s'accorde généralement à placer la mort de saint Eloi en 659, le 1er décembre, qui est le jour où sa fête est annoncée dans les martyrologes. Il avait dépassé l'âge de soixante-dix ans, et son épiscopat avait duré dix-neuf ans. Telle est du moins l'opinion exprimée par Lecointe, par Longueval et par plusieurs autres érudits. Elle a été partagée par Ghesquière, n° 7 de son *Commentaire sur les actes du saint*.

C'était la première heure de la nuit, et bientôt on vit une espèce de phare d'une grande dimension, resplendissant d'une immense clarté, surgir tout brillant de la demeure d'Eloi, et former, au grand étonnement des assistants, une sphère de feu sur laquelle figurait une croix. Après avoir traversé d'un élan rapide l'épaisseur des nuages, elle pénétra dans les hauteurs du ciel. Ce fut ainsi que sa sainte âme, débarrassée du fardeau de la chair et délivrée des liens qui l'attachaient à la terre, s'envola pleine de joie vers son auteur, et qu'après avoir longtemps vécu ici-bas comme sur une terre étrangère, elle s'éleva enfin triomphante, au milieu de la joie que fit éclater le ciel, des regrets et des pleurs de la terre, et des applaudissements des anges eux-mêmes. Ce fut aussitôt après sa mort que l'on comprit mieux jusqu'à quel point il avait conquis l'amour du peuple. A peine eut-il exhalé le dernier soupir, à peine eut-il rendu son âme au Christ, que le deuil de toute la ville retentit jusqu'au ciel. Une rumeur subite se répandit sur les places publiques dès le moment où l'on y fit circuler le bruit de sa mort, et toute la cité se lamentait comme si la mort d'un seul homme dût entraîner la perte de tous. Que dirai-je de plus? Son corps ayant été revêtu, selon la coutume, et placé dans le cercueil, on le porta à l'église, où il fut veillé tour à tour. La nuit se passa, de la part du clergé, dans le chant des hymnes, et, du côté du peuple, dans les lamentations.

Quand le jour parut, on vit arriver dans la ville une grande multitude de personnes de l'un et de l'autre sexe. On y remarqua la reine Bathilde [1] avec ses fils, les grands

---

[1] Bathilde, issue d'une famille anglo-saxonne, avait été vendue comme esclave à Erchinoald, maire du palais. Le roi Clovis II l'épousa et en eut trois fils, qui sont désignés, comme on l'a vu ci-dessus, dans la prédiction de saint Eloi, savoir : Clotaire III, Childéric II et Thierry III. Après avoir été tutrice de ses enfants l'espace d'environ neuf ans, Bathilde se retira au monastère de Chelles, qu'elle avait fondé. Elle s'y rendit illustre par sa sainteté, et y mourut vers 680.

du royaume et une suite nombreuse. Elle entra en toute hâte dans la cité, se rendit sans aucun retard aux funérailles d'Eloi et s'abandonna à toute sa douleur. Elle pleurait et gémissait de n'avoir pas eu la consolation de le trouver encore vivant. Après avoir longtemps prié et gémi devant le cercueil, elle ordonna qu'on préparât tout ce qui était nécessaire pour transporter le corps du saint dans son monastère de Chelles. Mais, lorsqu'on voulut la soulever pour le changer de place, on ne put y réussir; la reine en conçut un très-grand chagrin et ordonna qu'un jeûne de trois jours fût observé dans le silence. Durant ce temps-là, Bathilde et les grands qui l'entouraient, ainsi que le clergé, étaient dans l'attente de ce qui allait arriver, et on veilla exactement pendant ces trois jours. Tandis que ces choses se passaient, la vénérable reine ne pouvait modérer sa douleur ni arrêter le cours de ses larmes. Enfin, ne pouvant supporter l'idée d'être séparée de ce saint homme, elle voulut le voir une dernière fois, et, après avoir soulevé le voile qui couvrait son visage, elle y déposa un baiser funèbre, fit la même chose sur la poitrine et sur les mains; mais ce furent les joues principalement qu'elle inonda de ses larmes. Or, tandis que ses lèvres étaient ainsi fixées sur ce saint corps, il s'opéra tout à coup un miracle que je ne crois pas devoir passer sous silence. On était en plein hiver, depuis longtemps déjà le corps était resté sans vie et très-froid, et voici qu'un flot de sang jaillit des narines et se répandit avec abondance sur la figure du saint. Ce que voyant les évêques et la reine très-chrétienne, ils prirent aussitôt des linges et recueillirent avec le plus grand soin ce sang partout où il s'était répandu; ils mirent ensuite ces linges de

Sa fête est célébrée le 26 janvier. La *Vie* de cette sainte reine a été écrite par deux auteurs contemporains. Cette double biographie est éditée dans l'œuvre de Rolland, au 26 janvier.

côté pour les conserver comme de précieuses reliques.

Cependant le jeûne étant accompli comme on l'a dit plus haut, la reine ne se donnait aucun repos pour arriver au moyen de transférer le corps du saint homme dans son monastère de Chelles. D'autres voulaient au contraire qu'il fût transporté à Paris. Mais les habitants de Noyon, revendiquant le corps de leur évêque comme un héritage légitime, s'opposaient aux uns et aux autres. Une altercation s'éleva donc ainsi entre eux, et cette sainte dépouille devint l'objet d'une pieuse lutte pour savoir qui mériterait à plus juste titre de posséder son corps et d'orner sa sépulture. Mais, comme les évêques et les hauts personnages qui se trouvaient là, ainsi que ceux qui étaient attachés à la reine, favorisaient son parti, décidant que le corps serait transféré dans son monastère, on entendit pousser de grands cris, et il s'éleva un grave tumulte au milieu du peuple de Noyon. La reine alors suivit un conseil plus prudent et remit cette cause au jugement de Dieu : « Qu'on mette, dit-elle, un terme à cette querelle ; si telle est la volonté du Seigneur ou celle du saint qu'il aille où je le désire, qu'on l'enlève de suite ; s'il en est autrement, nous en aurons bientôt la preuve. » Lorsqu'après ces paroles on se fut approché du cercueil pour essayer de le lever, on le trouva tellement pesant, qu'il fut impossible de le mouvoir. Tour à tour plusieurs autres essayèrent, et leurs efforts furent inutiles. Enfin la reine vint à son tour, voulant elle-même tenter un essai. Elle prit entre ses bras le cercueil et déploya tout ce qu'elle avait de forces, essayant de le soulever par l'un des coins, mais ne réussit pas mieux que s'il se fût agi d'ébranler une montagne. S'étant tournée alors vers ceux de sa suite, elle leur dit : « Voici que nous savons évidemment que la volonté du saint n'est pas que nous le transportions ailleurs ; laissons donc, même malgré nous, à ce peuple, ce que jusqu'ici nous avons refusé de lui accorder. » Tous partagèrent cet avis, et l'on décida unanimement que le corps serait inhumé dans la ville. Lors donc qu'on eut pris cette résolution, on essaya de nouveau de soulever le cercueil, et il devint tout à coup si léger, que deux hommes le portèrent facilement, tandis que plusieurs n'avaient pas pu même le remuer peu d'heures auparavant. Les habitants de Noyon, ainsi que la reine, voyant ce miracle, en rendirent gloire au Seigneur en disant : « Que vos œuvres sont grandes et admirables, ô Dieu des vertus ! » et : « Dieu est admirable dans ses saints. »

Lorsqu'ensuite on porta le corps au tombeau, presque toute la ville se réunit pour suivre en deuil le cortége funèbre. Quoique, dans cette saison d'hiver, la terre fût devenue comme un immense marais, on ne put décider la pieuse reine à monter à cheval ; elle voulut suivre à pieds et avec grande peine le cercueil, à travers la boue, mêlant ses pleurs à ceux de tout le peuple. O combien fut grande la douleur de tous ! Combien surtout furent amers les regrets des moines et des pauvres, qui, ce jour-là, avaient afflué dans la ville et remplissaient les places publiques ! Ceux qui chantaient des psaumes ne rendaient que des sons qui marquaient leur tristesse, l'air résonnait de ces chants lugubres mêlés aux pleurs et aux sanglots d'une foule immense. Les gémissements du peuple retentissaient dans toute la ville, et ces cris s'élevaient jusqu'au ciel. Tandis qu'un chœur nombreux faisait entendre le chant des antiennes, les cris de ceux de Noyon traversaient les nues. Les cantiques funèbres remplissaient les rues de cette ville, et toutes ses maisons retentissaient du bruit d'un gémissement universel. Telle fut la pompe qui environna ce pasteur après sa mort, telle fut l'escorte qui accompagna son corps jusqu'au lieu de sa sépulture. Le cortége était précédé de chœurs de chant; et à sa suite on voyait un peuple immense exprimant par ses pleurs l'amertume de ses regrets. Tous s'écriaient qu'ils avaient perdu leur père et leur nourricier, et à peine pouvait-on discerner ces mots entrecoupés par les sanglots : « A qui donc, ô bon pasteur, as-tu confié le soin de ton peuple? à quel autre gardien laisses-tu la conduite de ton troupeau? ô Eloi! toi qui fus la consolation des pauvres, la force des faibles, le protecteur et le consolateur des malheureux! Qui, après toi, répandra l'aumône avec autant de profusion? Qui nous protégera comme tu l'as fait, ô bon pasteur? Qui donc nous donnera de mourir aujourd'hui avec toi? car il nous serait plus doux de n'exister plus que d'être privés de ta présence. » Telles étaient les plaintes qui s'élevaient confusément vers le ciel, tandis qu'on s'avançait vers le lieu de la sépulture; et il n'était point facile de discerner, au milieu des cris si multipliés, la psalmodie du clergé d'avec les gémissements du peuple. Quel homme alors, fût-il sans entrailles, n'eût pas gémi en entendant les plaintes des pauvres? Quel homme aussi, si dur qu'il pût être, n'eût pas lui-même versé des larmes en voyant la profonde affliction de tout ce peuple? Il eût fallu avoir un cœur de fer et dénaturé, pour ne point pleurer en considérant la reine et les princes prenant une telle part à la douleur publique. Qui donc pourrait se rappeler sans verser des larmes le moment où le corps parvint au lieu de la sépulture? Avec qelle ardeur, quel amour et quelle douloureuse impulsion ce corps fut retenu sur le bord de la tombe? Le peuple éloignait et retirait le cercueil, afin que le corps pût être vu encore durant quelques instants, et que chacun pût satisfaire au désir qu'il avait de jouir de sa présence. C'était avec dessein qu'on retardait le moment où l'on fermerait le sépulcre, car on ne pouvait supporter l'idée de son absence.

Lorsqu'enfin on l'eut arraché des mains du peuple, et que, si je peux m'exprimer ainsi, la lutte qui s'engagea à cet effet fut terminée, les évêques qui étaient là présents déposèrent le corps dans le sépulcre et se hâtèrent de le recouvrir d'une pierre. C'est là qu'on le conserve avec de grands honneurs jusqu'au jour de sa résurrection glorieuse. La vénérable reine, excédée de fatigue, ainsi que le peuple, ne se retira qu'après avoir honoré dans sa tombe le corps du prélat; puis elle retourna chez elle à jeun; et, sa douleur l'empêchant de prendre aucune nourriture, elle accomplit ainsi dans les larmes son jeûne de trois jours.

Que l'on compare donc, si l'on veut, je ne dirai point aux funérailles, mais plutôt au triomphe de ce bienheureux homme, la vaine gloire du siècle. Que l'on établisse, s'il se peut, un parallèle entre la pompe que les riches font éclater pendant leur vie, et celle qui eut lieu à la mort de cet homme étranger sur la terre. Les peuples, dans leur folie, couvrent ceux-ci d'applaudissements durant leur misérable vie, tandis qu'Eloi, débarrassé des tribulations de cette vie, est transporté avec gloire par les habitants des cieux vers le royaume qu'il a uniquement désiré. Après la pompe du siècle, les riches sont livrés aux tourments de l'enfer; Eloi, après avoir supporté les adversités de ce monde, est reçu dans le sein des patriarches. Ceux-ci, accablés sous le poids de leurs richesses, tombent dans le lieu destiné aux tourments éternels, tandis qu'Eloi, illustré par ses aumônes, ressuscitera dans la gloire avec les saints. Les riches paient dans les flammes la peine qui est due à leurs mauvaises actions; Eloi, déjà heureux, brille par ses mérites dans le sein d'Abraham, où il est à l'abri de toute crainte. Ceux-ci, enfin, gémissent au fond des enfers avec les damnés, tandis que mon Eloi, le front ceint de lauriers immortels, goûte une impérissable joie avec tous les saints dans le ciel. Grâces vous soient rendues au milieu de tout cela et pour tout cela, ô notre Dieu, très-fidèle rémunérateur ; car, pour de petites choses, vous lui en avez donné de grandes : vous l'avez fait reposer dans les douceurs éternelles, et vous avez procuré les délices de votre paradis à celui qu'à cause de cela peut-être vous nous avez ravi. Ce fut pour que « la malice du siècle ne souillât point son âme [1]. » Il a été écrit d'un homme parfait : « Il vivait au milieu des pécheurs, Dieu l'a enlevé parce que son âme lui avait plu [2]. » Salomon fait allusion à de tels hommes en disant que « le juste sera délivré des embarras de cette vie [3]. » Jérémie a dit : « Bienheureux l'homme qui se confie dans le Seigneur ! car Dieu deviendra son espérance, et il sera comme un arbre qu'on a planté sur le bord des eaux [4]. » De là ce qu'a dit le Psalmiste : « Il a fixé sa volonté dans la loi du Seigneur, et il sera comme un arbre qu'on a planté le long d'un cours d'eau [5]. » Le Seigneur a parlé de semblables hommes par son prophète Malachie : « Il a marché avec moi dans la paix et dans la justice, et beaucoup ont été détournés par lui de l'iniquité [6]. » De là vient qu'il a dit par la bouche d'Isaïe : « Je l'ai appelé, je l'ai béni, et sa voix a été droite [7]. » Voici ce qu'il promet par l'organe du même prophète : « Mes serviteurs seront rassasiés, mais vous (il s'agit des réprouvés), vous serez pressés par la faim. Mes serviteurs se désaltèreront, et la soif vous tourmentera. Ils se réjouiront, et vous demeurerez dans la confusion ; ils tressailliront de joie, et vous crierez à cause de la douleur de votre cœur, et vous vous lamenterez à cause de la contrition de votre esprit [8]. » De là vient aussi qu'il est dit au livre de l'Ecclésiastique : « Celui qui craint le Seigneur s'en trouvera bien au dernier moment, et il sera

---

[1] Sap. IV. 11. — [2] Ibid. — [3] Prov. XI. 8. — [4] Jérém. XVII. — [5] Ps. I. — [6] Malac. I. — [7] Is. XLVIII. 15. — [8] Ibid. LXV. 13.

béni au jour de sa mort¹. » Ailleurs il est écrit : « Que le fruit des bonnes œuvres est glorieux, et que celui qui aura été couronné jouira d'un perpétuel triomphe². » Qu'il nous suffise d'avoir raconté ces choses sur la mort ou au sujet de la mort de ce saint homme. Dans la crainte d'ennuyer le lecteur par suite de la longueur de ce récit, j'avais pensé à mettre fin à cette œuvre en terminant sa vie : mais je me suis vu contraint de parler encore, à cause des nombreux miracles que le Seigneur daigne opérer continuellement auprès de son tombeau. Pour abréger, je n'en rapporterai que quelques-uns en terminant ce livre.

¹ Eccli. i. 13. — ² Sap iii. 15.

CHAPITRE VIII

Miracles de saint Éloi après sa mort. — Translation de son corps.

Après que cet homme bienheureux eut quitté ce monde et que son corps fut déposé dans le tombeau, une peau de chèvre d'une grande valeur fut laissée par hasard dans le lieu où le corps avait été déposé : on l'avait étendue sur le double siège qui supportait le cercueil, la veille de l'inhumation. Lorsque tout le monde se fut retiré, un diacre nommé Uffo, qui était suève de nation, stimulé par l'aiguillon de la cupidité, enleva clandestinement cet objet qu'il cacha avec soin dans son lit. Quand on eut inhumé le corps et dès que les ministres des funérailles se furent retirés, on reconnut que cette fourrure avait disparu et on se mit à la chercher partout avec un profond sentiment de regret. Après qu'on eut porté de tous côtés les investigations sans recueillir aucun indice sur la chose égarée, il s'éleva parmi les ministres une grave perturbation. Mais, comme déjà la nuit approchait et que le temps du repos était venu, tandis que tous étaient ensevelis dans le sommeil, le saint homme apparut en vision à un abbé nommé Sparvus, et lui parlant avec douceur, comme il le faisait toujours pendant sa vie, il lui indiqua le lieu où l'on avait caché l'objet volé. Le lendemain, lorsque la lumière eut reparu sur la terre, Sparvus s'étant adjoint deux de ses frères en qui il avait pleine confiance, leur raconta sa vision, les engagea à se rendre avec lui au lieu désigné, et s'avança en les précédant. Ils cherchèrent avec soin, et trouvèrent la peau de chèvre à l'endroit que le saint avait indiqué. Aussitôt ils appelèrent le diacre et le reprirent avec sévérité, mais ils s'abstinrent, toutefois, de le frapper, car saint Éloi le leur avait défendu. Ce fait fut cause qu'à partir du jour même de sa mort on conçut généralement une grande crainte à l'égard du saint évêque, et la vénération qu'il avait inspirée s'accrut chaque jour de plus en plus.

Il y avait en un lieu peu éloigné de Paris un solitaire qui était véritablement l'homme de Dieu, simple et droit. Pendant sa vie, le bienheureux Éloi le visitait aussi souvent que l'occasion s'en présentait, lui procurait de grandes consolations et lui venait en aide dans tous ses besoins. Après la mort du saint homme et lorsque trente jours au plus se furent écoulés, il lui apparut tout à coup, pendant la nuit, et lui demanda comment il se trouvait et par quels moyens il se procurait les choses nécessaires à la vie. L'ermite, tendant vers lui des mains suppliantes, lui dit : « Je me suis bien trouvé jusqu'ici de vos prières. » Et pensant s'entretenir corporellement avec le saint, s'enhardissant d'ailleurs un peu plus, il ajouta : « J'ai encore dans un vase un peu de ce vin que Dieu daigna m'accorder par vos prières; si vous le voulez, monseigneur, nous en goûterons. » Après que cet homme eut agi comme s'il eût vraiment présenté du vin dans une coupe, le saint étendit la main et la bénit, puis il ordonna qu'on remît ce même vin dans le vase d'où on l'avait tiré. Cela étant fait, la vision disparut aussitôt. Le prêtre s'éveilla et se leva à la pointe du jour, tout troublé au sujet de cette vision; il entra dans le lieu où, la veille, il n'avait laissé qu'un peu de vin, visita avec soin ses vases l'un après l'autre, et remarqua qu'un tonneau qui, naguère, était presque vide, se trouvait entièrement rempli. Ce fait excita son admiration, et lui fit aisément comprendre de quelle valeur était la bénédiction d'Eloi, celle même qu'il donnait en vision.

J'ai cru devoir ajouter ce qui va suivre. Peu de temps après sa mort, le saint apparut en vision à un homme qui demeurait dans le palais du roi : ses vêtements répandaient un vif éclat ; il ordonna que, sans aucun retard, cette personne se rendît auprès de la reine Bathilde pour l'avertir que, par respect pour le Christ, elle devait déposer à l'avenir les parures en or et en pierres précieuses dont elle avait fait usage jusqu'alors. Cet homme ayant gardé le silence et négligé de remplir ce qui lui était prescrit, Eloi lui apparut encore la nuit suivante et lui fit le même avertissement que la veille. Mais comme il négligea encore de s'occuper de cette vision et ne dit rien à la reine, une troisième fois le saint se présenta à lui, joignit à ses avis de graves menaces et lui ordonna de remplir la mission dont il était chargé. Or, comme il n'osait faire cette déclaration à Bathilde, il fut subitement atteint d'une fièvre violente ; et la reine, étant venue le visiter, ne manqua pas de lui demander la cause de ses souffrances. Le moment était opportun, le malade révéla les secrets de son cœur, et fit connaître à la reine ce qui lui avait été prescrit, en lui racontant la vision avec ses circonstances. Il n'eut pas plus tôt terminé ce récit, que, la fièvre l'ayant quitté, il recouvra sa première santé. Bathilde n'eut aucun doute sur l'authenticité de cet avertissement ; elle renonça aussitôt à toutes ses parures et ne garda que des bracelets en or. Le reste fut distribué en aumônes, et une notable partie de ces riches objets fut employée à la confection d'une croix d'un travail distingué qu'elle fit déposer au chevet du tombeau d'Eloi. Elle fit, en outre, ouvrer en or et en argent, avec un art admirable, une sorte de dais destiné à recouvrir le tombeau du confesseur, et elle employa pour l'exécution de cette œuvre une grande quantité d'or et d'argent. « Ce bienheureux, disait-elle, a décoré les tombeaux d'un grand nombre de saints : autant que je le pourrai, j'ornerai le sien comme il le mérite. » Elle le fit donc; et, lorsque cette décoration fut placée sur le sépulcre, les grands du royaume vinrent à leur tour y déposer de l'or, des pierres précieuses et d'autres objets fort riches en si grande quantité, que c'est à peine si nous pourrions en faire l'énumération.

Le tombeau étant ainsi orné, c'était la coutume, pendant le carême, à cause de l'éclat que répandaient l'or et les pierreries, de voiler la tombe au moyen d'un riche tissu de soie. On le fit donc au commencement de la sainte quarantaine, pour couvrir toute cette richesse durant les jours consacrés à la pénitence. Peu de temps après, tandis qu'on priait en foule autour du sépulcre, il s'opéra un miracle inouï jusqu'alors : car tout à coup on vit transsuder le voile qui recouvrait la tombe; puis une sorte de fumée, s'élevant peu à peu, l'humecta davantage. Ceux qui étaient là présents, considérant ce prodige, en furent saisis d'étonnement, et confessèrent que Jésus-Christ opérait là, en ce moment, de grandes merveilles. Voyant ensuite que l'eau découlait du voile, les plus anciens d'entre eux conçurent une idée qui parut excellente : ce fut celle de le retirer de dessus la tombe et de le tordre au-dessus d'un vase, afin que la liqueur qui en sortirait pût devenir un remède. On leva donc le voile, puis on recueillit dans un vase d'airain l'eau dont il était pénétré. Elle servit, dans la suite, à guérir un grand nombre de malades. Cette sueur avait été tellement abondante, que l'étoffe de soie perdit sa couleur, en sorte que sa doublure en reçut elle-même une teinte nouvelle. Ce fait me paraît ressembler à celui de Gédéon; car Dieu permit qu'à sa prière une abondante rosée tombât sur la toison. Toutefois, dans le cas qui nous occupe, Dieu accorda à l'eau la vertu de guérir les maux du corps ; dans l'autre une coquille seulement fut remplie de l'eau qu'on exprima de la toison ; ici on pressa le voile au-dessus d'un vase, et la liqueur qui en sortit forma une mesure de près de deux septiers.

Quelques villes de France étaient à cette époque ravagées par une cruelle maladie, et nous croyons que, dans sa bonté, Dieu présenta cette liqueur comme un remède à cette contagion. Il arriva, en effet, que quiconque se trouvait atteint de ce mal et en danger de mourir, était radicalement guéri dès l'instant où il avait pris de cette eau. Or il y avait alors un comte nommé Ingomarus[1], homme très-riche et très-puissant, qui, craignant cette contagion, qui exerçait partout ses ravages, se plaça de tout son cœur sous la protection d'Eloi, lorsqu'il eut entendu parler de ce miracle. Il demanda avec une grande foi qu'on lui donnât de cette liqueur, promettant et faisant le vœu de donner à l'église du saint évêque la dîme de tous ses biens et la ville principale de son comté, si la maladie qui régnait ne pénétrait point dans ses terres. Il se mit donc à parcourir ses domaines, excita la piété de ses vassaux, les porta à émettre aussi des vœux, et leur fit prendre de cette eau salutaire. Or il arriva que la contagion, qui avait sévi cruellement au autour de toute la province, épargna les sujets de ce comte. Se voyant ainsi préservé en même temps que les

---

[1] Voici ce qu'on lit dans le texte : *Comes quidam urbis Tiroandensis nomine Ingomarus.* M. Ch. Barthélemy a traduit *Tiroandensis* par *Térouanne*. Nous n'avons trouvé nulle part l'ancienne ville de Térouanne écrite en latin de cette manière. D. Bouquet a pensé qu'il fallait lire *Vermandensis*, et Duchesne a écrit *Viromanduorum comes*. Ghesquière fait observer, toutefois, qu'un comte de Vermandois nommé *Garefridus* vivait du temps de saint Eloi, et qu'il lui survécut, comme on peut le voir en suivant le récit de saint Ouen. Si l'on admettait qu'Ingomarus fût pareillement comte de Vermandois, il faudrait supposer que ce que rapporte saint Ouen eut lieu longtemps après la mort de saint Eloi.

siens, cet homme en fut pénétré d'une grande joie. Il mit à part la dîme de tout ce qu'il possédait, et, selon sa promesse, il l'offrit, comme un gage de reconnaissance, à l'église de Saint-Eloi. Cette dixième partie forma un lot tellement considérable, que l'église n'eut pas moins de cent vassaux et en outre un grand nombre de troupeaux.

Lorsque le bienheureux Eloi vivait encore, l'un des vignerons de son église avait été souvent l'objet de ses réprimandes à cause de sa négligence et de sa paresse. Le saint, qui voulait essayer de tous les moyens de le corriger, menaçait même quelquefois de le faire punir corporellement. Lorsqu'Eloi eut quitté cette vie pour aller vers le Seigneur, cet homme, tout à la fois insolent et insensé, vint un jour à son tombeau, et l'on rapporte qu'il y dit avec un ton de raillerie et des éclats de rire : « Te voilà donc gisant ici, toi qui menaçais de me faire frapper; tandis que moi je te survis. » A peine eut-il proféré ces paroles que saint Eloi lui apparut tout à coup tenant en main une verge, dont il le frappa à la tête en lui disant : « Reconnais, mauvais serviteur, que je ne suis pas mort comme tu t'en glorifies, mais que, retiré de ce monde, je vis néanmoins encore. »

Dès qu'il eut prononcé ces paroles, la tête de cet homme s'enfla soudain, et une grande roideur se fit remarquer dans tous ses membres. La douleur s'aggravait de plus en plus. Tenant alors sa figure entre ses mains, il se mit à se lamenter par toute la ville, et notamment sur les places publiques, racontant partout d'une voix plaintive ce qui lui était arrivé. Grand nombre de personnes accoururent pleines d'étonnement à ce spectacle. Plusieurs essayèrent d'adoucir ce mal par des remèdes, mais on ne put y apporter aucun soulagement; au contraire, plus on tentait de le calmer, plus il augmentait d'intensité. Après avoir enduré d'horribles tourments, il retourna au tombeau du confesseur, où il reçut de beaucoup de personnes d'utiles enseignements; il satisfit pour sa faute, et ce ne fut qu'après de longues souffrances qu'il recouvra la santé.

Mais qui pourrait raconter en détail toutes les merveilles que le Seigneur Jésus-Christ opère continuellement en cet endroit? Car, s'il arrive que quelqu'un, criminel ou innocent, passe chargé de chaînes sur la route publique qui est près de la basilique du saint, à peine est-il parvenu jusqu'à cette église, qu'il se trouve délivré de ses liens, sans qu'on puisse désormais l'enchaîner de nouveau. Pour le prouver, je vais rapporter un fait entre un grand nombre d'autres.

Un homme, soit qu'il fût coupable ou non, était un jour conduit au supplice, lié par de fortes chaînes; il s'échappa des mains de ceux qui le gardaient, et courut trouver un refuge dans l'église de Saint-Eloi. Lorsqu'il fut parvenu jusqu'au tombeau, où il se tenait tout tremblant, la chaîne qui le serrait se rompit tout à coup et tomba par morceaux autour de lui. Ceux qui le poursuivaient, voyant qu'il se tenait là en pleine liberté, entrèrent dans un grand accès de fureur et enchaînèrent de nouveau le malheureux par le cou et par les mains; puis ils firent tous leurs efforts pour l'entraîner hors de l'église. Le condamné, alors, pâle et tremblant, tourna vers le tombeau ses regards suppliants et dit : « O saint Eloi! ne défendrez-vous donc point ceux qui cherchent près de vous un refuge? » Lorsqu'il eut prononcé ces paroles, la chaîne, s'étant rompue avec effort, alla rouler loin de lui et le mit de nouveau en liberté devant un grand nombre de témoins. Ce fait causa une grande terreur à ceux qui poursuivaient cet homme; ils se précipitèrent la face contre terre et implorèrent, pleins d'effroi, le pardon d'une aussi audacieuse entreprise. Quand tout le monde se fut retiré et qu'il ne resta plus, comme témoignage, que la chaîne éparse çà et là, l'évêque du lieu survint et parut douter pour un instant du miracle qui venait d'avoir lieu. Lorsqu'il fut sorti, il monta sur le cheval qui l'avait amené et qui était ordinairement très-doux. Mais il ne tarda pas à le jeter par terre et à lui causer de graves blessures. L'évêque, se souvenant aussitôt de la faute qu'il avait commise en exprimant ce doute, se vit contraint d'en faire publiquement l'aveu; s'étant ensuite relevé, il fut guéri quelques jours après. Cet événement le rendit plus circonspect. Et puisque l'occasion s'est offerte de rapporter un fait de cette nature, je vais en raconter un autre qui lui ressemble.

Le bienheureux homme possédait, entre autres, un cheval d'une douceur remarquable, et dont il se servait ordinairement quand la nécessité l'exigeait. Après sa mort, ce cheval échut à l'abbé qui gouvernait son église. Mummolin, homme apostolique et évêque du même lieu [1], qui le convoitait, l'enleva violemment à l'abbé, comme étant sa propriété. L'abbé, n'osant point lui faire une opposition directe, eut recours à saint Éloi. Le cheval ne fut pas plus tôt mis à la disposition de l'évêque, qu'il souffrit d'un mal aux pieds,

[1] Saint Mummolin, moine de Luxeul, avait été appelé, avec saint Bertin et saint Ébertramme, par saint Omer, évêque de Térouanne, pour l'aider dans l'œuvre qu'il avait entreprise de convertir les Morins à la foi catholique. Ces trois missionnaires fondèrent l'abbaye de Sithiu, plus connue sous le nom de Saint-Bertin. Mummolin fut appelé à remplir le siége de Noyon, devenu vacant par la mort de saint Éloi. Le blâme qu'exprime saint Ouen sur cet évêque, prouve, une fois de plus, que les saints n'ont pas toujours été exempts de certaines faiblesses. Le double fait dont il vient d'être parlé, eut lieu, selon Ghesquière, dans le cours de la première année de son épiscopat (659-660); et ce savant commentateur ajoute qu'on ne peut douter des regrets amers et des œuvres de pénitence auxquelles il se livra pour s'en racheter. (*Acta SS. Belgii*, t. IV, p. 406-407.) Saint Mummolin pouvait d'ailleurs ignorer les intentions de saint Éloi et revendiquer, par suite, la possession de ce cheval, qui faisait partie de la succession de son prédécesseur, dont il était devenu l'héritier.

le reste du corps s'affaiblit, et on vit l'animal dépérir. L'évêque alors appela un expert dans l'art de traiter les chevaux et lui ordonna d'employer toute sa science pour le guérir. Quoiqu'il n'eût rien négligé, ses remèdes furent inutiles. Au contraire, lorsqu'on approchait de la bête, devenue sauvage en quelque sorte, elle se cabrait, lançait des ruades et cherchait à déchirer l'homme qui la soignait. Déjà plusieurs jours s'étaient écoulés sans qu'aucune amélioration se fît apercevoir; l'évêque, craignant de perdre le cheval s'il le gardait dans ce dangereux état, le donna à une dame de sa connaissance, qui le fit traiter avec beaucoup de soin. Elle le monta un jour pour faire un voyage; mais il se mit à frémir et à ruer d'une telle force, qu'il la jeta par terre. La chute fut si grave, qu'elle en garda le lit presque toute une année. Cette femme, se voyant en proie à de grandes souffrances, renvoya le cheval à l'évêque avec des reproches au lieu d'actions de grâces pour ce présent. Le prélat le fit soigner de nouveau, mais ce fut en vain; plus au contraire on employait des remèdes, plus la maladie s'aggravait. Enfin un prêtre animé d'un bon esprit religieux dit à l'évêque, par manière de conseil, que puisque ce cheval ne pouvait en rien lui servir, il ferait bien de le rendre à l'abbé des mains duquel il l'avait retiré. Il se rendit à cet avis; et, peu de jours après, le cheval fut guéri, redevint très-doux et conserva toute sa beauté sous le pouvoir de cet abbé.

Ces choses s'étant ainsi passées, le corps du bienheureux Eloi ayant été inhumé au côté de l'autel, l'évêque et la reine prirent une excellente résolution : ce fut celle de construire une voûte derrière l'autel et d'y transférer solennellement le corps du saint. Lorsque ce projet fut arrêté, on s'occupa des moyens de l'exécuter; or, voici que tout à coup on vit au mur (qui formait l'abside) au-dessus de la grande fenêtre une crevasse de forme circulaire, annonçant une ruine imminente, en sorte qu'il devint évident pour tous que c'était là une manifestation des intentions du Ciel et qu'il fallait travailler à l'endroit où cette fissure s'était manifestée. Ce fait excita l'admiration générale, et l'on se persuada que la volonté de Dieu se manifestait par les mérites du saint. Déjà on s'apprêtait à renverser en toute confiance la maçonnerie pour se mettre ensuite à l'œuvre, lorsque le mur s'écroula de lui-même, sans que personne fût blessé par sa chute et sans que le tombeau, qui était contigu, souffrît aucun dommage. Ce fut ainsi que cette œuvre, objet de tous les vœux, étant commencée sous les auspices de l'évêque, on érigea au bienheureux confesseur un honorable mausolée.

Lorsqu'on vit approcher le jour anniversaire de sa mort, les habitants de Noyon se disposèrent à lui faire une honorable translation. La reine avait préparé des vêtements de soie fort précieux pour les substituer à ceux dont le corps du saint avait été recouvert au moment de sa mort. L'aûniniversaire de la déposition du corps étant donc advenu, une immense multitude de peuple encombra la ville; et, tandis que le clergé faisait entendre des chants mélodieux, et que les fidèles consumaient le temps dans les veilles, on ouvrit avec soin la tombe qui recouvrait les membres du confesseur, et l'on n'eut pas plus tôt enlevé le couvercle, que tous ceux qui étaient là présents furent témoins d'un grand miracle : car, lorsque le saint corps fut découvert, une odeur très-suave se fit tout à coup sentir. Quant à ce même corps, il était si frais, si exempt de corruption, les membres étaient tellement adhérents les uns aux autres, qu'on aurait cru qu'il vivait encore dans le tombeau. Ce qui est plus admirable encore, c'est que la barbe et les cheveux, que selon l'usage on avait coupés et rasés, avaient crû merveilleusement dans la tombe, en sorte que tous ceux qui virent cela conçurent le plus grand étonnement en contemplant un miracle si nouveau et inouï jusqu'à ce temps. Les évêques, saisis d'un profond sentiment de crainte, levèrent le corps du tombeau, le couvrirent des vêtements très-précieux qui avaient été préparés par la reine, et déposèrent avec grand soin, en y appliquant leurs sceaux, les anciens qu'ils venaient de retirer. Enfin, tandis que le chœur faisait entendre le chant des psaumes, que les cymbales retentissaient dans le lieu saint, avec d'autres instruments au son suave et mélodieux, le saint fut transporté, en présence de la multitude, du lieu où il était, et déposé avec une pompe qu'animait le plus grand zèle, dans le magnifique tombeau qu'on lui avait préparé, pour y être conservé dans un éternel souvenir et y être honoré chaque jour de plus en plus. Si vous désirez maintenant connaître par quels miracles il s'est illustré dans ce nouveau séjour, prêtez l'oreille au récit qui va suivre.

CHAPITRE IX

Guérison de plusieurs aveugles et d'une jeune fille. — Il s'opère un miracle à la lampe qui brûlait devant le corps du saint. — Un jeune homme contrefait est guéri devant le tombeau. — Guérison d'une femme et d'une jeune fille. — Contagion à Paris, mort de l'abbesse sainte Aure. — Miracle qui arriva à Garifrède. — Guérison du fils d'Ebroïn. — Punition d'un parjure. — Mort d'un usurpateur. — Celle d'un parjure. — Guérison d'un homme enragé et possédé du démon. — Une femme est délivrée d'une pustule. — Mort d'un fils qui accusait son père. — Un lépreux est guéri ; — puis un boiteux. — Un voleur est pris dans l'église du saint. — Eloi apparaît à un homme qui implore son secours.

Deux aveugles, dont l'un était jeune encore et l'autre déjà avancé en âge, ayant veillé pendant quelques jours près du tombeau, recouvrèrent la vue par l'intercession du saint confesseur du Christ et retournèrent chez eux parfaitement guéris. Une fille d'un âge encore tendre, dont les membres étaient contractés depuis longtemps, ayant été pansée avec l'huile qui coule au tombeau, fut rétablie à la prière du saint. Un autre homme dont les yeux étaient éteints se rendit en ce lieu, où il pria longtemps, et retourna enfin chez lui après avoir recouvré la vue. Mais, tandis que nous nous hâtons d'abréger pour plaire aux uns, d'autres pourraient s'offenser de la brièveté de notre récit. Nous allons donc raconter plus au long un autre fait, afin de ne point paraître soustraire la moindre chose à la vérité.

Entre autres miracles qui s'opérèrent en ce lieu par l'effet de la grâce divine, la lampe qui était suspendue au-dessus de la tête du saint, s'étant trouvée un jour presque à demivide, fut tout à coup remplie miraculeusement, en sorte que l'huile s'épancha au dehors. Cette lampe se ralluma d'elle-même; elle n'a cessé de donner depuis une vive lumière et de répandre son huile. Or, écoutez le miracle que le Seigneur a daigné opérer à son sujet, à cause des mérites d'un aussi grand homme. Lorsque le saint vivait encore, un comte de Vermandois nommé Garifrède avait commis à son égard une faute, et négligé avant sa mort de lui faire satisfaction. Il se rendit au tombeau pour y prier, lorsque déjà il s'était écoulé un assez long laps de temps; la lampe brûlait, comme d'ordinaire, au-dessus de la tête du confesseur; mais elle s'éteignit au moment où le comte entra dans l'église. Il s'en aperçut, se mit à pâlir et à trembler en faisant sa prière. Il n'eut pas plus tôt quitté l'église, que la lumière se ralluma par miracle et reprit tout l'éclat qu'elle avait auparavant. Au moment où ce seigneur se disposait à monter à cheval, l'un de ses valets, qui était sorti le dernier de l'église, raconta le fait tel qu'il s'était passé. A ce récit, le comte devint fort triste et se mit à scruter sa conscience pour savoir quelle pouvait être la cause de ce prodige. Lorsqu'il se fut rappelé la faute qu'il avait commise autrefois à l'égard du saint évêque, il se dirigea sans retard vers la porte de la basilique; mais à peine y eut-il pénétré, qu'on vit la lampe s'éteindre de nouveau. A cette vue, il fut saisi d'une très-grande crainte, et alla se prosterner devant le tombeau en exprimant des plaintes et en gémissant profondément. Il fut longtemps près du sépulcre en satisfaction de sa faute : il y pleura en s'avouant coupable, indigne et malheureux, et déclara publiquement qu'il mourrait sur le lieu même si la lumière ne reparaissait. Ces expressions de repentir furent enfin accueillies, et Dieu daigna ranimer une seconde fois la lumière. Alors le comte commença à se consoler et ordonna à son domestique de lui apporter de suite un vase précieux en argent, qu'il offrit comme un gage de paix au confesseur de Jésus-Christ, en le déposant près de son tombeau, avec promesse d'abandonner à cette église quelques parcelles de ses biens dans une proportion telle, que le saint pût agréer sa satisfaction. Ce fut ainsi qu'adorant et glorifiant la puissance du Sauveur il se retira tout pénétré d'allégresse et considérant la lampe brillant d'un nouvel éclat.

Je ne dois pas omettre qu'un jeune homme d'origine saxonne, et qui avait été amené d'outre-mer, se trouvait tellement perclus de ses membres par suite de la tyrannie du démon, que ses pieds étaient repliés et adhéraient aux cuisses. On l'apporta à Noyon, d'après l'opinion qui s'était répandue sur saint Éloi, et on l'étendit près de sa tombe. Peu de temps après, à la prière du confesseur de Jésus-Christ, et par l'effet de l'éternelle miséricorde, le Christ rendit aux membres de ce perclus, dont l'ennemi du salut avait interdit l'usage, leur solidité naturelle. Le malade ne tarda donc point à être guéri, ses jambes et ses pieds se consolidèrent, en sorte qu'il ne resta plus dans ses membres aucune trace d'infirmité.

A ces faits admirables, il en succéda de plus admirables encore. En effet, on présenta un jour au tombeau de saint Éloi une femme muette et aveugle. Comme on l'y laissa seule et sans qu'elle pût parler, espérant que le Ciel la guérirait, vaincue par le sommeil, elle s'y abandonna. Or, voici que, pendant ce repos, il lui parut que saint Éloi se présentait près d'elle en lui touchant doucement les yeux, qu'à l'aide d'un petit couteau semblable à l'instrument d'un médecin, il lui coupait, sans lui faire mal, les filaments qui retenaient sa langue. S'étant alors éveillée, ses yeux s'ouvrirent, et elle vit la lumière, qui était nouvelle pour elle. Le sang sortit de sa bouche, et lorsqu'il eut coulé avec abondance, sa langue articula quelques paroles. S'étant levée ensuite parfaitement guérie, elle retourna dans sa ville, adorant Dieu avec l'expression d'une grande joie.

Une jeune fille d'un âge encore tendre qui était muette fut amené par sa mère en ce lieu. Les gardiens de l'église la placèrent devant le tombeau, et lui enseignèrent comment elle devait demander seulement de cœur le secours du saint pontife. Un temps assez long s'était écoulé sans qu'elle fût exaucée, lorsque sa mère, fort inquiète, lui parla ainsi à l'oreille : « Demeure ici, ma fille, jusqu'à ce que tu ressentes les effets de la commisération du saint. Pressée de connaître ce qui se passe à la maison, j'y retournerai en attendant. » Après qu'elle eut ainsi parlé, et lorsqu'elle approchait de la porte de l'église pour en sortir, la jeune fille vit quelque chose qui, s'échappant de la lampe, découla sur elle. Frappée d'un grand saisissement à cette vue, elle poussa un cri, et les liens qui retenaient sa langue se trouvant rompus tout à coup, elle dit : « Vous vous retirez, ma mère, et vous me laissez seule ici ! » Cette femme entendit ces mots, revint en toute hâte et se mit à pleurer de joie ; puis elle interrogea sa fille avec avidité, tant était grand le désir qu'elle avait de recueillir ses paroles. L'enfant répondit très-distinctement à tout ce que sa mère lui demanda. Tous ceux qui étaient là présents furent dans l'admiration en voyant avec quelle rapidité cette guérison venait de s'opérer. En attendant parler la jeune fille, ils glorifiaient la puissance du Sauveur et les mérites du saint confesseur. Mais, entre autres choses, je ne crois pas devoir passer sous silence ce qu'on m'a dit s'être passé à Paris dans le temps où la mortalité y était très-grande.

Il advint donc, lorsqu'une déplorable calamité dépeuplait la ville de Paris, et que quelques-unes des vierges du monastère fondé par le saint homme s'en étaient allées vers le Seigneur, où elles avaient précédé Aure, leur abbesse[1]; il arriva, dis-je, que le bienheureux Eloi apparut à un jeune homme pendant la nuit, dans l'église du monastère, revêtu d'habits blancs et couvert d'un voile. Au moment où cet homme, tout saisi de crainte, cherchait un refuge, le saint lui parla avec douceur et lui prescrivit d'aller de suite auprès de la mère des vierges pour lui dire de se rendre sans aucun retard près de lui avec d'autres religieuses. Ce jeune homme courut aussitôt vers l'abbesse et lui dit : « Hâtez-vous de venir à l'église, où le seigneur Eloi vous mande. » Aure n'eut pas plus tôt entendu cet appel, que, pénétrée d'une grande joie, elle s'avança vers le saint lieu. Toutefois la vision du bienheureux homme avait disparu lorsqu'elle arriva ; mais, comme témoignage de ce qui avait véritablement apparu, l'église fut remplie d'un nuage, en sorte que les candélabres et les voiles s'étant trouvés tout à coup empreints d'une abondante rosée, il parut que l'eau en découlait. L'abbesse, ayant fait alors un retour sur elle-même, comprit que Dieu l'appelait hors de ce monde. Elle fit venir près d'elle toutes ses sœurs, et adressa à chacune ses adieux, en désignant celles qui devaient l'accompagner. Elle alla ensuite vers le Seigneur, et ses sœurs la suivirent en si grand nombre, que cent soixante membres de ce couvent moururent à cette époque.

Soyez maintenant attentifs au récit d'un autre miracle qui arriva auprès du très-saint corps d'Eloi. Un homme illustre nommé le comte Galifrède[2], étant venu à la basilique du saint évêque, se tint à la porte après avoir fait sa prière, et

---

[1] Sainte Aure est honorée à Paris et dans plusieurs diocèses de France. Ses actes sont édités au 4 octobre dans les *Acta sanctorum*.

[2] Le texte porte *Garifredus Graffio*. Il est néanmoins probable que saint Ouen désigne ici Garifrède comte de Vermandois, que déjà il a mentionné deux fois dans les chapitres précédents. Selon du Cange, l'expression *Graffio* est d'origine allemande, ou plutôt teutonne, et signifie comte.

y trouva une foule de pauvres qui criaient en réclamant des secours ; et, comme il n'avait rien en ce moment pour leur faire l'aumône, vivement ému de compassion, il s'en plaignit avec amertume : « Jamais, leur dit-il, ô malheureux ! vous n'aurez un consolateur qui ressemble à ce saint que vous avez eu pour évêque. Quel motif put jamais l'empêcher d'avoir pitié de vous ? A-t-il jamais fermé l'oreille à vos plaintes, comme tant d'autres le font maintenant, et comme je le fais moi-même, ô misérable que je suis ? » Et tandis qu'il s'adressait ainsi ces reproches, il lui sembla que le saint homme lui apparut. Cette vision le saisit et le mit hors de lui-même. Or, voici que tout à coup il trouve dans sa main et dans ses vêtements l'or qu'il voulait donner aux pauvres, ce qu'il fit aussitôt. Puis il quitta l'église et s'éloigna, l'esprit agité de diverses pensées au sujet de ce qui venait d'arriver.

Nous ne devons pas non plus omettre qu'Ebroïn, homme illustre, préfet du palais, ou, comme on le dit vulgairement, majordome, avait un fils encore adolescent nommé Bobon. Lui et son épouse l'aimaient tendrement et plus que tout au monde, comme bons parents. Il arriva que cet enfant fut atteint d'une maladie de langueur qui s'aggravait de jour en jour, ce qui les inquiéta très-vivement. Le mal ayant pris de nouveaux accroissements, on désespéra de le conserver, et sa famille, dont les craintes étaient excessives, eut recours à saint Éloi, car elle avait pleine confiance dans les miracles d'un aussi grand pontife. On lui dévoua donc le jeune malade avec supplication, et on offrit comme présent quelques-uns des ornements de l'enfant, notamment son baudrier, qui était fort précieux, et qu'on suspendit avec piété au tombeau. Lorsqu'on l'eut fait, le mal cessa aussitôt par l'intercession du saint confesseur : l'enfant entra dès ce moment en convalescence, et ne tarda pas à recouvrer une parfaite santé, qu'il conserva dans la suite.

Telle est l'opiniâtreté des hommes, qu'ils prétendent expier par des serments les fautes qu'on leur reproche. Il arriva donc qu'un criminel, pressé d'avouer le forfait dont il s'était rendu coupable, vint audacieusement au tombeau de saint Éloi pour y jurer qu'il était innocent. Lorsqu'on l'y eut amené, et que, contre sa conscience, il eut fait son serment, atteint aussitôt par la vengeance divine, ses entrailles se rompirent et s'épanchèrent jusqu'à terre. Ce fut ainsi que ce misérable termina son indigne vie par une digne mort, qui devint un sujet de terreur pour un grand nombre.

Pourrait-on aussi laisser oublier qu'un homme cupide et de mauvaise foi fut mis à mort par l'effet d'une vengeance divine, pour avoir usurpé un champ situé à un lieu nommé Chauvemont et qui appartenait à la basilique de Saint-Éloi. Il s'efforçait de revendiquer cet héritage par des voies illicites et de le joindre à son domaine, tandis que Sparvus, abbé de l'église du saint, s'y opposait de tous ses moyens. Cette cause était pendante depuis longtemps, lorsqu'enfin on la déféra au palais du roi. Le prince décida que si l'abbé pouvait prêter serment dans le lieu saint, cette terre serait attribuée à son église. Mais Sparvus aima mieux que ce fût cet homme opiniâtre qui cherchait à s'en emparer. Et, lorsqu'il fut décidé qu'il ferait ce serment en compagnie de plusieurs autres, conformément à la loi des Francs, l'abbé y donna son assentiment, et dit : « Je sais qu'il s'est emparé injustement de ce bien ; je demande en conséquence, qu'on exempte les autres du serment, et qu'il jure seul, afin que Dieu lui attribue le domaine, si telle est sa volonté. » Cette proposition fut agréée par les hommes de cour, qui, tous d'une voix, décidèrent qu'on procéderait ainsi. On se rendit ensuite à l'église du bienheureux Éloi, et, lorsqu'on fut parvenu près du sépulcre, tous attendirent avec une inquiète curiosité ce qui allait arriver. Cet homme alors, qui considérait cette affaire comme peu importante, posa audacieusement la main sur le tombeau, et à peine eut-il proféré la moitié de son serment, qu'il se mit à trembler de tout son corps, tomba la tête contre terre, en eut les dents brisées, ses yeux sortirent de leur orbite, et on vit une épaisse fumée sortir de sa bouche. Il ne put prononcer que ces paroles : « Abbé Sparvus, reprends ton bien. » Ce fut ainsi qu'atteint par la main de Dieu, étendu par terre, il trouva une mort prématurée et subite qu'il avait affrontée témérairement. Tous les témoins de ce prodige furent saisis d'une grande crainte, et confessèrent que Dieu, qui est partout, manifestait particulièrement sa puissance en ce lieu.

Nous avons entendu raconter qu'un autre homme, qui s'était aussi rendu coupable de parjure au même tombeau, mourut misérablement en chemin, au moment où il pensait arriver tout victorieux dans sa maison. Ce fait inspira au peuple une telle crainte, que nul, jusqu'à ce jour, n'osa jurer devant le tombeau, même pour la plus juste cause. Quiconque doit prêter un serment se tient en dehors, près de la porte, et le fait avec un grand sentiment de crainte.

On ne peut non plus passer sous silence qu'entre les nombreux malades qu'on amena en ce lieu, un homme possédé du démon vint de la ville d'Amiens à Noyon. En proie à une rage des plus cruelles, il rompait les chaînes, les entraves et les clôtures qu'on lui opposait. Personne ne pouvait dompter sa férocité, car il mordait et arrachait avec les dents le nez et les oreilles de ceux qui tombaient entre ses mains. Il mangeait même, avec une grande avidité, la brique et les matières calcinées. On ne pouvait garder ce malheureux qu'au moyen de chaînes très-pesantes. Depuis longtemps sa famille désirait le conduire au tombeau de saint Éloi, mais elle ne pouvait découvrir le moyen d'exécuter ce projet. On avait songé à l'emploi des chaînes, mais on savait qu'il se précipiterait sur ses conducteurs et les mettrait en pièces. Néanmoins un moyen fut enfin découvert. On enferma cet homme dans de fortes pièces de bois disposées de telle sorte, que s'il venait à se jeter sur les gardiens qui le précédaient, ceux qui le suivaient l'attiraient à eux ; tandis qu'au contraire, s'il attaquait ces derniers, les autres le maintenaient de même. Ce fut ainsi que ce forcené, chargé de liens et de chaînes, et conduit par sept hommes qui l'attiraient avec effort de tous côtés, fut conduit, comme un taureau des plus furieux, à l'église du saint. On le transporta aussitôt devant le tombeau d'Éloi ; et à peine l'y eut-on tenu pendant quelque temps, que, par l'effet de la prière du confesseur jointe à la grâce du Christ, il mérita de recouvrer la santé. Il se fixa à Noyon, où il vécut dans une grande piété, fut mis dans la suite au nombre des clercs et servit longtemps l'église.

Un centurion nommé Modolenus, qui habitait Noyon, avait une femme très-honnête, bonne et fort pieuse. Elle vivait tranquillement près de son mari, lorsqu'elle fut atteinte d'une pustule maligne qui, prenant chaque jour des accroissements, se répandit sur tout le corps. Cette aggravation plongea le mari dans un tel désespoir, qu'il lui semblait n'avoir plus à s'occuper que de la sépulture de son épouse. Un matin, lorsque l'abbé de la basilique de Saint-Éloi s'y rendait pour l'exercice de la prière, Modolenus vint au-devant de lui, pleurant et gémissant, lui annonça que sa femme allait mourir, et le supplia de permettre qu'elle fût inhumée dans l'église. L'abbé lui demanda si elle était véritablement morte. « Si elle n'a pas encore dit-il, rendu le dernier soupir, il est certain qu'elle mourra bientôt ; car déjà elle est privée de l'usage de la parole, et tous ses membres restent étendus et sans mouvement. »

L'abbé alors alla en toute hâte au tombeau du confesseur, y prit de l'huile qui en découlait, et se rendit tout de suite en cette maison, où le deuil était si grand. (Il disait que cela lui était prescrit par le saint, qui lui avait apparu pendant la nuit, lui ordonnant de guérir une femme au moyen de cette huile.) Il entra donc avec confiance, et vit, au milieu des cris de douleur que faisaient entendre les parents, une femme dont le corps était tout enflé et déjà froid. Il s'en approcha, l'oignit de l'huile qu'il avait apportée, et dit : « Saint Éloi vous ordonne de vous lever par la vertu du nom de Jésus-Christ, et veut qu'à l'instant vous soyez guérie. » L'huile sainte ayant aussitôt pénétré jusque dans les entrailles de cette moribonde, ses yeux firent d'abord un mouvement, puis elle soupira comme si elle fût sortie d'un profond sommeil. Bientôt on vit le corps se désenfler avec une admirable promptitude, toute la tumeur disparut, les joues reprirent leur couleur naturelle, et elle sortit de son lit, bénissant et glorifiant le Créateur, qui l'avait rappelée de la mort. Se trouvant donc parfaitement guérie, elle insista auprès des assistants pour que ce jour-là même ils prissent un repas chez elle, et ne permit pas qu'ils se retirassent sans qu'ils y eussent consenti. Elle fit plus, car elle dressa elle-même la table et les servit de ses propres mains.

Il se commit, après cela, un vol dans le territoire de Noyon, et comme on recherchait l'auteur du crime, les soupçons tombèrent sur un jeune homme, et on le mit en jugement. Or, le prévenu était alors en querelle avec son père et il lui dressait à ce sujet des embûches. Il saisit donc cette occasion, se défendit adroitement du soupçon qui planait sur lui, et le fit retomber sur son père. Dans le doute où l'on était, on les fit tous deux comparaître en présence du peuple, qui se réunit en foule pour être témoin de l'enquête qu'allaient faire l'évêque et le comte. Tous deux se reprochèrent beaucoup de choses, et le fils faisait tous ses efforts pour inculper l'auteur de ses jours. Celui-ci, au contraire (comme cela était), protestait qu'il était innocent du crime dont on l'accusait : ce fut ainsi que tous deux plaidaient devant le duc et l'évêque. On vit alors s'accomplir ce que le Seigneur avait prédit autrefois dans l'Evangile : « Les fils s'élèveront contre leurs pères, et ils les accableront de leur haine [1]. » Parmi les assistants, quelques-uns avaient pris le parti du fils ; les autres disaient avec plus de raison qu'il n'était pas juste de croire un fils qui déposait contre son père. Comme cette affaire durait depuis longtemps, et qu'il était difficile, téméraire même, de la juger, l'évêque s'étant concerté avec le duc, il fut résolu qu'on l'abandonnerait au jugement du bienheureux confesseur Eloi, attendu qu'on ne trouvait aucun moyen de dévoiler la vérité : « Ne sachant, dirent-ils, auquel des deux nous devons croire, c'est à vous, saint Eloi, que nous remettons humblement le jugement de cette affaire, quand vous aurez consulté Dieu. » Alors ils placèrent les deux accusés devant le tombeau du saint et attendirent le jugement que Dieu porterait sur leurs serments. Or, voici que, tandis qu'il en commençait la formule, le jeune homme, saisi par le démon, fut renversé rudement sur le pavé, s'agita fortement, se roula comme un misérable, et se mit à trembler, écumer et pâlir. Ce fait excita l'étonnement de tous ceux qui étaient là présents ; ils furent saisis d'une grande crainte et proclamèrent le jugement du Dieu tout-puissant qui venait de s'accomplir. L'auteur du crime se trouvant ainsi publiquement et évidemment découvert, on sortit de l'église. Ensuite, lorsque le jeune homme eut été longtemps et cruellement châtié, plusieurs en prirent pitié, se rendirent auprès de son père, afin qu'il se mît en prières

[1] Matth. x. 21.

avec eux. S'étant donc prosternés, ainsi que les prêtres de l'église, ils demandèrent avec instances au saint confesseur de les exaucer pour le pardon de ce coupable, comme il l'avait fait pour sa condamnation. Après qu'ils eurent persévéré très-longtemps dans la prière, le jeune homme recouvra la santé et fut délivré de ses obsessions par l'effet de la grâce miséricordieuse du Christ.

Il y avait un lépreux dont le corps était tout couvert de plaies, qui, ayant appris qu'il s'opérait de nombreux miracles par l'intercession de saint Éloi, demanda avec foi qu'on le conduisît à son église. Lorsqu'on l'y eut transporté, il attendit les effets de la miséricorde divine. Un jour qu'il s'y tenait étendu par terre, attendu que presque tous ses membres étaient tombés en dissolution, il vit tout à coup s'échapper de l'un des côtés du tombeau un beau rayon de lumière qui vint répandre miraculeusement son éclat sur son corps glacé et corrompu. La peur excessive dont il se sentit aussitôt saisi, le réchauffa, et il se mit à suer abondamment. Son corps se trouvant ensuite comme tout baigné dans l'humeur qui s'écoulait, bientôt toute la lèpre disparut au moyen de cette sueur, les membres se dépouillèrent comme lorsqu'on ôte la taie d'un œuf; la peau ensuite devint belle et parfaitement nette. Le malade ne tarda point à se lever, et sortit de l'église parfaitement guéri, en sorte qu'il ne restait plus même en lui la trace d'une seule cicatrice.

Un autre homme, boiteux depuis longtemps, ne marchait qu'avec beaucoup de peine, appuyé sur un bâton et le corps courbé vers la terre. Il entendit parler des remarquables miracles que le saint homme opérait, et se fit transporter à son église. On était à la veille de célébrer la fête de saint Éloi, et cet homme, qu'on avait transporté au tombeau, se mit à réclamer avec ardeur sa guérison. Or voici que, pendant la nuit, tandis que le malade était étendu sur le pavé, le saint lui apparut, et, s'étant incliné vers lui, étendit ses membres, notamment le genou qui était contracté, et dont il délia les nerfs. Le boiteux poussa un cri qui effraya ceux qui étaient là présents ; et, comme il continua de se faire entendre, les gardiens de l'église accoururent et voulurent connaître la cause de tout ce bruit. L'homme se tut alors, étendit la main, se leva, se mit à marcher seul en toute liberté, louant et bénissant le Seigneur Jésus-Christ, auteur de sa guérison.

Un jour, vers le coucher du soleil, lorsque les clercs eurent terminé les prières ordinaires du soir, il arriva que, par négligence, tous sortirent de l'église pour s'occuper de soins divers, sans qu'aucun des gardiens restât dans l'intérieur. Tout à coup un homme dont la conscience était mauvaise, excité par la cupidité, profita de ce moment pour satisfaire à ses désirs. Sans perdre de temps, il courut au tombeau, où, ne voyant personne, après avoir jeté la vue de divers côtés, le misérable ne craignit point d'enlever plusieurs objets d'or qui, suspendus en grand nombre au tombeau, servaient à sa décoration. Mais il voulut s'emparer aussi d'une chaîne d'or, et, au moment où il l'attirait à lui avec violence, il se fit un tel bruit lorsqu'il la brisa, que les gardiens, quoiqu'ils fussent en dehors de l'édifice, crurent qu'il venait d'y arriver quelque accident considérable. Ils se rendirent à l'église en toute hâte, et trouvèrent le voleur retenu sur le seuil de la porte par une puissance surnaturelle, et portant sur lui les objets qu'il avait dérobés. Il lui était impossible de faire un seul pas de plus. On l'entoure aussitôt, on lui demande la cause du bruit qui a été entendu et ce qu'il faisait en ce lieu. Alors ce misérable, montrant les objets qu'il avait enlevés, se vit contraint d'avouer qu'après s'en être emparé il avait voulu s'enfuir secrètement, mais qu'il lui fut impossible de franchir le seuil de la porte. Tout couvert de confusion, il rendit ce qu'il avait volé, implorant de tout son cœur le pardon de son crime. La faculté de se mouvoir lui fut rendue ; on usa envers lui de miséricorde, et il sortit en liberté.

En un certain temps, un séculier de noble origine s'était attiré, pour une faute légère, le ressentiment du prince. Amené au palais d'après les ordres du monarque pour recevoir le châtiment de sa faute, une sentence de mort fut prononcée contre lui, et on le confia à la garde d'Amalbert, homme illustre et comte de Noyon. Il était son prisonnier depuis quelques jours, lorsqu'il apprit, d'après le bruit que faisaient courir les officiers de la maison, que le lendemain il devait subir la peine capitale, en exécution du jugement qui le concernait. Cet homme, qui redoutait extraordinairement la mort, apprenant cette nouvelle, et ayant perdu tout espoir de se soustraire à cette peine, crut qu'un seul moyen lui restait : c'était celui d'obtenir la faculté de passer cette dernière nuit auprès du tombeau de saint Éloi. Il demanda cette grâce et il l'obtint. Il se rendit donc avec empressement au mausolée du confesseur, et y employa presque toute la nuit à pleurer et à gémir, suppliant, autant qu'il le pouvait et avec instances, le saint évêque de le protéger. Or, il arriva qu'après que le clergé eut terminé l'office du matin, cet homme, accablé de chagrin et de fatigue, s'abandonna au sommeil. Mais voici que tout à coup le saint lui apparut, arrêta sur lui un regard où se peignaient la douceur et la modestie, se mit à le consoler, lui promit que le lendemain il serait auprès du prince et qu'il ne subirait aucune peine pour cette faute; qu'au contraire elle lui serait pardonnée, et qu'il obtiendrait la faculté de retourner au milieu des siens. Ce que le saint homme avait prédit arriva : cet homme fut mandé à la cour le lendemain, le prince le mit en liberté, et il retourna plein de joie dans ses foyers.

CHAPITRE X

Un religieux est guéri d'une pustule. — Miracle arrivé à Tours par les reliques du saint. — Un autre s'opère à Noyon. — Un moine recouvre la santé par l'attouchement du manteau de saint Éloi. — Guérison d'un autre moine atteint d'une fièvre tierce. — Un clerc qui exigeait un salaire pour les reliques du saint est saisi par les flammes. — Guérisons d'un aveugle, d'un boiteux et d'un diacre. — Un moine est guéri d'une douleur qu'il avait au pied. — Miracles survenus au lit du saint. — Punition infligée au roi Lothaire. — Mort d'une jeune fille qui s'était rendue parjure. — Nombreux miracles qui s'opèrent chaque jour par les mérites de saint Éloi. — Saint Ouen s'adresse au lecteur en terminant son œuvre. — Sa lettre à Rodobert. — Épître de Rodobert à saint Ouen.

Il convient que je traite dans cet ouvrage, du moins en abrégé, non-seulement des miracles qui ont lieu près du très-saint corps, mais aussi de ceux qui s'opèrent par le moyen des reliques que l'on a transportées en divers endroits, soit près de nous, soit au loin. Je vais donc raconter ce qui arriva récemment dans mon monastère [1]. L'un des religieux souffrait horriblement d'une pustule très-grave qui lui était survenue à la joue. Or, il y avait dans le couvent un oratoire où l'on avait déposé des reliques de saint Éloi. Tandis que le frère était malade et alité, et que le médecin disposait ce qui était nécessaire pour brûler l'ulcère, le frère, qui redoutait fort cette opération, qui devait

[1] M. Ch. Barthélemy a dit, d'après Aimoin, qu'il s'agit ici de l'abbaye de Rebais que saint Ouen fonda au diocèse de Meaux, en 637, d'après les conseils de saint Éloi.

se faire au moyen d'un fer chaud, demanda qu'on y renonçât; et, plein de confiance dans les mérites du confesseur, il supplia qu'on lui donnât de cette huile qui découlait du tombeau du saint pour la guérison des malades. Lorsqu'on lui en eut procuré, il s'en oignit la joue, la pustule, ainsi que la tête, qui était très-enflée, et, ô admirable vertu de cette liqueur miraculeuse! cette sorte de cancer fut tellement desséchée jusque dans ses racines, sans aucune application du feu, et disparut si promptement, qu'il ne resta pas même la moindre trace de cicatrice sur la figure du religieux. Je vais ajouter le trait suivant, que je n'ai appris qu'en l'entendant raconter.

Lorsque le bienheureux Eloi vivait encore sous l'habit séculier, et qu'il travaillait dans la ville de Tours, à la décoration du tombeau de saint Martin, il recevait l'hospitalité d'une dame qui demeurait hors des murs et dans le faubourg. Cette femme, voyant que le saint homme était toujours occupé de bonnes œuvres, et qu'il se montrait prompt à faire toute sorte de bien, assidu à la prière, très-libéral envers les pauvres, le crut un vrai serviteur de Dieu, comme il l'était effectivement. Un jour que, selon l'usage, l'un de ses serviteurs lui avait coupé la barbe et les cheveux, elle prit le linge sur lequel ils étaient tombés et déposa le tout avec soin dans un coffre. Plusieurs années s'écoulèrent, en sorte que cette femme perdit entièrement de vue ce dépôt. Mais, après la mort du saint, il arriva qu'une nuit, tandis qu'elle reposait tranquillement et dans le silence, elle entendit à plusieurs reprises dans sa chambre la douce harmonie du chant des psaumes; et, tandis qu'elle prêtait attentivement l'oreille, elle vit, ô prodige! des lumières qui brillaient à travers certaines fissures qui se trouvaient aux parois de l'appartement. La même chose s'étant renouvelée souvent, elle en conçut une grande terreur, en sorte qu'elle n'osait plus passer la nuit dans sa maison ; et elle ne pouvait nullement se rappeler ce que sa foi lui avait fait autrefois cacher avec tant de soin. Elle s'adressa à l'abbé de la basilique de Saint-Martin, Agéric, lui raconta ce qui se passait, et lui dit qu'elle ne pouvait plus en sûreté passer la nuit dans sa maison. L'abbé, s'étant rendu dans la demeure où s'opérait le prodige, demanda d'abord à celle qui l'habitait si quelque serviteur de Dieu n'avait pas autrefois séjourné chez elle, si quelque saint personnage ne lui avait point donné d'eulogie ou fait quelque présent, ou si elle n'aurait rien pris qui autrefois eût appartenu aux saints. Se rappelant alors, comme s'il se fût agi d'un songe, à cause du laps de temps qui s'était écoulé, ce qui avait eu lieu à l'occasion des cheveux de saint Eloi, elle se frappa la poitrine, raconta à l'abbé ce qui s'était passé, et comment elle avait autrefois caché, par un motif de foi, les débris de la chevelure de cet homme bienheureux. On fit aussitôt des recherches, et l'on découvrit les reliques parfaitement conservées, telles qu'elles avaient été autrefois recueillies, et il s'en exhalait un parfum exquis. On vit clairement alors combien Dieu avait pour agréables et les mérites du saint évêque et la foi de cette femme, puisqu'après tant d'années écoulées Dieu permit qu'il s'opérât en ce lieu de si admirables prodiges. On m'a raconté que, dans la suite, les fidèles firent construire, sur l'emplacement de cette maison, un élégant oratoire. Un miracle qui ressemble beaucoup à celui-ci arriva récemment à Noyon.

Une vieille femme, qui résidait dans le monastère que le saint homme avait fondé à Noyon, gardait aussi des cheveux qu'on lui avait coupés, les tenait enveloppés dans une étoffe et les plaçait dans son lit. Après la mort d'Eloi, il arriva souvent que, tandis que la nuit couvrait la nature entière de ses ténèbres, un rayon de lumière brillait en cet endroit et ramenait dans la maison l'éclat du jour. Les saintes filles qui composaient le couvent, voyant que cela se renouvelait souvent, interrogèrent cette sœur et lui demandèrent avec sollicitude quelle pouvait être la cause de cette lumière qui brillait la nuit sur son lit. Se souvenant alors qu'elle possédait quelque chose qui provenait du saint pontife, elle leur raconta ce qui s'était passé autrefois, et toutes furent dans l'admiration. A ce récit, elles se rendirent aussitôt au lieu où étaient les reliques, et les en retirèrent pour les placer en un endroit plus digne, glorifiant et louant Dieu, qui est fidèle dans ses paroles et qui procure tant de gloire à ses saints.

Je ne crois pas devoir non plus passer sous silence la guérison qu'obtint un frère d'un monastère situé près de Tours. Ce moine honorable parmi les siens, et que je connais particulièrement, souffrait depuis assez longtemps d'un mal fort grave qui chaque jour prenait des accroissements, et dont le siège était dans les intestins. Après avoir inutilement employé toutes sortes de remèdes, la miséricorde de Dieu lui inspira de demander le manteau de saint Éloi, que l'on conservait en ce lieu avec une grande vénération. Animé d'une foi vive, il s'en enveloppa, et, appuyant sur un bâton ses membres cassés par l'âge et rendus plus faibles par de cruelles douleurs, il reçut la sainte communion, et, aussitôt, sa guérison fut telle, qu'il devint plus fort et mieux portant qu'il ne l'avait jamais été.

Un autre frère de mon monastère était fort accablé par une fièvre tierce qui pénétrait tous ses membres. Ce mal, qui durait depuis longtemps, l'avait affaibli au point que le corps était devenue sans énergie, tremblait et menaçait de tomber en dissolution. L'un des diacres de la maison conservait en secret un linge qui autrefois avait été à l'usage de saint Éloi. Il saisit le moment où le malade tremblait de la fièvre, passa ce linge sur sa poitrine ; et, lorsqu'il l'eut fait à trois reprises différentes, une forte secousse se fit remarquer, en même temps qu'une abondante transpiration et une rougeur inaccoutumée. Une sorte de hoquet fit battre la poitrine, provoqua subitement l'évacuation de matières bilieuses ; et, par l'effet de la grâce toute miséricordieuse de Jésus-Christ, il entra d'abord en convalescence et recouvra enfin toute sa santé.

J'ai cru essentiel d'ajouter le fait qui va suivre. Un homme, qui demeurait aux environs de Reims, excité par un sentiment de foi, conçut le dessein de construire sur sa propriété une basilique en l'honneur de saint Eloi. Lorsqu'elle fut terminée, il voulut l'enrichir de quelques reliques du saint confesseur, et se rendit, pour cela, à Noyon. Il en demanda et il en obtint. Au moment où il se disposait à sortir de la ville, un clerc, pressé par l'aiguillon de la cupidité, le retint en lui faisant violence, disant qu'il ne le laisserait point partir avec les reliques, s'il ne lui faisait quelque présent. Cet homme, qui avait hâte de se débarrasser de cet importun, lui donna, quoique avec regret, le peu d'argent qu'il avait alors à sa disposition. Le clerc saisit avidement cette modique somme, qu'aussitôt il cacha sur lui avec beaucoup de soin. Mais voici qu'un feu allumé par la vengeance divine consume tout à coup sa poitrine et embrase ses vêtements, en sorte qu'il se vit forcé de crier de toutes ses forces, disant : « O saint Eloi ! daignez me pardonner, je suis un misérable ; jamais il ne m'arrivera dans la suite d'agir comme je l'ai fait. » Ceux qui l'entouraient, se hâtèrent de lui ôter ses vêtements tout en feu, et rendirent au voyageur son argent. Le clerc fut conduit, fondant en larmes et pénétré de repentir, au tombeau du confesseur. On versa sur lui de l'huile miraculeuse, le feu s'apaisa, et il fut délivré des tourments qu'il éprouvait. Je ne puis douter que cela n'ait eu lieu pour réprimer et confondre la rapacité et la cupidité de ceux qui, comme ce clerc, ne craignent pas de vendre à prix d'argent les reliques des saints. Qu'elle cesse donc, j'en supplie, qu'elle cesse en tous lieux cette contagion, de peur que ceux qui agissent de la même manière n'encourent les mêmes peines.

J'ajouterai encore le trait suivant, qui m'a été raconté par le prêtre Frédégisile, homme d'une haute piété. Il me dit qu'un moine, étant venu à Noyon, emporta sur lui des reliques du bienheureux Eloi, qu'il déposa, comme elles le méritaient, avec un grand respect dans une église. Quelques jours après, deux hommes, dont l'un était aveugle et l'autre boiteux, passèrent la nuit en prières dans cette église, et furent guéris par l'intercession du saint, c'est-à-dire que l'aveugle recouvra la vue, et que le boiteux fut redressé. Tous deux, ainsi rétablis, retournèrent dans leur demeure respective. Dans une autre basilique élevée en son honneur dans l'Aquitaine, et qui est un monument remarquable par l'élégance de sa construction, il arriva qu'un boiteux s'y rendit pour obtenir sa guérison. On l'oignit avec l'huile qui d'ordinaire brûlait devant l'autel. Ses nerfs se délièrent, et il fut guéri.

Je ne dois pas omettre non plus, entre autres choses, qu'un diacre souffrait considérablement depuis plusieurs jours d'une blessure qu'il s'était faite au fond de la bouche. Cet ulcère s'était étendu à tel point qu'il obstruait la gorge, en sorte que, pendant toute une semaine, il ne put ni manger de pain ni prendre aucune autre nourriture. Ne pouvant plus trouver de remède à ce mal, il se plaça sous la protection du saint; et, s'étant rendu à l'église, qui, dans le pays qu'il habitait, possédait des reliques de saint Eloi, il s'y mit en prières; puis il prit les franges du voile qui recouvrait le reliquaire, et s'en frotta la gorge. La plaie ne tarda pas à crever, les matières putréfiées qu'elle contenait se vidèrent entièrement. Le diacre fut guéri radicalement, et son corps se trouva exempt de toute sorte de plaie.

Un frère qui faisait partie du monastère de Saint-Eloi était depuis longtemps atteint d'une humeur goutteuse qui s'était fixée au pied. Ce mal le retenait au lit, et l'enflure était telle, qu'il ne pouvait se poser à terre. Il prit confiance dans les mérites de saint Eloi. Il avait conservé de lui, comme chose très-précieuse, une fourrure dont il fit usage avec une grande foi. Autant qu'il le put, il frotta avec cette sorte de peau le membre malade, qui était considérablement enflé et sans mouvement. Le mal disparut aussitôt, et le pied recouvra ses facultés à tel point, qu'aucune humeur goutteuse ne s'y fit plus désormais sentir. J'ai cru convenable, en terminant ce livre, de raconter les miracles qui s'opérèrent à son lit.

Le saint homme avait coutume d'aller souvent au château royal de Compiègne, et il se logeait au-delà de la rivière d'Oise, chez un homme nommé Valdolène. C'était là que d'habitude il séjournait, soit en allant, soit en revenant. Après la mort du pontife, cet hôte, sans aucun égard pour son lit, qui ne lui inspirait aucune vénération, le mit en pièces, et fit une marche pour le seuil de sa porte de la barre que les mains du saint avaient si souvent touchée ; puis il se logea avec sa femme dans la chambre que le bienheureux avait tant de fois occupée. Mais voici que, la nuit même, il est saisi d'une fièvre ardente, qui bientôt affaiblit ses membres ; on le voit trembler, suer et pâlir. Ses pieds, qui avaient foulé la traverse du lit, lui firent tout à coup éprouver de vives douleurs ; il y ressentit une forte chaleur qui les rendit pesants, en sorte qu'il lui fut impossible de marcher. Tandis qu'il souffrait ainsi horriblement, sa femme eut une vision dans laquelle il lui fut prescrit d'abandonner aussitôt cette chambre ainsi que son mari, de remettre la traverse qu'on avait négligemment enlevée, et de rétablir avec soin le lit dans l'état où il était précédemment. Cette femme fit peu de cas de la vision, et son mari fut en proie à des douleurs plus atroces encore. La nuit suivante il fut lui-même averti que, s'il ne quittait cette couche, il serait tourmenté plus violemment. La fièvre ayant diminué d'intensité après cette vision, il se leva aussi vite qu'il le put, remit la traverse à la place qu'elle occupait, et rétablit le lit tel qu'il était auparavant. Il abandonna désormais cette chambre, s'imposa, pour la faute qu'il avait commise, une pénitence convenable et mérita de recouvrer la santé. Le bruit de ce miracle se répandit au loin, et ceux qui vinrent en ce lieu y offrirent des présents. Il s'y opéra des prodiges, et le peuple s'y réunit en foule. Le maître de l'hôtellerie ne put voir cela sans un profond sentiment d'admiration; il abandonna cette demeure, s'établit dans une maison qui était contiguë, et fit de la sienne à saint Eloi une donation à perpétuité. On la démolit dans la suite pour y construire une basilique. Le lit fut décoré avec magnificence, en sorte que le saint possède là à jamais une demeure digne de lui. Des miracles ne cessent d'avoir lieu dans cette église, qui est sous la juridiction de Clément, évêque de Beauvais. Je n'en rapporterai que deux pour abréger.

Un jour donc, les deux rois, qui en même temps étaient frères, savoir Lothaire et Théodoric [1], ayant quitté le palais, se rendirent en cette église pour y prier; et ensuite, tandis qu'ils revenaient, quelques courtisans leur donnèrent le salutaire conseil de laisser quelque aumône en ce lieu, pour témoigner leur vénération envers le saint. L'aîné des princes

---

[1] Ces princes sont plus connus sous les noms de Clotaire III et Thierry III. Ils étaient fils de Clovis II et de sainte Bathilde. V. les notes ci-dessus.

méprisa cet avis; mais le plus jeune retourna sur ses pas, déposa, en émettant un vœu, quelques pièces d'or. Tous deux retournèrent ensuite dans le palais, et, lorsqu'ils y furent entrés, le roi Lothaire fut subitement saisi d'une fièvre qui le fit considérablement souffrir. Elle pénétra dans tous ses membres, mais se fixa plus spécialement dans la tête et lui causa un très-violent mal de dents. Lorsqu'il eut passé la nuit dans d'étranges douleurs, il se rappela sa négligence de la veille et eut recours à la protection de saint Éloi. Il se vit contraint, pour obtenir sa guérison, d'envoyer à cette église, où son frère avait donné spontanément, une somme d'or considérable; ce qu'il fit par l'intermédiaire d'un homme en qui il avait confiance. A peine eut-on déposé cette aumône, que les douleurs cessèrent, et le prince fut guéri sur-le-champ.

Vers le même temps, une jeune fiancée, cédant à la tentation du démon et à la fragilité de la chair, se laissa séduire par un homme de mauvaises mœurs. Son futur mari, qui soupçonnait cette infidélité, lui fit promettre qu'elle se purgerait de cette accusation par un serment. Quoiqu'elle fût coupable, elle prit audacieusement l'engagement de jurer. Son fiancé voulut qu'elle le fît devant le lit de saint Éloi, et elle fut assez présomptueuse pour le promettre sans hésiter. Tous deux s'étant rendus au lieu indiqué, cette femme, pleine de hardiesse et d'insolence, courut intrépidement vers le lit du saint, et se mit à jurer ce qu'on avait exigé d'elle; mais à peine avait-elle avancé la main vers le lit, qu'à l'instant elle perdit ses forces et tomba à la renverse contre terre, comme si ses pieds n'eussent pu la soutenir. Ceux qui étaient là présents la relevèrent, mais elle retomba dans leurs bras tremblant et écumant; puis elle mourut bientôt après misérablement. Son fiancé, qui avait été témoin de ce fait, en fut saisi d'une grande crainte; il rendit gloire à la puissance de Jésus-Christ et au jugement du saint; puis il s'éloigna tout consterné.

Il s'opère en ce lieu beaucoup d'autres miracles par l'ordre de Dieu et par les mérites du saint; citons, entre autres, une lampe d'où l'huile découle avec abondance; beaucoup de malades qui s'en sont servis obtinrent leur guérison; et c'est ainsi que le nom du Seigneur est béni en cet endroit. Tous ces faits se passent à Compiègne. Mais il existe encore un autre lit du saint que l'on vénère dans l'une des terres qui dépendent de son monastère, en un lieu nommé Vitry. Il s'y est opéré aussi diverses guérisons miraculeuses. Il serait long et difficile de les narrer toutes par ordre; nous en parlerons donc en peu de mots, car il nous tarde de mettre fin à cette œuvre.

Quelques miracles ont eu lieu en cet endroit et en divers autres, mais ils sont plus fréquents près du tombeau de cet homme bienheureux. Si nous voulions les rapporter chacun en particulier, nous dépasserions les bornes d'un volume, et le lecteur s'ennuierait, à cause de notre prolixité. Nous nous bornerons donc à ce que nous avons rapporté jusqu'ici et qui nous paraît suffisant. Quant à ceux que nous avons omis, le grand nombre de chaînes qui, jusqu'à ce jour, ont été suspendues près de sa tombe, sont pour ceux qui les voient une preuve des prodiges qui s'y sont opérés. Ces faits, nous ne les avons rappelés qu'en petit nombre, ou nous ne les avons pas même mentionnés, par la raison qu'ils sont encore patents pour tout le monde, et qu'ainsi que nous, personne ne doute de leur existence. Chacun peut voir, en effet, des chaînes rompues, des entraves brisées, des ceps fracturés, et les appuis des boiteux, qui sont autant de preuves de la délivrance des captifs et de la guérison des malades. L'expulsion des démons et la vue rendue aux aveugles se montrent par les traces de sang qui restent encore sur le pavé, et l'on voit que tout cela s'est fait depuis peu de temps. Qui pourrait comprendre ou estimer les éclatants et nombreux miracles qui se manifesteront là dans la suite des temps, puisque jusqu'à ce moment il s'en est opéré continuellement? Car on ne les voit point cesser comme en beaucoup d'autres endroits; chaque jour, et de tous côtés, les malades viennent, passent la nuit et sont guéris; les hommes enchaînés cherchent près du saint un refuge et sont délivrés. On amène des boiteux sur des chariots, et ils retournent à pied chez eux. Les parjures y viennent, et, ou bien ils meurent, ou bien ils sont tourmentés par le démon. Les possédés sont délivrés, les aveugles recouvrent la lumière des yeux. Beaucoup de guérisons ont lieu aussi au moyen de l'huile qui s'accroît miraculeusement en ce lieu; car quel que soit le genre de mal dont on puisse être atteint, il disparaît dès l'instant où l'on fait usage de ce baume, et le malade recouvre la santé par la grâce du Seigneur.

Mais puisque Dieu nous a permis de mettre fin à cette œuvre si désirée, nous supplions maintenant le lecteur de ne point trop mépriser la faiblesse de notre style. Nous eussions pu être plus éloquent; mais nous nous sommes appliqué à corriger avec soin notre diction, de telle sorte que le lecteur s'attachât aux faits plus qu'aux paroles. Cet ouvrage devait d'autant moins se recommander par les ornements d'une prétentieuse éloquence, qu'il traite d'un évêque qui s'est rendu grand surtout par sa profonde humilité. Ces pages montreront que c'est le dévouement et non la présomption qui m'ont déterminé à assumer un si pesant fardeau; car je me reconnais indigne d'être le faible auteur d'une histoire aussi remarquable. Mais, comme je suis débiteur de dix mille talents, je me suis hâté de payer un léger intérêt à celui qui me les a confiés. J'ai craint, en effet, d'être puni de mon silence, si, après avoir eu connaissance de tant de miracles, je les eusse cachés en les taisant comme un serviteur paresseux. J'ai cru que je deviendrais coupable, si je n'employais la modique quantité d'huile que le Seigneur a pu mettre en moi pour éclairer mon esprit. Et j'ai eu peur d'être puni pour avoir tenu caché avec trop de soin le denier qui m'a été confié. J'ai donc pensé qu'il serait très-opportun d'employer à la louange du saint, et pour la gloire du Tout-Puissant, ce talent, tout modique qu'il est. Dieu me l'a donné, malgré mon indignité, et je l'ai fait valoir à son profit en toute soumission. Il est vrai que j'eusse mieux fait d'admirer cet homme bienheureux que d'en parler; mais, entraîné par l'ardeur de mon amitié, j'ai plutôt considéré ce que je voulais pour lui que ce que je pouvais faire. Maintenant donc, qu'on ne vienne pas me blâmer, j'en supplie, d'avoir souvent insisté sur l'éloge de son nom (car il est écrit : « Louons les hommes glorieux), surtout lorsque l'ardeur et la grandeur de l'amour commandaient ces éloges. Il ne faut pas attribuer à l'orgueil, mais à la grâce divine, tout ce qui doit revenir, non pas à la vertu de l'homme, mais au don que lui a fait le Seigneur. C'est Dieu, oui, c'est toujours Dieu qui agit par ses serviteurs, parce que c'est dans cette source de vie qu'on puise tout le bien qui s'opère ici-bas.

Pour ne point fatiguer le lecteur par la longueur du récit, j'ai voulu faire un abrégé où les chapitres se trouvent rassemblés, pour que chacun pût trouver de suite ce qu'il veut connaître. J'ai cru aussi que ce serait une chose en même temps utile et salutaire de rappeler sommairement ce que le saint avait dit en prêchant la parole de Dieu. Tout ce que ma mémoire a pu me fournir, je l'ai employé comme pierres très-précieuses dans le but d'orner et de consolider mon œuvre. Toutes choses étant ainsi disposées, je laisse, ô Christ, ce livre sous votre protection, afin que vous le défendiez contre ceux qui se constitueraient mes émules. C'est à vous que je confie ce que ma dévotion m'a inspiré. Ma langue vous bénit, autant qu'elle le peut, avec une pieuse affection entre ces choses et pour toutes ces choses ; car c'est au secours que vous m'avez prêté que je dois l'accomplissement de cet ouvrage, que je désirais entreprendre. Louange donc, gloire et honneur à vous, Jésus-Christ notre Seigneur, créateur et rédempteur des hommes, qui, étant Dieu, vivez et régnez avec Dieu le Père et le Saint-Esprit, dans les siècles des siècles. Ainsi soit-il.

Lettre de saint Ouen a Rodobert [1].

Dadon à son vénérable seigneur et évêque Rodobert, que toujours il embrassera étroitement dans les liens de la charité, salut. Très-cher frère, nous vous adressons par le présent porteur, et nous soumettons à votre examen, la Vie du bienheureux Eloi, que depuis peu nous avons composée. Nous vous supplions donc de mettre, pour quelques moments, de côté vos soins extérieurs, et de vous appliquer tout de suite à cette étude. Que si, par l'effet de ma négligence ou de celle des copistes, vous découvrez quelque chose d'inconvenant soit dans les mots, soit dans les syllabes, corrigez-le avec soin selon votre prudence, puis vous nous renverrez le tout avec vos observations. Adieu dans le Seigneur. Veuillez, mon frère, ne point différer de faire ce que je demande.

[1] Rodobert, que d'autres nomment Chrodobert, n'était point évêque de Paris, comme l'ont affirmé plusieurs écrivains. En effet, saint Ouen a composé la *Vie de saint Eloi* après que la reine Bathilde eut renoncé à l'administration des affaires du royaume pour se retirer à l'abbaye de Chelles, lorsque déjà l'évêque Rodobert de Paris était mort. Il y a plus : Sigobrand, son successeur, avait été tué avant la retraite de sainte Bathilde. (V. les annotations de Ghesquière, tome précité, p. 311.

Lettre de Rodobert au même saint Ouen.

Au seigneur vraiment saint, élevé à la sublimité apostolique, à mon père et au plus vénéré de mes maîtres, Rodobert pécheur. J'avais pris la résolution, vénérable père, d'obéir à votre aimable injonction ; mais votre prudence dans la composition de cette œuvre a mis hors d'embarras mon inexpérience. J'ai parcouru, selon vos ordres, toute la vie de saint Eloi, depuis le commencement jusqu'à la fin, sans rien découvrir qu'on dût ajouter ou corriger. Je ne puis, au contraire, qu'admirer, vénérer, préférer et louer tout ce que renferme ce volume. Et, pour le dire en toute vérité, il m'a paru que vous aviez peint trait pour trait dans cette vie votre sainteté en même temps que celle du bienheureux évêque Eloi, en sorte qu'il n'est aucune des vertus du saint que vous n'ayez mûrement approfondie, que vous n'ayez parfaitement caractérisée, et que vous n'ayez élevée, par la sublimité de vos paroles, au plus haut point de gloire. C'est pourquoi après avoir abondamment nourri mon esprit de l'excellence de ce livre et en avoir fait copier un exemplaire complet pour mes frères et pour moi, je le renvoie à votre sainteté sans y avoir fait aucun changement. Je réclame, en vous en suppliant, seigneur Dadon, le suffrage de vos prières.

CHAPITRE XI

Homélies de saint Eloi. — Sa lettre à saint Didier. — Translation de son corps. — Ses ossements ont été conservés à Noyon jusqu'à ce jour. — Son culte dans cette ville et autres lieux de l'ancienne Gaule-Belgique. — Ses fondations. — L'oratoire d'Ourcamp. — L'école qu'il établit à Noyon.

On attribue à saint Eloi seize homélies qui furent imprimées à Lyon, en 1677, dans la *Bibliothèque des anciens Pères*, tome XIIe, page 300 et suivantes. Le cardinal Bellarmin, Miræus et plusieurs autres hommes distingués par leur science, n'ont point hésité à soutenir que ces homélies sont l'œuvre du saint évêque de Noyon. Il n'entre point dans le plan de cet ouvrage d'énumérer les opinions émises à ce sujet. Nous renvoyons, pour cela, le lecteur au troisième volume des *Acta sanctorum Belgii*, page 311 et suivantes, où Ghesquière a inséré, sous le titre d'*Analecta Eligiana*, une dissertation de Corneille Smetius, l'un des collaborateurs de l'œuvre des Bollandistes. Nous y avons puisé ce qui va suivre.

On voit dans ces homélies que saint Eloi était très-versé dans l'étude des Pères de l'Eglise, et que sa doctrine s'appuie sur les écrits de saint Augustin, de saint Jérôme, de saint Cyprien, de saint Grégoire et de saint Césaire d'Arles. Elles furent prêchées, selon toute apparence, dans le même lieu et dans l'occurrence des mêmes jours, c'est-à-dire, dans sa cathédrale de Noyon, le jeudi saint. A l'exception, toutefois, des trois premières, qui traitent de la naissance du Sauveur, de la Purification et du jeûne.

On remarque avec intérêt dans la huitième homélie ce qui se pratiquait alors dans l'église le jeudi saint. Il y est fait mention de l'absoute ou réconciliation générale des pénitents, de la consécration des saintes huiles, du lavement des pieds, de la purification des églises et des vases sacrés. Cette homélie expose, en outre, d'une manière claire et positive, le dogme du purgatoire, et traite des dispositions dans lesquelles on doit entrer pour recevoir le sacrement de pénitence. Dans ses instructions du jeudi saint, cet homme apostolique s'attache généralement à représenter l'amour immense que le Sauveur a eu pour nous et à dépeindre ce qu'il a souffert corporellement.

Presque tous les auteurs qui ont écrit sur saint Eloi ont reproduit la lettre qu'il adressa à saint Didier, évêque de Cahors. Nous la donnons telle que l'a traduite M. Charles Barthélemy [1].

« A celui qui sera toujours son seigneur et père apostolique, Didier, prêtre par excellence, Eloi, serviteur des serviteurs de Dieu.

» Chaque fois que nous trouvons l'occasion d'écrire à votre grâce, chaque fois la mesure de notre allégresse semble se combler pour nous. C'est pourquoi, outre la dette du salut, dont je vous suis redevable, je vous demande encore avec plus d'ardeur, et par-dessus tous les biens de cette terre, que, chaque fois qu'au milieu des sollicitudes de ce monde votre âme pourra trouver un instant de repos, vous n'oubliiez pas d'associer à vos saintes prières le souvenir du plus petit de vos serviteurs. Et je vous dis cela, non pas que je croie que vous nous oubliez parfois, pas plus que votre serviteur ne vieillira pas dans notre cœur ; mais j'ai

[1] Œuvre précitée, p. 380.

pensé cependant qu'il ne serait pas hors de propos de vous rappeler ces choses en vous adressant une nouvelle prière. Vous savez, sans que j'aie besoin de vous le redire, quelle cause peut seule animer mon cœur dans cette présente vie, si ce n'est l'immensité du désir que nous avons de la vie éternelle que l'on goûte dans la bienheureuse patrie des justes. C'est lui seul qui fait battre mon cœur et tressaillir mes entrailles. Vous savez aussi que l'on ne parle plus fréquemment que de ce qui fait l'unique objet de notre amour et le but de nos désirs. Or donc, mon Didier, toi qui m'es cher comme moi-même, souviens-toi toujours de ton Eloi lorsque ton âme se répandra en prières devant le Seigneur. Et, quoiqu'une immense distance nous sépare l'un de l'autre, et que nous ne puissions espérer de nous réunir corporellement en cette vie, soyons toujours unis dans le Christ, et efforçons-nous de vivre de telle sorte qu'après peu de temps nous soyons réunis en corps et en âme tout à la fois, et qu'ainsi réunis nous puissions vivre éternellement. Ce que daignera accorder à nos instantes prières (comme je le crois) la clémence sans bornes de notre Seigneur Jésus-Christ, à qui la gloire appartient dans l'éternité des siècles. Amen. Je te salue de toute mon âme, et avec l'affection la plus sincère. Dadon, notre fidèle compagnon et ami, te salue aussi. »

Nous avons, de plus, la charte que dirigea saint Eloi pour la fondation de l'abbaye de Solignac. M. Barthélemy l'a traduite et annotée, page 356 de son œuvre. Il en a, en outre, donné le texte dans un appendice, page 458 [1].

Le corps du saint fut inhumé, comme on l'a vu, hors des murs de Noyon. C'était à l'orient de cette ville, dans un monastère dédié à saint Loup, mais qui prit le nom de

---

[1] Cette charte avait été éditée par Mabillon, *De re diplomaticâ*, lib. VI, p. 467.

saint Éloi peu de temps après la mort du saint évêque [1]. Ses reliques furent vénérées dans l'église de cette abbaye jusqu'à l'époque de l'invasion des Normands (860-880). Ces barbares ravirent les richesses que la piété et la reconnaissance des fidèles avaient déposées sur son tombeau ; et l'église ainsi que le monastère devint la proie des flammes. Cet établissement fut desservi par des clercs jusque vers la fin du dixième siècle, où Lindulphe évêque de Noyon, y rétablit des religieux. Selon l'opinion qui, d'après Smetius, paraît la plus probable, on exhuma le corps de saint Éloi durant les troubles causés par les barbares du Nord, et on le déposa dans l'oratoire de Saint-Benoît, contigu à l'église épiscopale, puis dans la cathédrale même.

Le saint corps fut plusieurs fois transféré d'une châsse dans une autre, notamment en 1066 par Gervais, archevêque de Reims, et Bauduin, évêque de Noyon ; en 1157 par Bauduin, deuxième du nom, accompagné de Samson, archevêque de Reims. La fête de cette translation a été célébrée à Noyon jusqu'à nos jours sous le rit double de première classe. Elle a eu lieu le 25 juin. En 1306, l'évêque André de Crécy transféra les reliques dans une châsse ornée de reliefs en or et enrichie de pierreries ; elles y restèrent jusqu'en 1624, époque où Henri de Barada les transporta dans une autre. Ce prélat ayant fait rédiger, en 1630, un nouveau bréviaire, on y mentionna dans la légende du saint, ces diverses translations, comme on peut le voir dans les *Analecta* de C. Smetius [2].

La châsse qui renfermait, en 1792, les ossements du saint évêque disparut alors, mais on fut assez heureux pour préserver les reliques de la profanation [3]. D'après un rap-

---

[1] *Gallia christiana*, tome IX, col. 1055.
[2] T. III. des *Acta SS. Belgii*, loc. cit.
[3] Outre la châsse précieuse qui renfermait le corps de saint Éloi, on enleva

port que M. l'abbé Thièble, curé-doyen de Noyon, a eu l'extrême obligeance de nous adresser, on conserve encore dans l'ancienne cathédrale de cette ville un grand nombre d'ossements provenant du corps de saint Eloi; savoir : deux tibias, deux fémurs, l'humerus, le radius, le péroné, deux os innominés, un os des îles, le sacrum, trois vertèbres des lombes (ossements qui font partie de la colonne vertébrale), deux calcaneum (os qui forment le talon), l'astragal, deux os cuboïdes (ossements du pied dont la forme est cubique), un scaphoïde, un cunéiforme, la rotule, une phalange du doigt, une partie de côte, la machoire inférieure, enfin plusieurs portions d'ossements qui ne sont pas qualifiés.

Deux grandes fêtes de saint Eloi sont célébrées chaque année à Noyon : l'une le premier décembre, sous le rit annuel ; l'autre le 25 juin, sous celui de double de première classe. Cette dernière se fait remarquer par une procession très-solennelle où l'on porte dans les rues et sur les places de la ville la châsse du saint confesseur. Elle a pour objet de rappeler les différentes translations dont il vient d'être parlé.

Il y a, en outre, deux fêtes de troisième classe : l'une, qui tombe le 19 janvier, a été instituée en mémoire de l'élévation du corps, faite par saint Mummolin en présence de la reine sainte Bathilde ; l'autre a lieu le 14 mai en commémoration de l'ordination du saint évêque. Enfin, tous les mardis qui, d'après le calendrier liturgique du diocèse, se trouvent libres, on dit à Noyon l'office et la messe de saint Eloi.

On conservait avec respect dans l'abbaye de Saint-Eloi de cette ville des ornements pontificaux, notamment une crosse provenant de notre saint, l'un de ses calices, son

à l'église de Noyon celles de saint Médard, de saint Achaire, de saint Mummolin et de saint Eunuce, tous évêques de l'ancien diocèse de ce nom ; ainsi que celle de sainte Godeberte, vierge et patronne de la ville ; mais leurs reliques furent heureusement conservées.

enclume avec le marteau, et, dans un reliquaire de cristal, une mèche de ses cheveux avec des parcelles de sa barbe.

Le trésor de la cathédrale renfermait une autre crosse, un petit sceau de cristal, des anneaux d'or garnis de pierres très-riches.

Le monastère de Chelles possédait, d'après Lecointe[1], un calice de saint Eloi fait par lui, et son chef enfermé dans un buste d'argent.

D'après Raissius[2], on vénérait à l'abbaye de Denain une phalange de l'un des doigts du saint.

On possédait à Arras une portion assez notable de l'un des bras de saint Eloi, comme le témoigne le même auteur[3]; mais il ajoute que cette insigne relique fut perdue dans un pillage.

La collégiale de Saint-Pierre à Douai conservait avec respect une notable portion de l'un des bras de saint Eloi enchâssée dans un bras d'argent. Nos recherches pour découvrir ce qu'est devenue cette relique depuis la révolution de 1792, ont été infructueuses. Il en est de même de deux marteaux du saint que possédait cette église, et qu'on avait déposés dans une chapelle dédiée à sainte Marie-Madeleine, érigée sur le cimetière attenant à la même collégiale. D'après Raissius, chanoine de cette église[4], témoin oculaire de ce qui s'y pratiquait au seizième siècle, on venait vénérer ces marteaux au premier décembre, mais principalement au vingt-cinq juin. « On s'y rend, dit-il, avec affluence et dévotion d'un grand nombre de villes, de villages et de hameaux circonvoisins. Tous ceux, tant nobles que d'autre condition, qui sont amateurs et éleveurs de chevaux, les amènent pour les faire signer de ces marteaux et asperger d'eau bénite

---

[1] *Ann. eccles.*, t. III, f° 491.
[2] *Trésor des reliques de Belgique*, p. 201.
[3] Ibidem, p. 357.
[4] *Ad natales sanctorum Belgii Auctarium*, p. 358, recto et verso.

par le prêtre chargé de desservir cette chapelle. Chose admirable mais certaine! lorsqu'un cheval, fût-il furieux ou hydrophobe, a été marqué du signe de la croix, et quand l'eau sainte s'est répandue sur lui, il se trouve aussitôt exempt de tout mal. Et, si on l'amène bien portant, cela le préserve de maladie pour tout le cours de l'année. » Nous rapportons ce trait comme un témoignage de la foi de nos pères; il prouve en même temps la confiance qu'inspirait saint Eloi dans nos contrées au seizième siècle. « C'est un usage en Flandre, dit Smetius, de conduire les chevaux aux portes des églises le jour de la fête de saint Eloi. On les met, par ce rit, sous la protection du saint qui n'a pas dédaigné d'écouter la prière de l'abbé Sparvus lorsqu'il se plaignit qu'on lui eût enlevé le sien. »

Nous avons traité, dans notre *Histoire de Florence de Werquignœul*, de la confrérie érigée, en 1188, à Béthune, sous le titre de *Charité de saint Eloi* [1]. Nous n'en dirons ici qu'un mot: c'est qu'elle poursuit son œuvre avec le même zèle que celui qui l'animait en plein moyen-âge, où elle fut instituée par suite de l'apparition du saint. Il en est de même de celle de Beuvry. Plusieurs autres associations ont été fondées pour le même but, dans les cantons voisins, celui de procurer la sépulture aux morts, même en temps de peste.

Les confréries de Béthune et de Beuvry obtinrent, en 1833, de Mgr l'évêque de Gand, quelques parcelles des reliques de saint Eloi [2].

L'église de Courset, dans le Boulonnais, possède depuis longtemps une relique du saint. Son authencité fut reconnue, en 1817, le 7 juin, par Mgr de la Tour-d'Auvergne-Lauraguais, évêque d'Arras [3].

---

[1] Voyez pages 184, 185 et 186.
[2] Archives de l'évêché d'Arras. — [3] Ibid.

La ville de Tournai n'a jamais perdu le souvenir de son saint évêque ni celui de ses travaux apostoliques. On y célébrait, avant la révolution de 1792, à peu près les mêmes fêtes qu'à Noyon, d'après ce que nous lisons dans le savant travail de Smetius. Le chapitre de Saint-Martin donna, en 1613, à l'abbaye de Saint-Martin une portion du bras du saint confesseur. Raissius rapporte, page 343 de son *Trésor des reliques de Belgique*, le titre qui consacre cette donation.

Meyer raconte, dans ses *Annales de Flandre*, que saint Eloi a augmenté la dotation de l'abbaye de Blandin, depuis Saint-Pierre de Gand. Molan [1] et Sanderus [2] lui attribuent l'élévation du corps de saint Bavon. Quoi qu'il en soit de ces assertions, qui ne sont pas suffisamment prouvées, il est du moins certain, d'après saint Ouen, qu'Eloi a parcouru les villes et municipes de sa juridiction, qu'il encouragea la propagation des monastères ainsi que l'érection des églises, et qu'il y consacra de fortes sommes d'argent.

Aussi la tradition lui a-t-elle constamment attribué la première fondation d'une église à Dunkerque. Il en fut de même à Courtrai. Les habitants de cette dernière ville n'ont cessé de rendre à notre saint un culte particulier. On y trouve une chapelle qui lui est dédiée, et sur laquelle on possède des documents qui remontent à 1308, comme le fait observer Sanderus [3]. Près d'elle, ajoute-t-il, est un hospice qui porte le nom du saint confesseur.

Une tradition, citée par Buzelin [4], dit que saint Eloi a construit à Bruges l'église de Saint-Sauveur, remplacée depuis par une collégiale qui devint un remarquable monument. On vénère dans cette église, depuis un temps immémorial,

---

[1] *Natales SS. Belgii*, 1er octobre.
[2] *De sanctis Flandriæ*, lib. 1.
[3] *De rebus cortracensibus*, p. 411.
[4] *Annales Gallo-Flandriæ*, f° 64.

de notables parties des deux bras de l'apôtre de la Flandre [1]. La châsse qui les renfermait fut ouverte en 1622. On y trouva, en outre, quelques autres ossements. M. l'abbé Van de Putte, curé de Boesinghe-les-Ypres, nous a informé que « ces reliques furent portées dans une riche châsse d'argent les six et seize mai 1850, par dix séminaristes vêtus d'aubes et de dalmatiques rouges aux armes de la ville et de la cathédrale et aux insignes de saint Eloi, lors de la grande procession qui eut lieu à l'occasion du jubilé du saint sang de notre divin Sauveur. » Ce respectable et savant ecclésiastique ajoute « que les traditions du séjour de saint Eloi en Flandre sont encore vivaces et que son culte y est pratiqué avec autant de ferveur qu'au moyen-âge. »

Il fonda aussi, dans sa ville épiscopale, une école qui, selon M. Barthélemy « produisit un grand nombre de personnages aussi distingués par leurs vertus que par leur science. Le saint y forma, de son temps, plusieurs disciples qui furent évêques ou abbés, et dont le plus connu est saint Vindicien, depuis évêque d'Arras. » Cet établissement eut lieu, ainsi que celui d'Ourcamp, vers 644 [2].

[1] Voyez les *Analecta Smetii*, nos 27, 28 et 29.
[2] Voyez, IIe partie, chap. I, p. 88, nos annotations sur les fondations d'Ourcamp, près de Noyon, sur la rivière d'Oise, et de l'abbaye de Saint-Martin à Tournai.

Acta sanctorum Belgii, t. V, de sancto Vindiciano, n° 6.

MONOGRAPHIE ABRÉGÉE

DE L'ABBAYE DU MONT-SAINT-ÉLOI

La légende insérée dans le propre du diocèse d'Arras rapporte que le saint évêque de Noyon et de Tournai s'était formé, pour y vaquer à l'exercice de la contemplation, une solitude sur une montagne, alors déserte, située à deux lieues d'Arras. Baldéric, qui écrivait sa chronique au onzième siècle [1], dit positivement que saint Vindicien, évêque de Cambrai et d'Arras [2], disciple de saint Eloi, voulut être inhumé en ce lieu, par le motif que son vénérable maître l'avait habité. L'abbé Doresmieux ajoute qu'un oratoire fondé par notre saint sur ce point culminant, était alors desservi par des ermites qui vivaient à la manière des anciens anachorètes. Gazet et Golvener sont d'accord sur ce fait. Mais Ghesquière fait observer, dans sa dissertation sur la Vie de saint Vindicien, que saint Ouen ne parle point de cette retraite. Ce savant critique convient toutefois qu'il n'oserait nier que le saint évêque s'y fût rendu de temps à autre pour vaquer seul à la prière, conformément à ce que pratiquaient d'autres évêques recommandables par leur sainteté et leur zèle apostolique [3]. On doit, du reste, se persuader que ce lieu n'a pas pris sans

---

[1] *Chronicon cameracense et atrebatense*, lib. I, cap. xxviii, p. 83, éd. de M. Leglay.

[2] Voyez la *Vie de saint Vindicien* par l'abbé Doresmieux, dans l'œuvre des Bollandistes, au 8 mars.

[3] *Acta sanctorum Belgii*, t. V, *de sancto Vindiciano*, nº 6.

cause le nom de Mont-Saint-Eloi, qu'il a conservé jusqu'à nos jours[1]. Saint Vindicien voulut y être inhumé auprès d'Honoré, son archidiacre. « Car, dit l'abbé Doresmieux, il avait conçu pour cette retraite une singulière vénération, par suite du souvenir qu'il gardait de saint Eloi, avec lequel il avait vécu dans la familiarité. Son corps fut donc là transporté avec un grand appareil funèbre; plusieurs évêques vinrent en rehausser l'éclat, et ses restes furent déposés dans un sépulcre qui avait été préparé pour les recevoir. Ils y restèrent jusqu'à ce que, la divine Providence l'ayant ainsi réglé, on les levât de terre à cause des nombreux miracles qui s'opérèrent à ce tombeau par l'intercession du saint[2]. »

Le Mont-Saint-Eloi acquit une plus grande célébrité, et des pèlerins tant religieux que séculiers y vinrent pour vénérer saint Vindicien. Halitchaire, dix-septième évêque de Cambrai et d'Arras, pénétré de respect pour son prédécesseur, voulut être inhumé près de son tombeau[3]. Hincmar, évêque de Laon, neveu du fameux Hincmar de Reims, amena en ce lieu sa nièce, frappée de cécité, et Dieu permit qu'elle y recouvrât la vue. (Vers 870.)

Peu d'années après (880-881), les Normands pénétrèrent dans l'ancien pays des Morins et vers Arras. Cette ville fut ruinée, ainsi que Térouanne, Sithiu et autres forteresses ou municipes. Les établissements religieux surtout eurent considérablement à souffrir. « Tout étant ainsi ravagé, dit l'abbé Doresmieux, le Mont-Saint-Eloi, autrefois si habité et enrichi de monuments remarquables, par suite des prodiges qui s'y opéraient, devint une affreuse solitude. Il se

---

[1] Il avait porté précédemment le nom de Mont-Alban.
[2] *Vie de saint Vindicien.*
[3] Baldéric, œuvre précitée, cap. xi, p. 66. Halitchaire régna de 817 à 830. V. les *Recherches sur l'église métropolitaine de Cambrai*, par M. Leglay, p 133.

couvrit de ronces et d'épines. Ainsi abandonné pendant soixante ans, le tombeau de saint Vindicien se trouva tellement couvert de broussailles, qu'on ignorait la place qu'il occupait[1]. »

Vers 950, sous Fulbert, évêque de Cambrai et d'Arras[2], alors que les arts et les sciences avaient pris un certain essor dans l'antique cité des Atrébates, quelques écoliers distingués par leur naissance, s'étant rendus au Mont-Saint-Éloi pour s'y récréer pendant un jour de repos, se mirent à circuler entre les buissons et les arbres dont il était couvert. Leur but était de recueillir une graine dont ils voulaient faire de l'encre. L'un d'eux s'étant arrêté, sans le savoir, sur les ruines de l'ancienne basilique du saint, se mit à creuser à l'aide d'un bâton ferré à l'endroit même où se trouvait son tombeau. L'enfant, qui fouillait sans précaution, commit par suite quelques irrévérences sur cette tombe, auprès de laquelle Dieu avait souvent manifesté sa gloire et sa puissance. Ce jeune imprudent perdit tout à coup l'usage de la vue et gémit amèrement sur l'affliction dont il se sentit frappé. Ses compagnons, saisis d'une crainte très-vive, l'exhortèrent à implorer le secours du Ciel et à se recommander au protecteur de ce lieu. Il obéit, se prosterna jusqu'à terre ; ses jeunes amis prièrent avec lui, et il mérita de recouvrer la vue. Bientôt la douleur de cette intéressante jeunesse se convertit en joie, et on la vit rentrer dans la ville en chantant des hymnes d'actions de grâces. Le bruit de ce miracle ne tarda point à s'y répandre, et les Atrébates se rendirent en foule au Mont-Saint-Éloi pour invoquer le saint tutélaire de ce lieu[3].

[1] Nous avons donné une courte biographie de ce saint évêque dans notre *Histoire de sainte Bertille*, p. 12. Il succéda à saint Aubert, en 669, et mourut en 706.

[2] Il régna de 933 à 955.

[3] *Vie de saint Vindicien*, par M. l'abbé Doresmieux. Il a puisé ce fait dans

Lorsque l'évêque Fulbert eut appris que cette merveille venait de s'opérer, il en versa des larmes de joie ; puis, levant les mains vers le ciel, il remercia Dieu de toutes les puissances de son âme de ce qu'il eût daigné gratifier son diocèse d'un tel bienfait. Il écrivit aux évêques les plus voisins de Cambrai, aux abbés et aux hommes les plus éminents de la contrée. En même temps il convoqua le peuple, indiquant le jour où il se rendrait avec pompe au Mont-Saint-Eloi. La veille, le clergé passa la nuit à chanter des hymnes et des psaumes, et les fidèles se réunirent en même temps dans les églises pour prier.

Au lever du soleil du septième jour des calendes de juillet, le pontife, pénétré du respect le plus profond, s'approcha du tombeau de saint Vindicien. Lorsqu'il l'eut ouvert, il y trouva une inscription qui ne lui permit plus de s'arrêter à aucun doute sur l'authenticité des ossements qu'il renfermait. Les reliques du saint évêque furent donc solennellement levées de terre et déposées dans une châsse d'argent qui avait été préparée pour les recevoir ; puis on les plaça sur un autel récemment érigé. Afin que le souvenir de cette solennité, à laquelle Fulbert avait donné tant d'éclat, passât à la postérité la plus reculée, il fit reconstruire en cet endroit une magnifique basilique qui fut dédiée aux saints apôtres Pierre et Paul, et à saint Vindicien ; puis il la dota de huit prébendes pour autant de chanoines qui devaient y célébrer l'office divin [1].

le chap. XXIX du *Chronicon cameracense*, où Baldéric dit qu'il existait encore, de son temps, des témoins de ce miracle.

[1] L'abbé Doresmieux, *Ibid.* Il n'est pas certain que la collégiale d'abord et l'abbaye ensuite furent établies à l'endroit même où les jeunes étudiants d'Arras découvrirent le corps de saint Vindicien ; on a cru que ce fut plutôt dans le *grand bois* d'Ecoivres. En effet, pour perpétuer à Arras le souvenir du miracle opéré en présence des écoliers, deux députés du chapitre de la cathédrale se rendaient chaque année au Mont-Saint Eloi accompagnés des chanoines en stage et des enfants de la maîtrise. On célébrait la messe dans le chœur de l'église

Il s'opéra dans la suite plusieurs miracles dans cette nouvelle église par l'intercession de saint Vindicien. Une femme d'Arras[1] y conduisit son fils unique, qui était aveugle, et il recouvra la vue après qu'ils eurent tous deux prié avec une foi vive devant les reliques. Il en fut de même d'une noble dame de Ponthieu, frappée de la même affliction, et qui en même temps obtint la santé de ses autres membres débilités par de longues souffrances.

Citons, d'après notre excellent guide, l'abbé Doresmieux, un fait qui intéresse notre histoire locale. « Bauduin IV, comte de Flandre, dit-il, s'étant emparé de la ville de Valenciennes, où commandait le comte Arnoul, l'empereur Henri II vint y mettre le siége[2]. Le roi de France, Robert, prit place à cette lutte avec Richard, duc de Normandie, et ce dernier réunit une armée considérable composée de gens de sa nation. Tandis qu'il traversait avec ses troupes le pays des Atrébates, quelques-uns des siens qui avaient abandonné leurs drapeaux se mirent à piller et dévaster tout ce qui s'offrait à eux, sans distinction des choses sacrées ou profanes. Plusieurs ayant appris que l'église du

---

abbatiale en l'honneur de saint Vindicien, dont la châsse était ce jour-là découverte. Un enfant de chœur, qui prenait le titre de *roi*, entrait dans le monastère à la tête du cortége, et on l'encensait pendant la messe. Au réfectoire, il se plaçait près de l'abbé. Dans l'après-midi, on se rendait avec les religieux vers le milieu du *grand bois* d'Ecoivre, à l'endroit où l'on croyait que le corps du saint avait été levé par l'évêque Fulbert, et on y chantait en musique, à trois reprises différentes, cette invocation : *Ora pro nobis, sancte Vindiciane*. (Extrait d'un mémoire pour messire Alexandre de Brandt, seigneur de Marconne, contre les abbés et religieux du Mont-Saint-Eloi, p. 10, en note.)

[1] *Chronicon cameracense*, cap. XXXI, p. 55.

[2] L'an 1004, ce ne peut être vers l'an 1020, comme l'a pensé M. Auguste Terninck dans ses *Recherches sur l'abbaye du Mont-Saint-Eloi*. Nous suivons la chronologie de d'Outreman, adoptée par M. Edward Leglay dans son *Histoire des comtes de Flandre*, t. I*er*, p. 139-140. Cette entreprise fut sans résultat, d'après Baldéric, c. CIV, p. 189, et Bauduin le Barbu resta maître de Valenciennes.

Mont-Saint-Eloi était fort bien meublée et qu'on y avait fait de riches offrandes, se rendirent aussitôt vers cette basilique et se disposèrent à y pénétrer. Mais les chanoines, qui s'étaient mis en état de défense, les repoussèrent et les contraignirent de prendre honteusement la fuite. L'un des clercs ayant succombé dans la lutte, ses collègues rapportèrent son corps dans l'église et s'occupèrent de lui donner la sépulture. Mais voici que l'un des soldats descend tout à coup dans le temple, après avoir pratiqué une ouverture dans sa partie supérieure, et se précipite comme un furieux sur le clergé. Malgré le saisissement qu'éprouvèrent les clercs à la vue d'une attaque aussi imprévue, ils se défendirent avec courage néanmoins, jusqu'à ce que le reste de la troupe, ayant brisé les portes, eût pénétré dans le lieu saint. Tout le clergé du Mont-Saint-Eloi périt dans ce tumulte; les vases sacrés furent enlevés, ainsi que les ornements les plus précieux; l'église et l'autel même de saint Vindicien furent souillés de sang humain.

» A peine avaient-ils abandonné le lieu du carnage pour partager entre eux le butin, qu'ils comprirent que Dieu allait venger l'insulte qu'ils avaient faite au saint confesseur Vindicien. Les uns, en effet, furent en proie à d'horribles douleurs; d'autres, dont la tête s'était enflée subitement, exhalaient une odeur insupportable: quelques-uns enfin, perclus de tous leurs membres, étaient en proie à une espèce de mal ardent qui les consumait. On les voyait errer comme des furibonds dans les champs et dans les bois. Plusieurs se mutilèrent horriblement les membres, avouant qu'ils avaient commis un énorme sacrilége. Lorsque l'armée eut franchi les frontières du pays des Atrébates, Richard apprit seulement alors ce qui était arrivé, et rédigea un décret par lequel il prescrivit de rendre à l'église du Mont-Saint-Eloi tout ce qui lui avait été enlevé. Tous obéirent, suffisamment instruits qu'ils étaient par les maux cruels qu'ils avaient soufferts. »

L'abbé Doresmieux a puisé son récit sur ces divers miracles dans Gauthier, abbé du Saint-Sépulcre à Cambrai, auteur d'une Vie de saint Vindicien ; et dans la chronique de Baldéric, où ils sont racontés avec plus de concision. Cet auteur avait été secrétaire de Gérard premier du nom, évêque de Cambrai et d'Arras, mort en 1049, et de Liébert, son successeur, qui cessa de vivre en 1076. Sa chronique fut terminée vers 1051. Il était donc presque contemporain des faits qui viennent d'être rapportés. L'autorité de Baldéric n'a cessé d'être d'un très-grand poids aux yeux des historiens de Belgique. C'est le Grégoire de Tours de nos contrées.

Tel était le culte rendu à saint Vindicicien sur le Mont-Saint-Éloi, lorsque Liébert, évêque de Cambrai et d'Arras, plaça sous la direction d'un abbé les chanoines qui desservaient l'église, fondée en 950, et les astreignit à suivre la règle de Saint-Augustin[1].

CATALOGUE

DES ABBÉS DU MONT-SAINT-ÉLOI

I

Jean premier du nom. Le saint évêque Liébert l'installa en 1068. Nous n'avons point la charte que rédigea ce prélat en réformant les chanoines séculiers du Mont-Saint-Éloi, mais il nous reste un titre publié en synode, dans la cathédrale d'Arras, par Lambert de Guines[2], le 21 octobre 1097.

---

[1] *Gallia christiana*, tome III, *sancti Eligii cœnobium*.
[2] Consulter sur Lambert de Guines la notice composée par M. l'abbé Fré-

Cette charte rappelle que ce même évêque Liébert établit des chanoines réguliers pour vivre en commun sur cette montagne, et qu'il leur donna un abbé pour les gouverner ; qu'en outre, il leur laissa la faculté d'élire ceux qui devraient lui succéder ; qu'enfin il supplia les évêques qui viendraient après lui de les aider et de les protéger. On voit encore dans cet acte synodal que Liébert confirma l'exemption de leur église, ainsi que les biens qu'ils possédaient alors. De plus, il leur donna les autels d'Houchin et de Hodricourt.

L'évêque Lambert ajoute que Gérard (deuxième du nom), son prédécesseur, donna aussi à cette abbaye naissante les autels de Neuville et de Moyenneville. Puis il confirme ces concessions ainsi que le privilége de procéder, en cas de vacance, à l'élection de l'abbé, mais après avoir pris conseil de l'ordinaire et obtenu son autorisation. « L'élection terminée, qu'on le conduise vers l'évêque, afin qu'il reçoive de lui l'investiture du temporel, la charge d'âme et la bénédiction abbatiale. »

Peu de temps après, c'est-à-dire l'an 1100, selon André Le Vaillant[1], le même prélat institua le prieuré de Rebreuve, pour être desservi par des religieux de la même abbaye, « à la requête du noble chevalier Clarembaut, seigneur de Lottinghen[2], qui donna audit lieu tous les biens qu'il possédait à Barafle, Maisnil et aux environs. »

---

chon, et insérée au tome VI des *Mémoires de la Société des Antiquaires de la Morinie.*

[1] Nous avons puisé de précieux documents dans la *Chronique* manuscrite de l'abbaye du Mont-Saint-Eloi, par André Le Vaillant, abbé de ce monastère. Elle commence en 640 et se poursuit jusqu'en 1607. On la trouve autographe à la bibliothèque d'Arras sous le n° 198. M. Godin, archiviste du département, l'a copiée pour la placer dans sa collection personnelle de monuments historiques inédits. Il a bien voulu mettre cette copie à notre disposition.

[2] Village du Boulonnais, canton de Desvres. Ce seigneur se croisa avec Godefroy de Bouillon. Outre cette fondation, il donna une autre partie de ses biens à l'abbaye de Saint-Bertin, et fut inhumé dans l'église de ce monastère.

Robert, seigneur de Béthune et avoué de l'abbaye de Saint-Vaast, fonda aussi, vers l'an 1100, la chapelle de Notre-Dame du Perroy en dehors de son château, c'est-à-dire dans la banlieue de Béthune. Guillaume, son fils, la donna, en 1150, aux religieux du Mont-Saint-Eloi, et la dota de dîmes et terrages qui se prélevaient à Sarts, aujourd'hui Essarts [1].

Les religieux obtinrent du même Robert de Béthune la terre de Fabril, et du seigneur Odon de Camblain [2] celle de ce nom. Warin de Dourges abandonna pareillement le domaine de Baye avec ses dépendances. Il s'y forma une sorte de prieuré qui fut tenu par des chanoines et des frères convers [3].

Robert-le-Frison, comte de Flandre, voulut ainsi contribuer à la dotation du monastère, en lui cédant les viviers d'Anzin, ressource précieuse à une époque où les religieux s'interdisaient l'usage de la viande. Telle est probablement l'origine du droit de pêche dont jouissait l'abbaye sur la rivière de Scarpe, depuis le pré de Saint-Vindicien, situé au-dessous du Mont-Saint-Eloi à Ecoivres, jusqu'au moulin de Sainte-Catherine, près d'Arras.

Gauthier, châtelain de Douai, donna au nouveau monastère la terre de Gouy-Terna, vers Saint-Pol, et s'y voua au service de Dieu. La réputation de régularité et de sainteté dont jouissait l'abbaye y attira aussi Gérard, évêque de Térouanne, qui vint s'y vouer à l'état religieux. « Il y trouva, dit Malbrancq, cette tranquillité qui lui avait été si longtemps refusée ; et, comme il était d'un caractère fort doux, il y vieillit dans la méditation des choses du

---

[1] L'espace nous manque pour donner ici des notices sur les prieurés de Rebreuve et du Perroy. Le premier principalement mériterait une monographie particulière.

[2] Camblain-l'Abbé.

[3] André Le Vaillant, manuscrit précité, p. 13.

ciel, menant la vie commune aux chanoines réguliers [1]. »

L'abbé Jean se rendit auprès du pape Pascal II, muni d'une lettre de recommandation de Lambert de Guines, et obtint de ce souverain pontife la confirmation de diverses donations faites à son monastère. « Nous prions Votre Sainteté, dit l'évêque, d'écouter paternellement notre frère, le religieux Jean, abbé du Mont-Saint-Eloi, pour les affaires qui l'appellent auprès de vous. Nous vous supplions aussi de lui confirmer et à ses successeurs toutes les choses qui ont été données légitimement à son église et qu'elle possède canoniquement [2]. »

L'abbé Jean est repris dans divers titres qui sont mentionnés dans le *Gallia christiana*. Il souscrivit aux lettres que rédigea l'évêque Lambert de Guines en faveur de Hugues, abbé de Saint-Denis de Reims (1097). Son nom fut apposé, en 1102, sur la charte de fondation rédigée par le même prélat en faveur de l'abbaye d'Eaucourt. Gauthier, premier abbé du Saint-Sépulcre à Cambrai, lui dédia la Vie de saint Vindicien, qu'il avait composée, et qu'on garda longtemps manuscrite au Mont-Saint-Eloi [3]. L'abbé Jean mourut le 7 avril 1108.

Il fit fleurir la piété dans son monastère, et attira près de lui des hommes non moins distingués par leur naissance que par leurs vertus. Outre Gérard, évêque de Térouane, il reçut au nombre de ses religieux, Jean de Warneton, chanoine de Saint-Pierre de Lille, ami et condisciple de Lambert, évêque d'Arras, qui le tira avec peine de cette retraite pour lui faire partager les soins de son administration en

---

[1] Malbrancq, t. III, *de Morinis*. — *Gallia christiana*, t. X.

[2] V., dans la collection de Baluze, la 85ᵉ lettre de Lambert, évêque d'Arras. — La bulle du pape Pascal II a été traduite et insérée à la suite de la chronique d'André Le Vaillant.

[3] On la trouve à la bibliothèque d'Arras, dans le manuscrit qui porte le n° 462.

qualité d'archidiacre [1]. Il devint depuis évêque de Térouanne, et illustra ce siége plus encore par sa sainteté que par la haute sagesse de son administration [2].

II

Richard premier du nom, prieur du monastère sous l'abbé Jean. C'était un homme d'une grande sainteté, d'après André Le Vaillant. Il contribua à la prospérité spirituelle de l'abbaye et en augmenta les biens ; car on voit que Warin, seigneur de Dourges et de Noyelles-Godault, donna, en 1109, à l'abbaye un alleu situé sur la rivière d'Escrebieux (*in pago Scarbeio*), consistant en terres arables, prés, bois, et en un moulin sur ladite rivière.

Ce prélat se rendit à Rome en 1111, pour visiter les tombeaux des saints apôtres et traiter avec Pascal II des affaires de sa maison. A son retour, il obtint de Guffroy, seigneur de Bullecourt, diverses terres situées en ce lieu. Les cures d'Herrin et de Bullecourt furent aussi attribuées, en 1120, au même monastère. Une grande famine eut lieu l'an 1126, par suite de l'hiver précédent, qui avait été si rigoureux, dit André Le Vaillant, « que plusieurs hommes et bestes moururent de froid.... et cest abbé fit paraistre alors sa grande libéralité envers les pauvres. » Richard mourut le 5 mars 1129.

III

Hugues conquit l'estime et l'amitié particulière de saint Bernard. Ce fut lui qui fit clore de murs le parc du Mont-Saint-Eloi, du côté d'Ecoivres. (Vers 1130.) Il reçut au nombre de ses religieux Robert, archidiacre de Tournai et

---

[1] Voir la notice précitée de M. Fréchon, p. 15.
[2] La *Vie de saint Jean*, évêque de Térouanne, a été composée par Jean de Colmieu, son archidiacre. On la trouve éditée dans la collection des Bollandistes, au 28 janvier. M. l'abbé Van Drival en a donné un excellent abrégé dans le *Légendaire de la Morinie*, p. 13-26.

prévôt de la collégiale de Saint-Pierre de Lille. Didier, évêque de Térouanne, neveu de ce prévôt, voulut témoigner sa reconnaissance envers l'abbaye en lui donnant, quelques années plus tard, les cures d'Humières et de Boyaval. Mahaut, comtesse de Boulogne et reine d'Angleterre, dota les religieux, sous cet abbé, de 5,000 harengs à prendre chaque année sur son domaine de Boulogne [1].

Vers 1130, d'après les auteurs du *Gallia christiana* [2], Alvise, évêque d'Arras, remplaça, à Aubigny, les chanoines séculiers qui desservaient la collégiale de ce lieu par des religieux du Mont-Saint-Eloi. Cette mesure, prise de concert avec Hugues de Camp-d'Avesnes, comte de Saint-Pol, fut ratifiée par le roi de France Louis VI, par Thierry d'Alsace, comte de Flandre [3], et par le page Eugène III. L'abbé Hugues doit donc être considéré comme fondateur du prieuré d'Aubigny, dont l'histoire se lie étroitement à celle que nous écrivons. Ce prélat souscrivit, en 1132, à une charte de Milon premier du nom, évêque de Térouanne, en faveur de l'abbaye d'Andres [4]. Il est repris comme témoin dans l'acte de fondation de celle de Marœuil. On trouve son nom au bas d'un privilége de 1141, émané du même Alvise, pour le monastère de Château-l'Abbaye, près de Mortagne. Hugues assista au deuxième concile général de Latran et à d'autres assemblées tenues en France. On fixe sa mort au 12 août 1151, après un règne de vingt-deux ans.

IV

Raoul, neveu de l'abbé Richard et prieur de Rebreuve [5],

---

[1] Ms. d'André Le Vaillant, p. 19. — *Recherches sur le Boulonnais*, par D. Ducrocq, religieux de Samer, p. 189 de notre Ms.

[2] Environ l'an 1136, selon A. Le Vaillant.

[3] Miraux, t. IV, f° 198.

[4] Ordre de Saint-Benoit, dans l'ancien comté de Guines.

[5] *Chronique* manuscrite de Rebreuve, attribuée à l'abbé Doresmieux.

avait succédé au précédent en 1153 ; car il assista cette année-là au synode tenu à Arras par l'évêque Godescalc. Il obtint du pape Alexandre III une sentence contre le chevalier Bauduin d'Averdoing, qui mit fin aux contestations soulevées par ce seigneur, au sujet d'une prébende revendiquée par le prieuré d'Aubigny. Il se rendit à Tours pour la célébration d'un concile, et mourut peu de temps après (1664).

V

Wicard, élu pour lui succéder, ne fit que paraître et disparaître sur le siège abbatial ; sa mort est datée du 19 avril 1164.

VI

On choisit, après lui, Wirenfrid, prieur d'Aubigny, qui, à son tour, décéda peu de temps après (29 janvier 1165).

VII

Eustache l'avait remplacé dans le cours de la même année, car il fit, en 1165, un accord avec Gosvin, abbé d'Anchin. Ce prélat se rendit remarquable par la haute portée de ses connaissances. Les auteurs du *Gallia christiana* nous le représentent comme très-versé dans les sciences sacrées et profanes. André Le Vaillant ajoute[1] « qu'il obtint du pape Alexandre troisième beaucoup de beaux priviléges pour la maison du Mont-Saint-Eloi, et entre autres une nouvelle confirmation de la maison d'Aubigny ; qu'en son temps fut fait un accord entre les religieux de Marœuil et ceux du Mont-Saint-Eloi pour les dîmes de Sombrin et de Soncamp. » Cet accord eut lieu en 1173, en présence de Manassès, abbé de Choques. Eustache gouverna le monastère pendant seize ans, et cessa de vivre, en 1181, le 7 novembre.

[1] Ms. précité, p. 23.

VIII

Jean, deuxième du nom, obtint du souverain-pontife Urbain III, pendant le séjour qu'il fit à Rome, la faculté de porter la mitre et les autres insignes de la prélature, sous cette clause toutefois, que ce privilège tout personnel ne pourrait être revendiqué par ses successeurs. Cette distinction porta ombrage à l'évêque d'Arras Frumauld et à son chapitre. Tandis que l'abbé Jean était à Rome, ce même évêque donna au prieur d'Aubigny Wirinfrid la bénédiction abbatiale, et l'installa dans l'église du prieuré, qu'il convertit en abbaye. Cette mesure ne fut point agréée par le Pape, qui, au contraire, annula l'ordonnance de l'évêque sur la demande de l'abbé Jean.

La ville d'Arras et le diocèse furent troublés, vers le même temps (1183), par une secte qu'on croit avoir été celle des Vaudois [1], et dont les deux principaux chefs se nommaient l'un Raoul, l'autre Adam-le-Lettré. Guillaume de Champagne, archevêque de Reims, et Philippe d'Alsace, comte de Flandre, aidèrent Frumauld, évêque d'Arras, à détruire cette lèpre, qui infectait son troupeau. Plusieurs revinrent à l'unité catholique par la persuasion; mais il y en eut d'autres, dit d'Oudeghert, exécutés par le dernier supplice.

Le pape Urbain III, qui avait apprécié le mérite et la haute capacité de l'abbé Jean, le nomma évêque *in partibus*. Il ne jouit que peu de temps de cette dignité, et mourut le 5 septembre 1191.

IX

Il fut remplacé, en 1193, par Grégoire, prieur de Re-

---

[1] Ces hérétiques, dit Lesbronssart dans ses *Annotations sur d'Oudegherst*, paraissent n'avoir été que de prétendus sorciers, et peut-être des Vaudois et des Albigeois qui, du midi de la France, s'étaient répandus jusque dans les provinces du nord.

breuve, qui ne régna que deux ans. André Le Vaillant le fait mourir le 31 juillet 1195 ; mais les auteurs du *Gallia christiana* sont plus exacts en disant qu'il donna sa démission.

X

Reinauld, qui lui succéda, vendit à Bauduin, abbé d'Hénin-Liétard, les bois qui avoisinent Wavrechin. Il céda, le 8 mars 1197, pour trois cents livres parisis, à Simon, abbé d'Anchin, les droits qu'il avait sur un fief situé à Doullens. Cette cession se fit en présence de l'évêque d'Arras, de Grégoire, abbé démissionnaire, et du prieur Didier. Reinauld mourut, d'après Ferry de Locre et A. Le Vaillant, le 30 août 1197.

XI

On élut, pour le remplacer, Asson de Coupigny, qui était prieur de Rebreuve. Elbert de Béthune, seigneur de Carency, donna de son temps le champ de l'Aumône et le bois d'Oreillemont, qui était contigu. Cette donation avait pour objet le soin des pauvres. Ce chevalier fut inhumé à titre de bienfaiteur dans le cloître, sous un monument en marbre qu'on remarquait à l'un des angles, près d'une statue vulgairement nommée *le Dieu du Mandé*[1]. « Et pour cette occasion, dit A. Le Vaillant, se fait en ladite place

[1] Le P. Ignace, capucin d'Arras, nous a laissé dans ses mémoires mss. t. VIII, la description du tombeau d'Elbert de Carency. « C'est, dit-il, une tombe de marbre noir sculptée en bosse, et représentant la figure d'un chevalier qui a sur sa poitrine un écusson aux armes de Béthune. Il a les mains jointes, l'épée au côté, la tête couverte d'un casque qui lui cache le menton et la lèvre inférieure. Le reste du visage est découvert. Le corps est revêtu d'une espèce de tunique au bas de laquelle sont des franges. Ce vêtement ne dépasse pas les genoux. La jambe est couverte d'une sorte de brodequin ou haut-de-chausse. Sur la gauche se drape une robe qui descend jusqu'aux talons. Aux pieds, est un serpent. Au chevet du mausolée, on a pratiqué une niche ornée de bas-reliefs et soutenue par deux colonnes. »

journellement *le Mandé*, qu'on appelle de trois pauvres, en leur lavant les mains et en donnant à chacun une niche en mémoire de cette donation. Et, pour tant plus satisfaire à sa pieuse intention touchant l'hospitalité des pauvres, par-dessus les aumônes ordinaires nous furent aussy données les terres de Firescamp et de Foufflin par diverses personnes. » Un ouragan qui survint en 1198 causa de grands ravages dans le pays, renversa plusieurs édifices et notamment l'église de l'abbaye. La maison du Mont-Saint-Eloi eut à souffrir en outre, dans le cours de cette même année, de la guerre que Richard, roi d'Angleterre, et le comte de Flandre Baudouin de Constantinople, firent au roi de France Philippe-Auguste. Ils vinrent assiéger Arras, sans parvenir toutefois à s'en emparer ; mais tout le pays fut ruiné à cette occasion [1]. L'abbé Asson s'appliqua à réparer ces pertes, et mourut le 19 avril 1208.

XII

Désiré ou Didier, doyen de Saint-Pierre de Lille, avait renoncé à cette dignité pour s'unir plus étroitement à Dieu dans la solitude du Mont-Saint-Eloi. Il était prieur d'Aubigny lorsque ses collègues l'élurent pour remplacer Asson de Coupigny. Les chroniques du monastère [2] rapportent que, sous son administration, Fernand, comte de Flandre, ayant voulu rentrer en possession des villes d'Aire et de Saint-Omer, « tout ce pays fut bruslé et exilé depuis Arras jusqu'à la mer ; » que les églises furent pillées et profanées à l'occasion de cette terrible lutte, mais que cet état de choses prit fin en 1214, après la bataille de Bouvines, où Fernand fut fait prisonnier. « Il y eut paix par plusieurs années. » L'abbé Didier en profita pour réunir des matériaux

---

[1] V. *Histoire des comtes de Flandre*, précitée, chap. XIII, p. 431.
[2] Notamment celle d'Aubigny.

qui devaient servir à la reconstruction de son église conventuelle et pour s'appliquer à rétablir la discipline monastique. André Le Vaillant croit qu'on lui dut la plantation des vignobles qui furent longtemps exploités dans le parc du Mont-Saint-Eloi. Il cessa de vivre le 23 février 1219. On voyait son tombeau dans la chapelle de Saint-Jacques, au côté droit du chœur de l'église.

XIII

Richard, deuxième du nom, né à Sailly-la-Bourse, remplissait la charge de sous-prévôt lorsqu'on l'élut, en 1219. Tout pénétré de zèle pour l'avancement spirituel de ses religieux, il fit, comme son prédécesseur, fleurir la discipline monastique. Ce fut lui qui fit construire l'église abbatiale qui subsista jusque vers le milieu du siècle dernier. André Le Vaillant ne nous a point laissé la description de ce monument de la première période du treizième siècle. Il reçut au nombre de ses religieux Pierre de Colmieu, prévôt de la collégiale de Notre-Dame à Saint-Omer. Cet homme, qui passe pour avoir été l'un des plus savants et des plus habiles de son siècle, avait refusé plusieurs évêchés, et notamment celui de Térouanne [1]. Le pape Innocent IV l'appela aux évêchés de Rouen et d'Albe et le créa cardinal [2]. Pierre de Colmieu conserva un affectueux souvenir du séjour qu'il avait fait dans l'abbaye. « Il l'enrichit, dit A. Le Vaillant, et amplifia beaucoup, nous faisant plusieurs beaux dons en argent, privilèges, livres et ornements d'église. »

Richard acquit, en 1224, de Hugues de Gand, seigneur d'Houdain, une portion de dîme située à Bajus. Il assista, en 1228, à la translation [3], que fit à Marœuil l'évêque d'Ar-

---

[1] *Annales manuscrites de Saint-Omer*, par Deneufville. M. Piers fait aussi le plus grand éloge de cet homme remarquable.

[2] Il fut aussi archevêque de Rouen.

[3] V. notre *Histoire de sainte Bertille*, p. 60.

ras Pontius, du corps de sainte Bertille dans une nouvelle châsse.

Le chroniqueur du Mont-Saint-Eloi nous révèle qu'en 1234 il y eut dans nos contrées une telle famine, que les hommes se virent contraints de se nourrir d'herbes, comme les animaux. Deux ans après, saint Louis érigea en comté le pays d'Artois en faveur de Robert son frère.

Le vertueux abbé Richard mourut en 1238, le 28 mars, après une administration de vingt ans. Il la rendit mémorable par la construction de l'église conventuelle et par la bonne harmonie qu'il fit régner dans la communauté.

XIV

Simon de Neufville, né en Bourgogne, était neveu de Raoul, évêque d'Arras. Avant son entrée en religion, il avait été chanoine et archidiacre du diocèse pour la partie d'Ostrevent. Sa haute capacité et ses vertus l'avaient fait élire, en 1239, abbé de Saint-Jean de Soissons. Après la mort de Richard, les religieux du Mont-Saint-Eloi le rappelèrent au milieu d'eux pour lui confier le gouvernement de leur monastère. « Il suivit, dit A. Le Vaillant, les traces de son prédécesseur, maintint la maison dans ses droits et priviléges, en revendiquant contre les religieux de Saint-Vaast les viviers d'Anzin, qu'ils prétendaient leur appartenir. » Le même chroniqueur ajoute « qu'il estoit merveilleusement libéral et miséricordieux envers les pauvres. » Il mourut après un règne de neuf ans et six mois, le 28 décembre 1248. On l'inhuma dans la chapelle de Saint-Jean, près du tombeau de Bauduin de Bapaume, archidiacre d'Arras, qui s'était aussi consacré au service de Dieu dans la maison du Mont-Saint-Eloi.

Les auteurs du *Gallia christiana* ont édité l'épitaphe de l'abbé Simon. Elle est ainsi conçue :

Patris in hac fossa tumulantur Simonis ossa.
In Ostrevannis bis denis præfuit annis.
Inde petens claustrum, boream mutavit in austrum.
In duplici cura servans claustralia jura,
Canonico more, gemino successit honore.
Pauperibus largus fuit hic et luminis Argus.

XV

Jean de Barastre, troisième du nom, était prévôt du monastère lorsqu'on l'élut pour succéder au précédent. Ce fut l'un des plus saints prélats qui aient administré l'abbaye. Il en fit reconstruire en grande partie les édifices et lui procura d'autres avantages temporels. Le Pape confirma, sur sa demande, les priviléges dont elle avait joui jusqu'alors. Il obtint, en 1260, de Marguerite, comtesse de Flandre et de Hainaut, l'exemption par terre et par eau de tout tonlieu, péage et vinage pour les choses dont l'abbaye pourrait avoir besoin [1]. Les princes qui régnaient alors conçurent pour lui la plus sincère estime. Ce saint abbé s'appliqua à n'admettre dans la communauté que des sujets d'une piété et d'une capacité reconnues. Ami et protecteur des hommes de lettres, il mit tous ses soins à faire fleurir les sciences parmi ses religieux. Il en fit étudier plusieurs à l'université de Paris. L'un d'eux, Etienne du Fermont, y fut reçu docteur et y enseigna la théologie.

Jean de Barastre était un homme pénétré d'une foi vive et profondément appliqué aux choses de Dieu. Chaque jour il méditait sur les souffrances et la mort du Sauveur; et, lorsqu'il célébrait les saints mystères, il versait des larmes en abondance, tant était grande la componction qui l'animait. Sa confiance en la Mère de Dieu était sans bornes. Souvent aussi il invoquait saint Jean l'évangéliste, son patron. Il en

---

[1] *Foppens diplomata belgica*, t. III, fº 600. Ce privilége fut ratifié, en 1268, par Robert, comte d'Artois. Ibid, fº 602.

était de même des autres saints ; et il disait fréquemment qu'il devait à leur intercession le succès de ses entreprises.

Sa grande humilité jointe à l'aménité de son caractère lui valut l'estime des princes et de la haute noblesse de son époque. Ces faveurs ne lui firent rien perdre de la tendre affection qu'il avait vouée aux pauvres. Il s'était constitué leur père nourricier, les visitait durant leurs maladies et jusque dans les prisons. Le pape Grégoire X et le roi saint Louis voulurent entretenir avec lui des relations. Ce prince lui donna, en 1261, une épine provenant de la couronne du Sauveur et des ornements fleurdelisés pour son église [1]. Le même souverain pontife l'invita, en 1274, au concile général de Lyon ; mais il ne put s'y rendre, à cause de son grand âge, et se fit représenter par deux de ses religieux, Etienne du Fermont et Jacques Desfontaines. Le Pape les reçut avec distinction, et, contre les règles ordinaires, il admit au baiser de paix Etienne du Fermont. Jean de Barastre mourut en grande réputation de sainteté, selon la chronique d'Aubigny, le 14 mars 1275 [2].

XVI

Etienne du Fermont (en latin *de Firomonte*) fut rappelé par ses collègues, de l'université de Paris, où il enseignait, pour diriger la communauté. Ce prélat, qui lui-même était fort instruit, entretint parmi les siens le goût des hautes études. Plusieurs jeunes gentilshommes se vouèrent à l'état religieux sous son habile direction, et il les mit à même d'obtenir les grades que conférait l'Université. Le parc de l'abbaye n'était point clos de murs du côté de Berthonval : il acquit divers terrains, sur lesquels il établit la muraille d'en-

[1] Raissius a inséré dans son *Trésor des reliques de Belgique*, p. 207, le titre de cette donation.

[2] Dans son *Auctarium ad natales sanctorum Belgii*, Raissius le qualifie de vénérable et de bienheureux. V. p. 36, 37.

ceinte qui vint s'unir à celle construite depuis longtemps vers Ecoivres. Sa famille contribua à l'ornementation de l'église. On y voyait encore au dix-septième siècle de grands chandeliers d'argent qui provenaient des frères et des sœurs de cet abbé. On continuait de prier pour eux en exécution des fondations qu'ils avaient faites au monastère.

Pierre de Noyon, évêque d'Arras, s'étant retiré au Mont-Saint-Eloi pour y terminer sa carrière dans le calme de la retraite, exprima le vœu d'avoir pour successeur Etienne du Fermont; mais cet abbé supplia le chapitre de ne point songer à lui. Il protesta même, par un acte public et notarié, contre les démarches qui pourraient être faites en sa faveur auprès de la cour de Rome. Selon la chronique d'Aubigny « il sortit de cette vallée de misère le jour de l'Assomption de Notre-Dame (1291), comme il l'avait désiré. »

XVII

Servais de Guez, docteur en théologie de l'université de Paris, né en Brabant, lui succéda par acclamation. Quand ce nouvel abbé eut reçu de Guillaume de Isiaco, évêque d'Arras, la bénédiction abbatiale, il s'appliqua à faire fleurir dans son monastère la piété que lui-même pratiquait et à laquelle il joignait une grande pureté de vie. D'après le portrait qu'André Le Vaillant trace de ce prélat, il était d'une douceur et d'une amabilité remarquables, sévère pour lui et indulgent à l'égard des autres. Le goût prononcé qu'il avait pour l'étude ne l'empêchait pas de supporter les fatigues du jeûne et des veilles. Il prêchait en outre souvent, et remplissait avec zèle les fonctions du saint ministère au tribunal de la pénitence. Il joignait à ces pratiques d'autres austérités, « se contentait, dit A. Le Vaillant, d'un peu de pain brun, de bière et de potage, donnant le reste de sa prébende aux pauvres. » Il portait constamment un rude cilice. Malgré ses études, qui se prolongeaient bien avant dans la nuit, il ne se dispensait jamais de l'office du chœur, où il se trouvait toujours le premier.

Cet abbé obtint, en 1293, de Robert II, comte d'Artois, dont il était conseiller, un amortissement général des biens de son monastère. Il fut présent à l'élévation du corps de saint Louis, canonisé par le pape Boniface VIII, en 1299, et procura à son église une statue d'argent de ce prince, qui avait été l'un des bienfaiteurs de la maison du Mont-Saint-Eloi.

L'Artois eut beaucoup à souffrir durant les guerres qui eurent lieu entre Philippe-le-Bel et Gui de Dampierre, comte de Flandre. Les hostilités furent flagrantes depuis 1297 jusqu'après la bataille de Courtrai (11 mai 1202). « Il sembla alors, dit M. Edward Leglay, que les Normands avaient reparu dans les plaines belgiques[1]. » Les hostilités recommencèrent peu de temps après la funeste journée de Courtrai; les Flamands vainqueurs devinrent agressifs. Après une tentative infructueuse sur Saint-Omer, ils s'emparèrent de Térouanne, et « se ruèrent, dit André Le Vaillant, sur Arras, gastant tout le pays d'Artois, mettant tout au feu et à l'épée, dont la plus grande partie de nos granges et censes furent bruslées, et les terres briscadées et ruinées, de tant plus que ces Flamens ne portaient guère d'affection à cest abbé (Servais de Guez), pour estre l'un des principaux conseillers du comte d'Arthois. Il fust aussy grandement travaillé de la décime quy se levait sur tous les bénéfices du royaume[2]

---

[1] Œuvre précitée, t. II, p. 187.

[2] Philippe le Bel avait fait frapper, en 1302, de la fausse monnaie. L'année suivante, il obtint du pape l'autorisation d'établir sur les biens du clergé le décime et le demi-décime. Enfin, en octobre 1303, tous les habitants du royaume indistinctement furent contraints de contribuer à l'équipement d'un nombre indéterminé de gens de guerre, chacun dans la proportion de sa fortune. (Ibid., p. 261.)

par la permission de Clément V pour cinq ans, quy estoit une exaction fort exorbitante qu'on appelait maltote, laquelle fust imposée de la centiesme, puis de la cinquantiesme, tant sur le clergé que sur les laïcqs, dont plusieurs des principaux du pays en estoient fort malcontents. »

Robert II, comte d'Artois, fut tué à la bataille de Courtrai. Il y reçut trente blessures, et on le mutila horriblement après sa mort. Il eut pour successeur Mahaut, sa fille, si connue par ses libéralités et les nombreuses fondations qu'elle fit en Artois dans l'intérêt des pauvres. Cette princesse avait voué un intérêt particulier à l'abbaye du Mont-Saint-Eloi, en considération des hautes vertus de l'abbé Servais. On conservait d'elle un ornement complet en draps d'or qui avait reçu le nom de *vieux ornements de saint Vindicien*, probablement parce qu'on s'en était longtemps servi le jour de sa fête. La comtesse Mahaut avait donné, en outre, au monastère deux cents livres pour la fondation d'un obit annuel après sa mort. L'abbé Servais obtint, en 1306, du chapitre de Noyon, une portion des reliques de saint Eloi[1]. Par suite des guerres qui eurent lieu pendant le règne de cet abbé, les religieux cessèrent de cultiver et de faire valoir eux-mêmes leurs terres dans les divers lieux où ils avaient des biens. « Ils furent tenus, dit la chronique d'Aubigny, par des laïcs et séculiers, à l'exclusion des frères convers.» L'abbé Servais sortit de ce monde le 17 janvier 1313, après une administration de vingt-deux ans. Les auteurs du *Gallia christiana* le font mourir un an plus tard. Ferry de Locre s'est trompé en plaçant en 1309 la mort de ce prélat.

XVIII

Bernard du Pont était prieur de Rebreuve lorsque ses collègues l'appelèrent par leurs suffrages à les diriger en qua-

---

[1] Raissius, *Trésor des reliques de Belgique*, p. 207.

lité d'abbé. Il reçut dans son église la bénédiction abbatiale le 17 février 1313. De concert avec Pierre de Chappes, évêques d'Arras, il introduisit l'usage du rochet pour les religieux des hautes stalles du chœur. La chronique d'Aubigny nous révèle que, pendant son règne, la province fut, à plusieurs reprises, affligée de la peste, qui exerça ses ravages notamment en 1315 et en 1321. La mort de Bernard du Pont est fixée par divers auteurs au 19 juillet 1334.

XIX

On lui donna pour successeur Nicolas de Duisans, premier du nom, docteur en théologie et prieur d'Aubigny. Ce fut sous son règne qu'eut lieu la première invasion des Anglais en Flandre et en Artois. « Tel fut, dit la chronique qui vient d'être citée, le commencement des grandes guerres entre les François et Anglois, qui durèrent cent ans et plus, à la désolation de ce pauvre pays d'Arthois. » Nicolas de Duisans mourut, après une administration de vingt-six ans, le 25 mars 1350.

XX

Michel Coulon, issu d'une noble famille, était prieur de Rebreuve lorsqu'on l'élut pour succéder au précédent. Le chevalier Pierre de Boncourt ayant institué, en 1353, sur le Mont-Sainte-Geneviève à Paris, le collège qui prit son nom et qu'il dota de huit bourses pour des jeunes gens du diocèse de Térouanne, ce fondateur confia la haute direction de cet établissement aux abbés de Saint-Bertin et du Mont-Saint-Eloi. Michel Coulon et Alelme, qui dirigeait alors la maison de Sithiu, rédigèrent des statuts pour ce collège.

Edouard III, roi d'Angleterre, avait réuni à Calais des Brabançons et des Allemands, qui ne tardèrent point à compromettre la tranquillité de cette ville, dont il venait de s'emparer avec tant de peine. Pour s'en débarrasser, il les envoya fourrager en Artois et en Picardie. « Ils montèrent à cheval, dit Marin-Bailleul[1], au nombre de deux mille, armés jusqu'aux dents, sans les archers et gens de pied, passèrent vers Saint-Omer et Térouanne, et cheminèrent jusqu'à l'abbaye du Mont-Saint-Éloi vers Arras, où, pour les raffraîchissements quy y estoient, il séjournèrent quatre jours. » André Le Vaillant ajoute qu'ils emportèrent un butin considérable, et le chroniqueur d'Aubigny dit qu'ils pillèrent tout aux environs, « que, pour lors, on n'avait labouré la terre depuis trois ans, d'où s'ensuivirent très-grandes pauvretés. » Michel Coulon survécut à ce désastre durant environ quatre ans, et quitta ce monde le 11 septembre 1363.

XXI

Jacques de Sailly, né au village de ce nom, près de Beuvry, était sous-prévôt lorsqu'on l'élut pour tenir la crosse abbatiale. André Le Vaillant le représente comme un homme éloquent et d'un physique remarquable. Il mourut après cinq mois de règne (1364).

XXII

Nicolas de Noyelette, ou de Noulette, deuxième du nom, bachelier en théologie, nous est dépeint comme un personnage fort vénérable. Sous sa prélature (1370), « les faubourgs d'Arras furent bruslez et tout le pays d'Arthois gasté par les Anglois, et ceste maison ressentit de grands dommages[2]. — En ce temps, les Flamens se révoltèrent, principalement les Ganthois allencontre de leur comte ; ce

---

[1] *Antiquités plus remarquables de la ville et port de Calais et puys reconquis.* Ms. de notre bibliothèque, p. 112.

[2] André Levaillant.

qui causa de grandes guerres par tout ce pays d'Arthois [1]. — En 1273, dit la chronique d'Aubigny, le duc de Lancastre passa aussy avec une armée de quatre-vingt-dix mille hommes durant le mois d'août; il séjourna aussy en l'abbaye du Mont-Saint-Eloy, faisant beaucoup de mal par tous lieux où il passait, comme aussy l'armée du roy de France, qui le suivoit. » Telle fut la détresse du pays en 1385, que les abbayes se virent forcées de vendre leurs ornements d'église et leurs vases sacrés. Deux ans plus tard, de nouveaux impôts plus onéreux que les précédents pèsent sur les sujets du roi de France dans le but de lutter contre l'Angleterre. Pour comble d'infortune, l'armée française traverse l'Artois et ruine tout sur son passage [2]. L'abbé du Mont-Saint-Eloi, après un triste règne de vingt-cinq années, passe de cette vallée de misère à une vie meilleure, le 18 novembre 1388.

XXIII

Michel d'Allennes, de noble lignée, et parent d'André Le Vaillant, était né à Rebreuve-sous-les-Monts. Son élection fut confirmée par une bulle du pape Clément VII, datée du 13 des calendes de mars 1390. Cet abbé est mentionné dans les actes du concile de Pise (1409), comme s'y étant fait représenter. Il obtint du duc de Bourgogne Jean-sans-Peur, le 10 septembre 1413, l'autorisation de munir de tours l'enceinte de l'abbaye, à charge d'offrir, à chaque mutation d'abbé, une lance aux princes souverains d'Artois. Après la prise de Bapaume en 1414, le roi Charles VI vint, à la tête d'une armée qui comptait plus de deux cent mille hommes, mettre le siége devant Arras [3]. Ce prince établit son camp à Wailly. Louis, duc de Bourbon, qui

---

[1] André Levaillant. == [2] *Chronique d'Aubigny.*
[3] V. les *Siéges d'Arras*, par M. A. d'Héricourt, p. 39 et suiv.

s'était retranché avec l'avant-garde du côté de Baudimont, fit piller les villages qui se trouvaient de ce côté, au moment où l'on commençait la moisson. L'abbaye du Mont-Saint-Eloi et le prieuré d'Aubigny perdirent toute leur récolte. Le duc de Bourbon s'établit même dans le monastère avec plusieurs seigneurs. Ses troupes enlevèrent les cloches, le fer, le plomb et tout ce qu'elles y trouvèrent qui put être transporté. « En sorte, dit A. Le Vaillant, que le pays d'Arthois et cette maison furent fort oppressés par les François. » Un traité de paix publié le 4 septembre mit fin aux hostilités, et les bannières de France flottèrent sur les portes et les principaux monuments de la ville d'Arras.

Le désastre d'Azincourt, qui eut lieu l'année suivante, aggrava les maux qu'endurait la province. Le chroniqueur du prieuré d'Aubigny fait remarquer que, par suite de ces guerres, il y eut une telle rareté de chevaux, qu'on en manquait pour la culture. Michel d'Alennes mourut le 4 novembre 1424.

XXIV

Il fut remplacé par Jean Bullot, quatrième du nom, né à Gouy-Terna. La bulle qui confirme son élection est datée du quatrième jour des calendes de février 1425. Les religieux s'étaient retirés pendant la guerre dans leur refuge de Douai, y avaient transporté ce qu'ils possédaient de plus précieux, notamment le corps de saint Vindicien, qui y resta pendant trente-quatre ans. Jean Bullot résolut de faire rentrer dans l'église abbatiale ce précieux dépôt. Il fit confectionner une nouvelle châsse d'un travail remarquable, ornée d'argent, d'or et de pierres précieuses. Ayant pris jour ensuite avec Hugues de Cayeux, évêque d'Arras, ce pontife, accompagné d'un nonce apostolique qui se trouvait alors près de lui ; de l'abbé de Saint-Vaast, de plusieurs autres prélats, de tout le couvent du Mont-Saint-Eloi et d'un immense concours de peuple, retira de l'ancienne châsse les reliques du saint, les enveloppa dans une étoffe de soie, puis les plaça dans le nouveau reliquaire. En même temps, le chœur de la cathédrale, l'orgue et d'autres instruments de musique faisaient résonner des hymnes et des psaumes analogues à cette solennité.

« On fut très-édifié, dit l'abbé Doresmieux, à qui nous empruntons ce récit[1], de la fervente piété qui se fit remarquer parmi les religieux du Mont-Saint-Eloi. De la part du peuple, c'était à qui approcherait assez près pour baiser la châsse, et l'on vit, à cette occasion, couler des larmes de joie. L'ancien reliquaire ayant été réduit en morceaux, chacun voulait en obtenir quelque parcelle pour l'emporter dans sa maison. L'évêque, déployant le plus beau zèle dans cette circonstance, accompagna le corps du saint avec tout son clergé jusque dans le faubourg, et cette procession se fit au son des cloches de la cathédrale et de l'abbaye de Saint-Vaast. De là le cortége se dirigea avec grand appareil vers le Mont-Saint-Eloi. Il était précédé d'un peloton d'arbalétriers, qui marchait enseignes déployées et musique en tête. Les religieux suivaient la châsse en ordre, chantant des hymnes et des cantiques. Leur abbé, comme autrefois David, témoignait par son geste et l'expression de ses traits la joie toute spirituelle dont il était animé. Enfin, le peuple fermait cette marche triomphale, par un temps magnifique; le cortége était si nombreux, que la route militaire qui mène au Mont-Saint-Eloi parut être toute couverte par cette multitude. Quand on fut arrivé à l'église de l'abbaye, la châsse fut renfermée dans un tabernacle récemment décoré et disposé pour la recevoir. Et, afin que la postérité ne perdît pas le souvenir de cette solennité, l'abbé et son cha-

[1] Voyez les *Acta sanctorum Belgii*, t. V, p. 503 et suiv., § III, p. 33.

pitre décidèrent que, chaque année, aux nones de juillet, on célébrerait l'anniversaire de cette translation, lequel tiendrait lieu de la fête de l'élévation du corps de ce saint évêque, qui se solennisait aussi auparavant le 7 des calendes de juillet. » Cette translation se fit en 1433, d'après André Le Vaillant.

Jean Bullot construisit l'église paroissiale du Mont-Saint-Eloi, et acquit, en 1434, à Arras, le pouvoir de Chaûnes avec toutes ses dépendances. Il y établit un refuge pour la communauté en temps de guerre. Cette propriété est encore aujourd'hui connue sous le nom de *Refuge Saint-Eloi*. Son prédécesseur avait, comme on l'a vu, obtenu du duc de Bourgogne l'autorisation de fortifier le monastère ; il exécuta ce projet, que Michel d'Allennes n'avait pu réaliser. Il renouvela la clôture de l'abbaye, qui, dès ce moment, se trouva flanquée de plusieurs tours de défense. Jean Bullot fit consacrer, en 1439, l'autel de Saint-Eloi, où il plaça les reliques de saint André, de saint Adrien, des Onze Mille Vierges, et autres saints. Il mourut le 3 juillet 1452, après avoir occupé pendant vingt-huit ans la chaire abbatiale.

XXV

Les religieux élurent, peu de jours après sa mort, Jean Pingrelem cinquième du nom. « Il était, dit André Le Vaillant, de noble maison, et a gouverné le temporel fort louablement, nonobstant les guerres continuelles, et notamment après la mort de Charles, ducq de Bourgogne. » On sait que ce prince, connu sous le nom de Charles-le-Téméraire, mourut dans les plaines de Nancy, le 5 janvier 1477. A peine Louis XI eut-il appris cet événement, qu'il dirigea ses troupes vers la Picardie et l'Artois. Ayant pénétré jusqu'à Doullens, il envoya sommer Arras de se rendre. « Adolphe de Clèves, dit M. d'Héricourt[1], seigneur de

[1] *Siéges d'Arras*, p. 67.

Ravenstein, et Philippe de Crèvecœur, seigneur d'Esquerdes, chevalier de la Toison-d'Or, qui se trouvaient alors à Arras, demandèrent une entrevue : l'abbaye du Mont-Saint-Eloi en fut le théâtre. » On ne conclut rien dans cette assemblée, dont les principaux orateurs furent Philippe de Commines pour le roi, et Jean de La Vacquerie pour la ville d'Arras. Louis XI s'installa dans la cité le 4 mars, chez un chanoine du nom de Pierre Du Hamel. S'étant rendu à Hesdin peu de temps après, les habitants d'Arras, qui étaient très-dévoués à Marie de Bourgogne, héritière de Charles-le-Téméraire, lui envoyèrent des députés; mais ils furent arrêtés à Pont-à-Vendin et conduits à Hesdin, où ils subirent la peine capitale. Le roi revint à Arras et en fit presser le siège avec une grande activité; elle se rendit, et il voulut y entrer par la brèche. Quelques habitants furent mis à mort : d'énormes impôts pesèrent sur eux, ainsi que sur les religieux de Saint-Vaast. Ce prince finit par les exiler, ainsi que tous les citoyens, sans avoir égard ni au sexe ni à l'âge. Il imposa même à cette malheureuse ville un nouveau nom, voulant qu'elle prît celui de *Franchise*. Il fit venir, pour la repeupler, des colons de tous les points de la France. La chronique d'Aubigny nous révèle que le bourg de ce nom se ressentit de la cruauté de Louis XI, et qu'il en fut de même de l'abbaye du Mont-Saint-Eloi. On a conservé peu de faits sur l'administration de Jean Pingrelem, qui dut être si difficile à cette malheureuse époque. On voit que le pape Innocent VIII l'autorisa à faire ordonner prêtre ses religieux à l'âge de vingt-et-un ans, privilége qui cessa après la publication du concile de Trente. L'abbé du Mont-Saint-Eloi mourut le 24 décembre 1486.

XXVI

Les religieux élurent unanimement, pour le remplacer,

Antoine de Coupigny, issu d'une noble et ancienne famille d'Artois. Il fut béni par Pierre de Ranchincourt, évêque d'Arras. Cet abbé se rendit remarquable par sa vie exemplaire et surtout par sa tendre piété envers la sainte Vierge. Il pourvut, au moyen d'une fondation, à l'entretien d'une lampe devant l'autel de Notre-Dame érigée dans la crypte ou chapelle souterraine de l'église conventuelle. Il régla, en 1497, que tous les samedis les religieux s'y rendraient après vêpres pour chanter le *Salve Regina*. Antoine de Coupigny enrichit la trésorerie de son monastère d'une statue de la Vierge en argent, ainsi que de plusieurs ornements et objets d'art de même matière. On lui dut l'institution de fêtes en l'honneur des saints dont les reliques étaient vénérées dans le couvent. Il fit entrer ses religieux en relation de prières avec plusieurs monastères et diverses familles recommandables par leur foi et leur piété.

A son avènement à la prélature, la maison était chargée de redevances ; il les remboursa, et acquit même quelques nouveaux fiefs, notamment celui qu'on nommait vulgairement *les Gaules*, à Roclincourt. Il acheta en outre, à Arras, la maison dite *des Maillets*, pour agrandir le refuge. Ce même prélat obtint du pape Léon X, en 1514, la faculté de porter la crosse et la mitre, ou plutôt il fit renouveler ce privilège, qui avait été accordé à ses prédécesseurs. Le clocher du monastère fut restauré par ses soins, et on lui dut plusieurs autres constructions. Antoine de Coupigny mourut le 20 mai 1520, après un règne de trente-trois ans, durant lesquels il ne cessa d'édifier sa communauté, ainsi que tous ceux qui rentrèrent en rapport avec lui.

Durant les deux années qui suivirent sa mort, l'abbaye fut administrée par le prieur Martin Doresmieux. Ce fut lui qui donna l'habit religieux à Guillaume Ruelle, *clocheman* du monastère, ou, si l'on veut, serviteur conventuel.

Comme on le verra ci-après, il devint abbé du Mont-Saint-Eloi.

XXVII

L'empereur Charles-Quint, ayant obtenu du souverain-pontife Léon X, pour lui et ses successeurs, la faculté de nommer aux bénéfices ecclésiastiques, et notamment aux abbayes vacantes, donna celle du Mont-Saint-Eloi à Jean de Feucy. Il était neveu de Jacques Le Vasseur, abbé d'Hénin-Liétard, qui l'admit au noviciat en 1475, et l'envoya à Bapaume après sa profession pour y suivre un cours d'études. Il n'y demeura qu'un an. Aussi n'eut-il jamais, dit dom Gosse[1], qu'une faible connaissance des lettres. Mais le génie suppléa en lui au défaut d'études. Nommé coadjuteur de de son oncle en 1514, il le remplaça l'année suivante. Le comte de Rœux, Adrien de Croy, gouverneur de Flandre et d'Artois, l'honora de sa bienveillance, et cette protection lui valut celle de l'empereur lui-même. Il en obtint sa nomination à l'abbaye du Mont-Saint-Eloi avant même qu'Antoine de Coupigny eût rendu le dernier soupir. Les religieux, qui n'avaient aucun lieu de soupçonner un tel fait, s'étaient réunis capitulairement après la mort de leur abbé, et avaient élu l'un de leurs collègues, Philippe de Marconnelle. Il en résulta, entre les deux compétiteurs, un procès qui fut déféré au tribunal du Pape. Jean de Feucy fut plusieurs fois excommunié et absous tour à tour; mais, fortement appuyé par Charles-Quint, il l'emporta enfin par un jugement rendu le 23 août 1521. Il prit définitivement possession du monastère en 1522, et conserva son abbaye d'Hénin-Liétard. On donna avec une pension le prieuré d'Aubigny à Philippe de Marconnelle, et il obtint peu après l'abbaye de Ruisseauville.

[1] *Histoire d'Arrouaise*, p. 273.

Jean de Feucy s'était vu contraint de se faire escorter d'un détachement de la garnison d'Arras pour aller prendre possession de son monastère. Il parvint néanmoins à s'attacher des religieux, en leur faisant comprendre que, dans les temps fâcheux où l'on se trouvait, il leur fallait pour chef un homme d'un crédit plus qu'ordinaire auprès du prince. Charles-Quint, dont il était conseiller, le visita au Mont-Saint-Éloi : et tandis que les autres monastères souffraient considérablement du séjour des armées dans la province, ceux d'Hénin-Liétard et du Mont-Saint-Éloi étaient respectés et n'avaient à supporter aucun dommage. L'empereur employa souvent Jean de Feucy dans des affaires importantes. Il avait en lui une telle confiance, qu'il le nommait son *père d'Artois*. Voici comment André Le Vaillant caractérise Jean de Feucy : « Il estoit fort doux aux bons et sévère aux méchants, affable et libéral envers les pauvres, et avoit l'esprit sy vif et sy versé dans les affaires que l'empereur se servit de luy dans son conseil privé. » On dut à ce prélat la reconstruction partielle des bâtiments du monastère et celle du moulin qui se trouvait dans le parc. Il fit successivement nommer à l'abbaye d'Eaucourt deux de ses religieux du Mont-Saint-Éloi, Yves Dalure ou Delarue, et Antoine de La Hamaide. Il obtint pour coadjuteur au Mont-Saint-Éloi, d'abord George d'Egmond, ensuite Eustache de Croy, frère du comte de Rœux et évêque d'Arras ; mais ce prélat, qui devait tenir l'abbaye en commende, étant mort en 1539, Jean de Feucy présenta et obtint David Hay, prévôt de la maison, qui lui succéda comme abbé régulier. Cet homme, qui, selon dom Gosse, fut l'un de ceux qui firent le plus d'honneur à la congrégation d'Arrouaise, à laquelle il appartenait par sa profession religieuse, mourut dans un âge avancé, le 24 avril 1542[1]. Il reçut la sépulture dans l'église

---

[1] Jean de Feucy a laissé en manuscrit : 1° des *Notes sur les abbés du*

abbatiale du Mont-Saint-Eloi. Voici l'épitaphe qu'on grava sur son tombeau :

> Conditur hoc sculpto sub marmore Feucius abbas
> Judicio clarus nec pietate minor.
> Hanc virtute domum, tectis et honoribus auxit
> Consilio juvit Belgica sceptra suo.

Le poëte Nicaise Ladam a composé sur cet abbé une longue épitaphe en vers français que M. Dancoisne a insérée dans ses *Recherches historiques sur Hénin-Liétard* [1].

XXVIII

David Hay, coadjuteur avec future succession, fut installé après la mort de Jean de Feucy, et ne régna qu'un an et trois mois, dans des circonstances pénibles, à cause des guerres qui désolaient la contrée. Il sortit de ce monde le 25 juillet 1543.

XXIX

Guillaume Ruelle, né aux environs de Béthune, de parents pauvres, avaient été reçu, comme on l'a dit ci-dessus, en qualité de domestique à gages, et admis ensuite à prendre

---

monastère d'Hénin-Liétard (les recherches faites par M. Dancoisne pour les découvrir ont été infructueuses ; 2° *Petit Traité de chronicque des forestiers de Flandres*, rédigé et mis par escript par révérend père et abbé sire Jean de Feucy, abbé des monastères du Mont-Sainct-Eloi et de Hénin-Liétard, et conseiller de l'empereur Charles-Quint. On en trouve un exemplaire à la bibliothèque d'Arras, qui porte le n° 34. Il en existait un autre, d'après le P. Ignace, dans la bibliothèque du Mont-Saint-Eloi ; 3° *Répertoire des titres estant au trésor des chartes d'Artois à Arras*, fait en l'an 1526. Il en existe un exemplaire dans les archives du département du Nord, à Lille. M. Godin, archiviste du Pas-de-Calais, en a une copie qui est déposée dans sa bibliothèque particulière. On peut consulter sur cet inventaire le *Mémoire de M. Leglay sur les actes relatifs à l'Artois*, qui reposent aux archives du département du Nord, imprimé tome IV, p. 19, des *Mémoires de la Société des antiquaires de la Morinie*.

[1] Voyez tome XI, 1re série, des *Mémoires de la Société centrale de l'agriculture du département du Nord, séant à Douai*, p. 446.

l'habit religieux. Il s'éleva par degrés, de telle sorte qu'il devint chapelain de Jean de Feucy. Ce prélat le nomma receveur du monastère, et il remplit cette charge avec intelligence. Charles-Quint ratifia le choix que les religieux firent de lui à l'unanimité. L'évêque de Salisbury, qui administrait le diocèse d'Arras pour Antoine Perrenot, plus connu sous le nom de cardinal de Grandvelle, lui donna la bénédiction abbatiale, le 20 janvier 1544. Il reçut dans son monastère la reine Éléonore, veuve de François Ier, et la princesse Marie, toutes deux sœurs de l'empereur. Malgré les maux qui pesaient sur l'Artois, par suite des guerres continuelles qui désolaient cette province, cet abbé trouva moyen de réparer et d'orner l'église conventuelle, en y établissant des orgues, des stalles et une horloge publique. Il fit en outre reconstruire à Arras, en 1550, le refuge de l'abbaye. Mais les années suivantes, de grandes calamités vinrent l'affliger. La guerre était flagrante entre Charles-Quint et le roi de France Henri II. Jean de Conteville, seigneur de Willebon, pénétra dans l'Artois à la tête d'un corps d'armée composé d'environ dix mille hommes, et s'en vint piller Aubigny. A son approche, les habitants s'étaient retirés avec les religieux du prieuré dans les bois de Hollain. Après cette première dévastation, l'ennemi se rendit au Mont-Saint-Éloi, où il ruina le village ainsi que l'abbaye. Il ne resta des bâtiments claustraux que l'église, le dortoir, le réfectoire, et quelques vieux édifices situés vers le cimetière. La bibliothèque fut incendiée ; on pilla les ornements de l'église, les bestiaux et une notable partie du mobilier. Plusieurs religieux furent faits prisonniers. Après avoir ainsi saccagé le monastère, Jean de Conteville retourna à Aubigny pour enlever une cloche qu'il avait fait briser et déposer dans l'enclos du prieuré. Les habitants s'étaient retirés dans le clocher ; l'un d'eux commit l'imprudence de lâcher un coup de mousquet qui étendit mort l'un des chefs de la troupe. Des canons furent alors braqués contre l'édifice, et il fallut se rendre à discrétion. Willebon fit massacrer de sang-froid vingt-sept de ces malheureux, parmi lesquels se trouvaient deux religieux, François de Parenty et Pierre Prévôt. Un prêtre séculier fut pareillement victime de cette barbarie. L'église, le prieuré et le bourg d'Aubigny devinrent ensuite la proie des flammes [1]. L'abbé Ruelle ne perdit point courage au milieu de ces pertes, auxquelles il faut encore ajouter celle de plusieurs corps de fermes de l'abbaye; il déploya beaucoup de zèle pour les réparer. Ce fut lui qui fit détruire les vignobles établis depuis plusieurs siècles dans l'enclos du monastère. Deux ans avant sa mort, il choisit pour coadjuteur François Bulay, prévôt de l'abbaye; mais il le précéda dans la tombe. Lui-même mourut le 5 juin 1571, après un règne de vingt-sept ans.

XXX

Jean Malpeau, septième du nom, exerçait la charge de prévôt lorsqu'on l'appela à tenir la crosse abbatiale. Il fut béni, à l'âge de quarante-huit ans, par François Richardot, évêque d'Arras, dans l'église du monastère, vers la fin d'octobre 1571. L'université de Douai avait été fondée depuis peu d'années (1563). Jean Malpeau, qui aimait les belles-lettres, s'imposa de grands sacrifices pour y faire étudier ses jeunes religieux. Il les plaça sous la direction d'Adrien Duquesnoy, qui, plus tard, devint abbé du Mont-Saint-Eloi. Il avait à peine accompli sa troisième année de règne, lorsqu'il mourut, le 3 novembre 1574.

XXXI

L'abbaye demeura vacante pendant quinze mois; Georges

---

[1] *Chroniques* d'André Le Vaillant et d'Aubigny.

Bellot, prieur du monastère, n'obtint son brevet du gouvernement espagnol que le 6 septembre 1575[1]. Il fut béni le 6 février suivant, par Louis de Berlaymont, archevêque de Cambrai. Cet abbé se fit remarquer par son zèle à procurer à l'office canonial plus de dignité, en réglant ce qui avait rapport à la liturgie. On lui dut l'institution de … du Saint-Sacrement les jeudis de chaque semaine. Ce fut lui qui fit refondre les cloches du monastère.

Des troubles sérieux avaient eu lieu à Arras en 1578. L'hérésie de Calvin, que favorisait le prince d'Orange, y fut prêchée. Quinze tribuns, à la tête desquels était Nicolas Gosson, avocat très-distingué, s'étaient institués, malgré l'opposition des échevins; et une portion du peuple qui portait le nom de *Vert-Vêtus* s'était révoltée contre l'autorité légitime. Cette faction hérétique, ayant répandu la terreur au milieu de la plus saine partie de la population, était parvenue à jeter dans les prisons de la ville Jean Sarrazin, abbé de Saint-Vaast; le chanoine Merlin, official d'Arras, et les membres de l'échevinage (16 octobre). Les bourgeois ne tardèrent point à prendre les dessus cependant, et, quatre jours après, le magistrat fut délivré. Il fit incarcérer Gosson avec cinq des tribuns les plus coupables. Le chef de la faction fut décapité, et les autres périrent par le supplice de la corde[2].

Les états d'Artois donnèrent, dans cette circonstance, des témoignages non équivoques de leur invariable attachement à la religion catholique, et les autres états de la Flandre wallonne partagèrent ce sentiment. Des députés d'Artois, de Hainaut, de Lille, Douai et Orchies, se réunirent, au mois de mai 1579, à l'abbaye du Mont-Saint-

---

[1] Premier registre aux commissions du conseil d'Artois, f° 511.
[2] Voir sur ces événements les relations de Pontus Payen, de Nicolas Ledé, et autres documents inédits, par M. Achmet d'Héricourt (1850).

Eloi, où ils passèrent trois semaines. Ils résolurent, dans leur conférence, que ces provinces resteraient attachées à l'Eglise romaine et à la domination d'Espagne. Vingt-huit articles furent rédigés à cet effet. L'assemblée se rendit ensuite à Arras, dans l'abbaye de Saint-Vaast, où ces articles furent approuvés par les députés d'Alexandre Farnèse, duc de Parme, gouverneur des Pays-Bas espagnols. Ces délégués étaient : Matthieu Moullart, évêque d'Arras; Jean de Sainte-Aldegonde, seigneur de Noircarme, et Guillaume Vasseur, écuyer, sieur du Valhuon. Un *Te Deum* fut chanté dans l'église de Saint-Vaast à cette occasion[1].

L'abbé George Bellot reçut, en 1586, l'évêque de Vercelle, nonce apostolique, qui se présenta en qualité de visiteur. Les religieux furent réunis en chapitre, et ce prélat leur adressa quelques exhortations. Il se rendit ensuite à Saint-Omer. L'année suivante, toute la province eut considérablement à souffrir de la rareté des céréales. La maison du Mont-Saint-Eloi s'imposa de grands sacrifices pour le soulagement des pauvres. L'abbé Bellot mourut en 1587, le 19 mai. On l'inhuma dans l'église de l'abbaye.

XXXII

Peu de temps avant sa mort, il avait obtenu pour coadjuteur et futur successeur Louis Ripper, prieur conventuel. Ce prélat était né à Bruxelles. L'évêque Matthieu Moullart lui conféra, au Mont-Saint-Eloi, la bénédiction abbatiale, en 1587, le jour de la fête de l'Exaltation de la sainte Croix. L'abbé Ripper était un homme excellent et d'une conscience délicate, mais qui, d'après le jugement qu'en a porté André Le Vaillant, se confiait trop aux inspirations qu'il recevait des hommes du monde. Il contracta des emprunts qui

---

[1] *Chroniques* d'A. Le Vaillant et d'Aubigny. — *Mém.* mss. du P. Ignace. — *Annales* manuscrites *de Saint-Omer*, par Deneufville, an. 1579.

ne purent être remboursés avant sa mort, qui arriva le 25 janvier 1591.

XXXIII

Adrien Duquesnoy, né à Estrée-Cauchy, lui succéda après quinze mois de vacance du siége abbatial. Il était bachelier en théologie. Après avoir exercé la charge de sous-prieur au Mont-Saint-Eloi, il était devenu curé d'Aubigny, puis prieur de Rebreuve, et il avait rempli ces différentes charges avec beaucoup de zèle et d'intelligence. C'était à la recommandation de Matthieu Moullart auprès du roi d'Espagne Philippe II qu'il devait sa promotion. Cet évêque le bénit, en juin 1592, dans sa chapelle. Les commis aux honneurs du magistrat d'Arras, qui avaient été invités à cette cérémonie, offrirent au nouvel abbé huit cannes de vin au nom de la ville.

Doué d'un esprit élevé, Adrien Duquesnoy aimait les sciences et les faisait cultiver par ses religieux. Il les envoyait à grands frais à Louvain et à Douai, pour suivre les cours des universités de ces villes. Il déploya beaucoup de zèle pour le service divin, et fit paraître une grande aptitude dans le maniement des affaires temporelles. Les états d'Artois le députèrent, en 1592, à la cour de Bruxelles, pour solliciter une remise des impôts qui ruinaient la province.

Alexandre Farnèse, duc de Parme, gouverneur des Pays-Bas, atteint de la maladie dont il mourut, peu de temps après, à l'abbaye de Saint-Vaast, était venu au Mont-Saint-Eloi, auprès de cet abbé, pour y trouver le calme dont il croyait avoir besoin pour rétablir sa santé.

L'abbaye du Mont-Saint-Eloi fut constamment un point de mire pour les armées en temps de guerre. Elle eut de nouveau à souffrir de celle qui éclata entre Henri IV et l'Espagne, lorsque le cardinal Albert d'Autriche gouvernait les

Pays-Bas. Le maréchal de Biron vint s'emparer du monastère le 13 octobre 1596. Ses troupes y passèrent trois jours, et emmenèrent, avec le butin qu'ils y firent, deux religieux qui moururent en exil. Après la paix conclue à Vervins le 2 mars 1598, Adrien Duquesnoy fit reporter solennellement dans son abbaye la châsse de saint Vindicien, qu'on avait déposée dans le refuge d'Arras durant les quatre années de guerre qui venaient de s'écouler. Une procession solennelle avait eu lieu dans cette ville, en actions de grâces de la publication de la paix. Les corps de saint Vaast, de saint Vindicien, et la sainte Chandelle, y avaient été portés comme en triomphe [1].

André Le Vaillant mentionne sous cet abbé un ouragan qui commença à huit heures du matin, le jour de Pâques 1606, et ne s'apaisa qu'à trois heures du soir. Les religieux quittèrent leurs salles pendant la grand'messe, et se réunirent dans la crypte ou chapelle souterraine pour terminer la solennité. « Plusieurs édifices et clochers, dit-il, furent abattus, toutes les couvertures des toits presque emportées, une grande partie des arbres arrachés... de sorte qu'on jugeait et pensait assurément que ce fust le dernier jour du monde. »

Adrien Duquesnoy introduisit la liturgie romaine dans le monastère la veille de Pâques 1619. Il mit son abbaye en communion de prières avec plusieurs maisons religieuses, notamment avec celle de Saint-Martin de Tournai, de Marchiennes, de Saint-Amand et d'Hénin-Liétard. Il cessa de vivre à l'âge de 81 ans, le 9 juillet 1624.

XXXIV

André Le Vaillant, né à Douai, bachelier en théologie,

[1] Nous avons décrit cette procession dans notre *Histoire de sainte Bertille*, p. 107.

prieur conventuel depuis vingt-cinq ans, fut nommé pour le remplacer. C'est lui qui a composé la chronique de l'abbaye dans laquelle nous avons puisé de si précieux documents pour la composition de cette notice. La princesse Isabelle-Claire-Eugénie, infante d'Espagne, et gouvernante des Pays-Bas, confirma son élection le 15 septembre 1624. Il se rendit à Bruxelles pour la remercier, et fut atteint, pendant ce voyage, d'une fièvre qui mina sa santé, et le fit mourir le 10 mars 1625, avant qu'il ait pu être béni. Il était âgé de 57 ans.

XXXV

François Doresmieux, né à Arras, avait rempli diverses charges dans l'abbaye, et en était le prévôt, lorsqu'on l'élut pour remplacer André Le Vaillant. L'infante Isabelle ratifia son élection le 6 août 1625[1], et il fut bénit dans l'église abbatiale, le 21 du même mois, par l'évêque d'Arras Herman Ottemberg. Un vol sacrilège, dont il a raconté lui-même les circonstances en terminant sa *Vie de saint Vindicien*, fut commis dans son église, en 1627, par les habitants d'Ecoivres et de Marœuil. Ces malfaiteurs enlevèrent une partie de la trésorerie, qu'on avait laissée sur le grand autel le jour de l'Assomption de Notre-Dame. Cinq d'entre eux furent punis de mort quelques temps après.

L'abbé Doresmieux fit construire à Arras, près de l'église de Saint-Aubert, en face du presbytère, le petit refuge du Mont-Saint-Eloi. On jeta un pont sur la rivière du Crinchon pour unir cet établissement à celui de Chaûnes.

Il établit à Bullecourt, lieu de naissance de saint Vindicien, une chapelle contiguë à l'église paroissiale, qu'il dédia lui-même sous le vocable de ce saint. Il l'enrichit d'ornements et y fonda un office double qui devait se célébrer

---

[1] Cinquième registre aux commissions du conseil d'Artois, f° 23.

à chacune des fêtes du saint évêque avec messe solennelle [1].

La guerre qui éclata en 1635, entre la France et l'Espagne, vint troubler le règne paisible de François Doresmieux. Les Espagnols établirent, en 1636, un corps de troupes dans le monastère, pour s'opposer aux incendies que le duc de Chaulnes causait dans la province. Ce poste fut menacé par de Wilquier, gouverneur du Boulonnois; mais il n'osa l'attaquer [2].

Le 25 septembre 1639, le maréchal de la Meilleraie s'avança vers le monastère, où les habitants du village s'étaient réfugiés. Les troupes qui s'y trouvaient pour le défendre se rendirent après quelques décharges, persuadées qu'elles étaient de l'infériorité de leurs forces, et lorsque le père Cyrille, récollet, aumônier de l'armée, eut pénétré dans les cloîtres en protestant aux réfugiés que l'honneur des femmes serait respecté. Le maréchal s'empara du Mont-Saint-Eloi et fit conduire à Arras les religieux ainsi que les habitants qui furent trouvés dans le monastère [3].

Le prélat Doresmieux mourut peu de temps après (26 octobre 1639). Il consacra une partie de sa vie à composer les chroniques des prieurés de Rebreuve, d'Aubigny et du Perroy. Elles sont restées manuscrites. Le lecteur a dû remarquer que nous avons souvent cité ses recherches sur Aubigny. Il est auteur, en outre, d'une Vie latine de saint Vindicien. Cette œuvre, dont l'auteur a pris le fond dans la Chronique de Baldéric et dans la Vie du saint composée par Gauthier, abbé du Saint-Sépulcre à Cambrai, a été éditée par les Bollandistes au 11 mars. On en trouve l'analyse avec un savant commentaire dans les *Acta sanctorum Belgii* de Ghesquière, t. v.

---

[1] Archives de Bullecourt. — Communication de M. l'abbé Picavet.
[2] *Mémoires* mss. du P. Ignace, t. VIII, p. 243. = [3] Ibid., p. 868.

XXXVI

Jérôme de Warlincourt, né à Arras, élu par la communauté, reçut du pouvoir espagnol ses provisions, le 24 mars 1640[1]. L'évêché d'Arras étant alors vacant, il fut bénit à Tournai le 29 mai de la même année, qui fut aussi celle où la ville d'Arras tomba au pouvoir de la France. Son prieur, Pierre Busquet, fut livré comme otage par suite de la capitulation qui eut lieu le 9 août. La guerre qui fut continuée entre Louis XIII et le gouvernement espagnol, porta atteinte aux intérêts de l'abbaye. Malgré la profonde misère qui désolait la province, la maison du Mont-Saint-Eloi fut concontrainte de payer à l'Etat une somme de douze livres, pour aider aux frais du siège de Bois-le-Duc. Jérôme de Warlincourt, recommandable par sa piété, mourut le 7 février 1651.

XXXVII

Il fut remplacé par Pierre Busquet, le même qui servit d'otage lorsqu'Arras tomba, en 1640, au pouvoir de la France. Son élection canonique fut confirmée, le 15 mars 1651, par la reine Marie-Anne d'Autriche, mère de Louis XIV. Il reçut de l'évêque de Belley la bénédiction abbatiale dans l'église des Capucins d'Arras, le 11 avril de la même année, et mourut le 25 novembre 1653.

Jean de Liers, abbé de Choques, avait obtenu du roi d'Espagne l'abbaye du Mont-Saint-Eloi, après la mort de Jérôme de Warlincourt; mais les religieux n'agréèrent point cette nomination. Il jouit néanmoins d'une partie des revenus du monastère, c'est-à-dire de celle provenant des biens qui se trouvaient situés sous la domination espagnole.

Lorsque la mort eut enlevé Pierre Busquet et Jean de Liers, Philippe Leclercq, né à Béthune, maître des novices

[1] Cinquième registre aux commissions du conseil d'Artois, f° 313, verso.

et sous-prieur au Mont-Saint-Eloi, se rendit à Bruxelles, où il obtint de la cour d'Espagne l'abbaye, sans avoir été préalablement élu par ses confrères. Il se fit bénir à Tournai, en 1656, et se fixa à Lille, où il mourut le 7 avril 1660, sans avoir pu être installé.

XXXVIII

De son côté, le roi Louis XIV avait conféré la même abbaye à Pierre Leroy chanoine régulier de Saint-Victor de Paris et supérieur du collége de Boncourt. Son brevet de nomination porte la date du 13 avril 1754[1]. La mort de son compétiteur mit fin au schisme et le laissa libre possesseur de la crosse. Le cardinal Grimaldi lui avait conféré la bénédiction abbatiale dans la chapelle de Saint-Victor. Le monastère était alors vide de religieux. Turenne s'en empara au mois d'août, quelques jours avant qu'il fît lever le siège d'Arras. Il s'y trouvait trois cents fantassins et quarante officiers de l'armée d'Espagne, qui se rendirent à discrétion. Les Espagnols avaient fait de l'abbaye l'hôpital de leurs blessés. L'abbé Leroy se fit nommer en outre abbé commendataire de Marœuil[2]. Comme il était conseiller du roi, il eut à surmonter quelques difficultés pour son admission aux états d'Artois ; mais des lettres patentes du prince[3] du 24 novembre 1662 l'autorisèrent à exercer les deux charges et défendirent de le troubler dans la possession de ces droits. Il fut du reste l'une des lumières des états de la province, et plusieurs fois il obtint l'honneur d'être député en cour pour le clergé. Il eut tort de mieux servir les intérêts du siècle que ceux de son monastère, qu'il laissa chargé de dettes lorsqu'il mourut, en 1685. Il fut inhumé dans son

[1] Cinquième registre aux commissions du conseil d'Artois, f° 451.
[2] Voyez notre *Histoire de l'abbaye de Marœuil*, p. 119.
[3] Archives départementales. — Titres du Mont-Saint-Eloi. Original en parchemin.

abbaye par Gui de Sève, évêque d'Arras. Le conseil d'Artois assista en corps à ses funérailles.

XXXIX

Louis XIV fit ordonner aux religieux de nommer le cardinal César d'Estrées, ancien évêque, duc de Laon, pair de France, commandeur des ordres du roi. C'était ainsi qu'on respectait, à l'égard des abbayes, la liberté des suffrages en matière d'élection. Les chanoines réguliers du Mont-Saint-Eloi crurent devoir se soumettre, du moins en majorité ; et leur élection fut confirmée par brevet du 20 octobre 1685. Le cardinal, qui était alors à Rome, fit prendre possession du monastère par son frère, le maréchal d'Estrées. Cet homme de guerre s'empara de tous les revenus de la maison et fit nourrir les religieux par des économes. Ils réclamèrent auprès du conseil d'Etat, qui d'abord leur fit payer par provision une somme de douze mille livres. Ils obtinrent ensuite un arrêt, daté du 27 juillet 1689, relatif au partage des biens entre la communauté et l'abbé commendataire. On voit par ce titre, qui est déposé aux archives du Pas-de-Calais, que les cénobites du Mont-Saint-Eloi eurent beaucoup à souffrir de vexations commises par le maréchal d'Estrées, qui s'était associé pour cela une demoiselle de Créquy. Munis de procurations, ils avaient dépossédé les religieux, passé toute sorte de baux et touché des pots de vin considérables. Le cardinal, s'étant rendu au Mont-Saint-Eloi en octobre 1696, mit à la disposition de la communauté tous les biens qu'elle possédait, moyennant une somme de vingt-cinq mille livres qu'elle prit l'engagement de lui payer. Il fit des efforts pour faire entrer le grand-prieur en son lieu et place aux états d'Artois, mais le clergé s'y opposa. L'abbaye ne rentra dans son droit d'y avoir rang que lorsqu'elle fut dirigée par un abbé régulier. Pendant la guerre de la succession d'Espagne

(1709-1713), le Mont-Saint-Eloi fut presque toujours occupé par des détachements, soit français, soit espagnols, qui occasionnèrent de grandes pertes à l'abbaye. Le cardinal d'Estrées mourut à Paris, le 10 décembre 1741. Il était en même temps abbé d'Anchin.

XL

Killien de le Cœuillerie, grand-prieur, né à Auchy-lez-Labassée, fut élu canoniquement le 7 juillet 1715. Le duc Philippe d'Orléans, régent du royaume pendant la minorité de Louis XV, approuva son élection par un brevet du 21 janvier 1716, à la charge d'une retenue annuelle de dix mille livres sur les revenus du monastère, et payable à divers pensionnaires pendant leur vie. Cet abbé fut bénit l'année suivante, à Saint-Omer, par François de Walbelle. Il fut député des états de la province vers le roi, en 1720. Ce prélat se rendit recommandable par la sagesse de son administration, et fit beaucoup de bien au monastère, dont il répara les bâtiments. Il donna sa démission un an avant sa mort, qui arriva le 29 août 1728.

XLI

Dominique Toursel, né au Valhuon, élu le 15 janvier 1727, fut agréé par brevet du roi Louis XV, le 12 mars de la même année, « à la charge de dix mille deux cents livres de nouvelles pensions annuelles et viagères qui seront dorénavant payées sur les fruits et revenus de la dite abbaye, savoir : trois mille livres en faveur de l'université de Douai ; deux mille livres au sieur Pierre Collin, sous-diacre du diocèse de Clermont ; quatre cents livres au sieur François Lion, clerc tonsuré du diocèse de Toulouse ; huit cents livres au sieur Jacques-Antoine Quesnel, acolyte du diocèse de Coutances ; deux mille cinq cents livres au sieur Armand-Gaston-Félix Dandeau, clerc tonsuré du diocèse de Strasbourg, et quinze cents livres au sieur Charpin de Gametines, clerc tonsuré du diocèse de Lyon[1]. » Ces pensions attribuées à de jeunes ecclésiastiques devenaient, par leur cumul, ruineuses pour les abbayes. On vient de voir qu'en 1746 celle du Mont-Saint-Eloi se trouva chargé de dix mille livres : ceux qui furent dotés alors survivaient. Quand les mutations d'abbés étaient fréquentes, les redevances de cette nature s'élevaient jusqu'à la moitié des revenus des monastères.

L'abbé Toursel fut bénit dans son église le 15 mars 1727, par monseigneur Henriau, évêque de Boulogne. Il avait été prieur d'Ecoivres, professeur de théologie et grand-prieur. Il fit reconstruire le quartier abbatial en 1729. Un acte capitulaire dressé en 1731 mentionne que les religieux prirent alors l'engagement de porter l'habit violet hors de l'abbaye lorsqu'ils voyageaient. Mais sur la soutane de cette couleur ils avaient un manteau noir et court. Dominique Toursel fut élu député ordinaire des états d'Artois, le 14 juin 1732. Il mourut prématurément au refuge d'Arras, par suite d'une chute de voiture, le 14 juin 1732. Son corps fut transporté à l'abbaye, où on l'inhuma au bas de l'escalier du dortoir.

XLII

Le 26 juin suivant, les religieux, réunis au nombre de trente-neuf, élurent Vindicien Roussel, leur grand-prieur. Louis XV ratifia cette élection, à la charge de nouvelles pensions. Cet abbé, qui était né à Saint-Pol, fut bénit au Mont-Saint-Eloi par l'évêque d'Arras, monseigneur Baglion de la Salle, le 29 septembre 1733. Ce prélat avait pour assistants Charles Bayard, abbé de Marœuil, et Bernard Dujardin, abbé d'Hénin-Liétard. De la Rocque, lieutenant du roi à Arras, une partie de l'état-major de cette place, le pré-

---

[1] Archives départementales. — Titres du Mont-Saint-Eloi. Duplicata en parchemin du brevet de l'abbé Toursel.

sident du conseil d'Artois, les députés des états de la province, le grand-prieur de l'abbaye de Saint-Vaast, et un grand nombre de personnes de distinction, assistaient à cette imposante cérémonie.

L'abbé Roussel fit commencer, en 1737, la construction du grand corps de bâtiment destiné aux dortoirs et autres lieux réguliers. En 1739, l'abbé de Pontigny, ordre de Cîteaux, le nomma visiteur de l'abbaye de Cercamp.

Le 24 juillet 1744, après le départ de Louis XV, qui était venu visiter la ville d'Arras, les duchesses de Châteauroux et de Lauraguais, dames de sa suite, visitèrent le Mont-Saint-Eloi. L'abbé Roussel les reçut, et elles revinrent fort satisfaites du bon accueil qui leur fut fait par la communauté.

La porte d'entrée du monastère fut démolie en 1749. C'était un monument du treizième siècle, orné de figures, de sculptures, et garni de créneaux. Vindicien Roussel en fit construire une moderne, qui vient de disparaître. Il acquit quelques habitations particulières qui se trouvaient en face l'abbaye. Par ce moyen, il perça l'avenue qu'on remarque encore de nos jours, et qui sert de place publique. De l'extrémité de cette terrasse, on découvre l'ancien prieuré d'Aubigny, et plusieurs autres villages et hameaux situés dans la vallée de la Scarpe.

Cet abbé rassembla, en 1750, les matériaux qui devaient servir à la construction d'une nouvelle église. Un ouragan survenu en 1735 avait fortement endommagé l'ancienne; on aima mieux détruire ce beau monument ogival que de le réparer. Les murs du temple moderne s'élevaient à la hauteur de plusieurs mètres, lorsque Vindicien Roussel mourut, en 1735.

XLIII

Son successeur, Martin Lefebvre, né à Arleux, a été agréé par le roi, le 3 juin 1753. Ce fut sous ce prélat que l'église abbatiale aujourd'hui entièrement détruite, et les deux tours jumelles que nous admirons encore, furent terminées. Du point élevé où elles sont situées, on les découvre à une très-grande distance, et elles forment, dans les riches plaines de l'Artois, un admirable point de vue. Elles sont de style grec, et on peut les comparer aux clochers de l'église de Saint-Sulpice à Paris [1].

La nouvelle église du Mont-Saint-Eloi avait été consacrée solennellement en 1761 [2].

L'année précédente, Martin Lefebvre était député ordinaire des états d'Artois, avec M. de Beaulaincourt, comte de Marles, pour la noblesse, et M. Gosse pour le tiers-état. Ces députés, choisis dans les trois corps qui composaient la représentation de la province, étaient chargés de l'administration hors de la tenue des assemblées. L'abbé Lefebvre mourut à Arras dans le refuge de Chaüne. On l'inhuma au Mont-Saint-Eloi.

XLIV

Alexandre Doresmieux le remplaça le 3 mars 1776. D'après les renseignements que nous devons à M. Delpierre, ancien chanoine régulier du Mont-Saint-Eloi, aujourd'hui curé de Planmont (Belgique) [3], Alexandre Doresmieux était un prélat non moins distingué par ses vertus et par les formes heureuses de l'urbanité qu'il avait puisé dans sa respectable famille. Nous n'avons découvert dans les archives

---

[1] Le conseil général du Pas-de-Calais et le gouvernement les ont acquises pour les sauver de la destruction.

[2] *Promenades sur la chaussée Brunehaut*, par M. A. Terninck, p. 80.

[3] M. Delpierre, né à Cannettemont, actuellement âgé de quatre-vingt-quatorze ans, fut reçu à la profession religieuse par l'abbé Doresmieux. Il était devenu

que quelques actes peu importants rédigés sous l'administration de cet abbé.

XLV

André Beugin, né à Aire, lui succéda en 1786. Ses lettres de nomination par le roi Louis XVI sont datées du 26 mars de cette année. Il était prieur de Rebreuve avant son élection. Ce prélat ne tint la crosse que deux ans et quelques mois.

XLVI

Après sa mort, les voix se portèrent sur Augustin Laignel, né à Armentières, le 6 décembre 1732. Il était prieur d'Ecoivres au moment de son élection, que le roi approuva le 17 octobre 1786. Par suite d'un décret de l'assemblée nationale du 6 octobre 1789, il contribua aux besoins de l'Etat à titre de *contribution patriotique* pour une somme de quinze mille livres, en déclarant qu'elle excédait le quart des revenus de l'abbaye. La maison du Mont-Saint-Eloi jouissait donc, au moment où elle allait être supprimée, d'un revenu annuel d'environ soixante mille livres provenant de biens-fonds et de dîmes.

Il se trouvait, en 1790, dans l'intérieur de l'abbaye ; vingt-quatre religieux y compris l'abbé. Les prieurés d'Aubigny et de Rebreuve en renfermaient quatre chacun. Celui du Perroy était desservi par un chanoine régulier seulement. Le monastère possédait en outre trois prieurés-cures, savoir :

maître des novices à trente-un ans, lorsqu'il se vit contraint de quitter l'abbaye d'abord, et d'abandonner sa famille ensuite, pour se soustraire à la persécution. Il s'est fixé en Belgique, où il exerce encore le ministère pastoral. M. Delpierre a conservé un grand attachement pour le monastère où il s'est voué au service de Dieu : souvent il répète que, si la Providence permettait qu'il fût rendu à son ancienne destination, il s'y rendrait pour terminer sa longue carrière, sous la règle des chanoines de l'ordre de Saint-Augustin.

Grand-Rullecourt, Ecoivres et Gouy-Terna. Ces paroisses étaient administrées par des religieux[1].

Dans un rapport adressé, en 1790, au district d'Arras, la municipalité du Mont-Saint-Eloi fait observer que l'abbaye, qui possédait une notable partie du territoire, avait soutenu jusqu'alors les habitants du lieu, tant par le travail que par les aumônes. » Elle ajoute que la commune éprouve une perte immense par la suppression de cette maison, et termine en demandant qu'une partie des biens et revenus attachés à l'ancien hôpital[2] et aux pauvres soit donnée à bail emphitéotique, afin que les indigents trouvent, par ce moyen, du travail, et qu'on puisse les empêcher de mendier[3]. Cette demande ne fut pas accueillie.

Cette même municipalité avait réclamé l'église abbatiale pour le service de la paroisse, ce qui l'eût préservée de la destruction. Mais le Directoire répondit que l'entretien de ce monument serait onéreux à la commune, et qu'on ne pourrait d'ailleurs le conserver sans nuire à la régularité de tout l'enclos, qui devait être vendu nationalement[4].

Le décret de l'assemblée nationale du 8 octobre 1790, sanctionné par le roi le 14 du même mois, assignait pour maison de réunion aux religieux de Dommartin et de Clairmarais celle du Mont-Saint-Eloi. Nous ne voyons pas que cette mesure ait été mise à exécution.

Le gouvernement révolutionnaire voulut que, par suite du même décret, les religieux procédassent à de nouvelles élections de leurs abbés en présence de l'autorité civile. Augustin de Saint-Leger, procureur de la commune, se rendit au monastère accompagné de son greffier, le 6 mars 1792,

[1] Extrait de l'inventaire dressé au mois de juin 1790, déposé aux archives du Pas-de-Calais, district d'Arras, n° 206.

[2] Cet hôpital ou béguinage, depuis longtemps supprimé, occupait le terrain sur lequel on a établi l'église paroissiale. (M. A. Terninck, œuvre précitée, p. 81.)

[3] *Archives du Pas-de-Calais.* = [4] Ibid.

et recueillit les suffrages. L'abbé Laignel fut réélu. Contrairement à toutes les règles canoniques et aux constitutions des ordres monastiques, le procureur se fit rendre compte du régime spirituel et intérieur de la communauté[1].

Peu de temps après, elle fut définitivement dissoute, et les religieux s'étaient, pour la plupart, retirés en pays étranger.

Les administrateurs du district d'Arras firent transporter dans cette ville la bibliothèque de l'abbaye, le 9 novembre 1792. Il fallut, pour l'enlèvement de ce riche dépôt, plusieurs chariots, que les fermiers des villages voisins procurèrent par mesure de réquisition. On n'emporta point en même temps les manuscrits, « attendu, disent les hommes du district, que nous les regardons comme les objets les plus précieux. Et, ne pouvant en dresser l'inventaire, vu la difficulté d'en déchiffrer les titres, nous nous bornons à en constater le nombre, que nous reconnaissons être de cent soixante-neuf volumes. Nous nous réservons de les faire transporter avec les cuivres et argenteries, sous nos yeux, à l'époque de notre départ[2].

L'abbé Laignel n'avait pas cru devoir suivre ses religieux sur la terre étrangère. Il aima mieux braver les périls de sa présence dans le pays. Il espérait, sans doute, qu'en se cachant pendant l'orage révolutionnaire il parviendrait plus aisément à recueillir les débris de sa maison, quand ce mauvais temps aurait disparu. Mais il fut découvert, jeté dans les prisons d'Arras, et condamné à augmenter le nombre des victimes de la fureur de Joseph Lebon. Voici ce que nous avons trouvé sur le jugement rendu contre lui le 5 floréal an II (24 avril 1795) :

« Laignel Jacques-Philippe[3], ci-devant abbé de Saint-Eloi,

---

[1] *Archives du Pas-de-Calais.* = [2] Ibid.
[3] Nous l'avons trouvé désigné dans les archives du monastère sous le prénom

âgé de soixante-deux ans, natif d'Armentières, résidant à Arras, condamné à mort pour trahison et conspiration, pour la conservation de grand nombre d'écrits fanatiques et contre-révolutionnaires[1]. »

Tel fut la fin du dernier prélat du Mont-Saint-Eloi. Cette mort, d'autant plus précieuse devant Dieu qu'il l'endura pour n'avoir point adhéré au schisme qui désolait alors l'Eglise, prouve qu'il n'avait point dégénéré, sous le rapport des vertus, de ses vénérable prédécesseurs. L'abbé Laignel avait fait partie des états d'Artois. C'était un homme instruit, très-versé dans le maniement des affaires publiques, et très-apte à imprimer à son abbaye une sage direction.

Les religieux du Mont-Saint-Eloi se levaient à minuit pour la récitation de l'office, et s'interdisaient toute sortie pendant l'avent et durant le carême. Leurs constitutions particulières avaient été adoptées par plusieurs autres communautés de chanoines réguliers établis dans les Pays-Bas et en France. Ils étaient vêtus de violet avec des boutons et boutonnières rouges, portaient un rochet au-dessus de leur soutane. Au chœur, ils avaient une aumusse noire sur le bras pendant l'été, et se couvraient d'une chappe noire en hiver, ainsi que d'un grand camail. Un bonnet carré les couvrait à l'église et dans le monastère. En voyage, ils prenaient le chapeau, le manteau, et adaptait au-dessus du rochet à manches étroites une soutanelle noire. Leur rabat, dont la largeur ne dépassait guère celle de la main, s'ouvrait par devant et s'adaptait à un collet d'étoffe violette comme la soutane.

Avant de commencer leur année de probation, les novices portaient des robes noires. Durant le noviciat on les

---

d'Augustin. C'était, sans aucun doute, celui qu'on lui avait imposé lorsqu'il prit l'habit religieux.

[1] *Archives du Pas-de-Calais.*

revêtait de robes de peau qui étaient communes autrefois à tous les chanoines sous le nom de *pelliceum*, d'où vint celui de *superpelliceum* (surplis). Les jeunes profès du Mont-Saint-Eloi abandonnaient le costume des novices, mais ils portaient la soutane blanche jusqu'à ce qu'ils fussent diacres.

Entre autres prérogatives dont jouissaient les abbés du Mont-Saint-Eloi, ils nommaient aux cures ci-après, par suite de concessions de dîmes et autres priviléges que leur avaient accordés les évêques d'Arras et de Térouanne.

Dans l'ancien diocèse d'Arras : Aubigny, Ambrines, Béthonsart, Izel-lez-Hameaux, Mingoval, Savy, Tincques, Villers-Brûlin, Givenchy-le-Noble, Grand-Rullecourt, Acq, Aignères, Camblain-l'Abbé, Ecoivres, Frévin-Capelle, le Mont-Saint-Eloi, Houchin, Bullecourt, Riencourt, Moyenneville, Rebreuve et Maisnil, Divion, Frévillers, la Comté et Bajus, Magnicourt, Hersin-Coupigny, Warlincourt-lez-Pas, Liévin.

Dans l'ancien diocèse de Térouanne : Roellecourt, Ricametz, Berlencourt, Bayaval, Humières. Les chapelles de Roellecourt et de Ricamet étaient aussi à la collation du même abbé.

FIN

TABLE

INTRODUCTION. V

PROLOGUE. XV

PREMIÈRE PARTIE

CHAPITRE I. Naissance de saint Éloi. — Son éducation. — Son habileté dans l'orfèvrerie. — Il se rend à Paris et s'y fait connaître du roi. — Ses œuvres de pénitence. — Il fait une confession générale de ses fautes . . 21

CHAPITRE II. Saint Éloi à la cour de Clotaire II et de Dagobert Ier. — Son zèle, ses vertus, ses habitudes et ses formes extérieures . . 30

CHAPITRE III. Mission d'Éloi en Bretagne. — Faveurs dont il jouit auprès de Dagobert. — Fondation de l'abbaye de Solignac. — Zèle d'Éloi pour la discipline monastique. — Etablissement à Paris d'un monastère de filles et création des églises de Saint-Paul et de Saint-Martial. — Vertus extraordinaires du saint. 41

CHAPITRE IV. Divers miracles opérés par saint Éloi. — Il décore plusieurs sépultures de saints. — Son zèle pour la défense de la foi. — Sa touchante compassion envers les pauvres et les étrangers. — Sommaire de ses vertus dans l'état laïc 56

SECONDE PARTIE

PRÉFACE DU LIVRE SECOND. 75

CHAPITRE I. Suppression de la simonie. — Eloi est sacré évêque. — Ses travaux. — Ses dangers. — Ses vertus dans la prédication de l'Evangile. — Il fonde des monastères et découvre plusieurs corps saints. . . 77

CHAPITRE II. Travaux apostoliques d'Eloi chez les barbares. — Sa science et ses vertus. — Il délivre en Provence un homme possédé du démon, — puis une femme démoniaque. — Découvre un larcin qui avait été commis. — Sa manière de se conduire et la règle qu'il s'imposait. — Il visite sa patrie et libère à Bourges des prisonniers 95

CHAPITRE III. De la manière dont usait saint Éloi pour instruire son peuple. — Quel est celui qui est vraiment chrétien ? — Comment doit-on résister aux tentations de l'ennemi du salut ? — Il faut renoncer à l'observance des rits et des superstitions des païens. 107

CHAPITRE IV. Saint Éloi exhorte à faire l'aumône, à pratiquer la pudeur, l'humilité et la crainte de Dieu 126

CHAPITRE V. Pour exciter les fidèles à faire pénitence et à observer les préceptes divins, saint Éloi déroule sous leurs yeux le tableau de la mort, du jugement, de la gloire du ciel et des peines éternelles. . . 144

CHAPITRE VI. La doctrine et l'autorité épiscopale de saint Eloi sont confirmées par un grand nombre de prodiges. — Il avait reçu le don de prophétie, même avant son avènement à l'épiscopat 163

CHAPITRE VII. Le saint annonce sa fin prochaine. — Ses derniers avertissements à ses disciples. — Sa mort. — Quelques prodiges. — Profonde désolation du peuple. — Eloge de la sainteté d'Eloi. . . . 185

CHAPITRE VIII. Miracles de saint Eloi après sa mort. — Translation de son corps. 201

CHAPITRE IX. Guérison de plusieurs aveugles et d'une jeune fille. — Il s'opère un miracle à la lampe qui brûlait devant le corps du saint. — Un jeune homme contrefait est guéri devant le tombeau. — Guérison d'une femme et d'une jeune fille. — Contagion à Paris, mort de l'abbesse sainte Aure. — Miracle qui arriva à Garifrède. — Guérison du fils d'Ebroïn. — Punition d'un parjure. — Mort d'un usurpateur. — Celle d'un parjure. — Guérison d'un homme enragé et possédé du démon. — Une femme est délivrée d'une pustule. — Mort d'un fils qui accusait son père. — Un lépreux est guéri, — puis un boiteux. — Un voleur est pris dans l'église du saint. — Eloi apparaît à un homme qui implore son secours 212

CHAPITRE X. Un religieux est guéri d'une pustule. — Miracle arrivé à Tours par les reliques du saint. — Un autre s'opère à Noyon. — Un moine recouvre la santé par l'attouchement du manteau de saint Eloi. — Guérison d'un autre moine atteint d'une fièvre tierce. — Un clerc qui exigeait un salaire pour les reliques du saint est saisi par les flammes. — Guérisons d'un aveugle, d'un boiteux et d'un diacre. — Un moine est guéri d'une douleur qu'il avait au pied. — Miracles survenus au lit du saint. — Punition infligée au roi Lothaire. — Mort d'une jeune fille qui s'était rendue parjure. — Nombreux miracles qui s'opèrent chaque jour par les mérites de saint Eloi. — Saint Ouen s'adresse au lecteur en terminant son œuvre. — Sa lettre à Rodobert. — Epître de Rodobert à saint Ouen. 226

CHAPITRE XI. Homélies de saint Eloi. — Sa lettre à saint Didier. — Translation de son corps. — Ses ossements ont été conservés à Noyon jusqu'à ce jour. — Son culte dans cette ville et autres lieux de la Gaule-Belgique. — Ses fondations. — L'oratoire d'Ourcamp. — L'église qu'il établit à Noyon. 240

MONOGRAPHIE ABRÉGÉE DE L'ABBAYE DU MONT-SAINT-ÉLOI . . 249

CATALOGUE DES ABBÉS DU MONT-SAINT-ÉLOI. . . . 255

— LILLE. TYP. J. LEFORT. M D CCC LIX —

www.ingramcontent.com/pod-product-compliance
Lightning Source LLC
Chambersburg PA
CBHW071524160426
43196CB00010B/1642